立体评价

面向新时代教育的上城探索

“上城教育高质量发展系列丛书”编委会
编 著

上海交通大学出版社
SHANGHAI JIAO TONG UNIVERSITY PRESS

图书在版编目 (CIP) 数据

立体评价：面向新时代教育的上城探索 / “上城教育高质量发展系列丛书”编委会编著 .—上海：上海交通大学出版社，2023.5
ISBN 978-7-313-28466-2

Ⅰ .①立… Ⅱ .①上… Ⅲ .①地方教育－教育评估－教育改革－研究－杭州 Ⅳ .① G527.551

中国国家版本馆 CIP 数据核字（2023）第 064345 号

立体评价：面向新时代教育的上城探索
LITI PINGJIA：MIANXIANG XINSHIDAI JIAOYU DE SHANGCHENG TANSUO

编　　著：“上城教育高质量发展系列丛书”编委会
出版发行：上海交通大学出版社　　地　址：上海市番禺路 951 号
邮政编码：200030　　电　话：021-64071208
印　　刷：杭州捷派印务有限公司　　经　销：全国新华书店
开　　本：710mm×1000mm　1/16　　印　张：16.75
字　　数：240 千字
版　　次：2023 年 5 月第 1 版　　印　次：2023 年 5 月第 1 次印刷
书　　号：ISBN 978-7-313-28466-2
定　　价：78.00 元

本册编委会

主　编

伍小斌

副主编

丁海霞

成　员

贾海英　娄崇婴　王晨华　盛力康　黄玉芳
夏　春　邵晓婷　钱春苗　马益彬　陈　丽
廖关红　周化胜　裘涛洁　詹亦文　冯娉婷
章秀花　曹建军　高利佳　沈芳蕾

总　序

⊙

2022年10月，中国共产党第二十次全国代表大会胜利召开。党的二十大报告指出：从现在起，中国共产党的中心任务就是团结带领全国各族人民全面建成社会主义现代化强国、实现第二个百年奋斗目标，以中国式现代化全面推进中华民族伟大复兴。高质量发展是全面建设社会主义现代化国家的首要任务，而教育又是全面建设社会主义现代化国家的基础性、战略性支撑之一。

建设高质量教育体系，要以改革教育教学为动力。教育工作者要转变教育观念，遵循青少年儿童发展规律，践行"顺性教育"理念；要改革培养人才模式，改善教育方式方法，改进教育评价制度，落实"双减"要求，推进素质教育；要科学地运用信息技术，促进教育数字化，把现代技术与优秀教育传统相结合，促进教育现代化。

杭州市上城区作为长三角主要城市的中心城区，历史悠久，底蕴深厚，在探索教育高质量发展的实践方面起步较早，形成了很多具有区域特色的发展经验。这些年来，我多次到过上城，访问参观多所学校，与上城的教育行政干部和学校教师有所接触，并目睹了上城教育发生的变化，我认为以下几个方面值得关注：

一是以创新发展推动教育改革。“惟改革者进，惟创新者强。”一直以来，上城都肩负着为教育改革探路先行的历史使命，在理念、机制、服务创新方面作出了有益的尝试。在数字化时代的背景下，上城全面推进教育领域的数字化改革，构建了数字化、空间化、智能化、一体化的数智治理格局。此外，上城重视家庭教育，在全国首创“星级家长执照”，开创家长“持证上岗”的先河，为家校协同育人探索了新的路径。

二是以协调发展促进优质均衡。教育高质量是实现全学段、全领域、全系统的优质均衡，是在政府、学校、社会等主体之间建立良性互动。上城加大统筹力度，开发上线“淘活动”平台，有效整合各类校内外活动资源，打造“九养上城”课程体系，让城市居民乐享终身学习，让各级各类教育的价值与功能实现最大化和最优化。

三是以绿色发展提升育人品质。教育的高质量是在“质”与“量”方面都达到高水准，关注的是人的可持续发展。上城坚持以学生为本，尊重学生的身心发展规律。一方面，深入推进面向学生、教师、学校的教育评价改革，树立科学的教育质量观和人才培养观。另一方面，将课堂作为立德树人的主渠道，启动“思维课堂”研究，实现课堂从“知识立意”“能力立意”到“素养立意”，以思维发展促进学生核心素养落地。

四是以开放发展实现要素整合。高质量的教育体系是开放的，包括系统内部各类资源的开放，也包括系统外部各种要素的开放。上城坚持开放的教育理念，着力打破校园围墙与学科壁垒，探索建设区域学习中心，以“走班—走校—走社会”的新型学习机制，促进学生个性化发展。坚持以德化人，打造特色德育品牌“行走德育”，让学生走出校园、走入社会，以“行走”的方式践行社会主义核心价值观。

五是以共享发展助力教育公平。共同富裕是新时代的命题，教育均衡发展是共同富裕的基础，也是共同富裕的重要体现。上城在共同富裕的背景下，创新名校集群的发展范式，打造教育“新共同体”十大模式，强化师资队伍建设，以“五阶段、五梯队、多维度”的“教育人才多维生长台”助力教师专业发展，促进优质教育资源为群众所共享，以教育公平促进社会公平正义。

上城教育的发展，充分体现其对教育高质量发展的解读、思考与实践，展现了上城胸怀“国之大者”的视野与格局。上城教育编写出版的“上城教育高质量发展系列丛书”，全面梳理并总结了其教育改革发展的成果，涵盖名校集群建设、教育数字化改革、课堂教学改革、教育评价改革、教师培养、学校德育、家庭教育等方方面面，内容丰富、站位高远、系统性强，既有科学的教育理论，又有典型的经验案例，体现了理论与实践的统一、科学与趣味的统一。

“上城教育高质量发展系列丛书”汇集了上城教育育人实践的精华，凝聚了很多有价值的发展经验，为各地的教育改革发展提供了参考和借鉴的对象，有助于建设高质量的教育体系。相信更多的教育人能够从书中得到启迪，进一步锐意改革、积极创新，有力推动教育高质量发展。祝贺本套丛书的出版问世！

是为序。

北京师范大学资深教授
中国教育学会名誉会长

2022 年 11 月 28 日

序

⦿

2018 年 9 月，习近平总书记在全国教育大会上明确提出，要深化教育体制改革，健全立德树人落实机制，扭转不科学的教育评价导向，坚决克服唯分数、唯升学、唯文凭、唯论文、唯帽子的顽瘴痼疾，从根本上解决教育评价指挥棒问题。2020 年 10 月，中共中央、国务院印发了《深化新时代教育评价改革总体方案》，这份中华人民共和国成立以来的首个教育评价的系统性改革方案和纲领性文件，对我国新形势新要求下的教育评价改革作出了全面、系统的部署。教育评价改革在浙江向来深受重视，作为浙江省首批素质教育改革试验区的上城区，始终坚持立德树人的根本任务，多年来一直以教育评价改革为牵引，不断撬动教育领域综合改革走实、走深。近年来，上城区不断增强新时代推进教育评价改革创新的使命感和紧迫感，主动担当作为，不断攻坚克难，同步探索学生、教师和学校三方评价，用科学的教育评价引领推动高质量教育体系建设，逐渐形成了全过程纵向评价、全时空多维评价和全要素横向评价的“立体评价”系统，走出了一条极富上城特色的教育评价改革之路。我以为，上城的立体评价，具有三个明显的特征。

一是基于继承与发展。上城的立体评价不是一蹴而就的改革成果，它先从学生评价做起。2010 年，上城区研制出台了《上城区中小学生综合素质评价参考标准》；2017 年，上城区成为浙江省小学生综合评价改革首批试点区，在分项等级评价、低段非纸笔测评、学科实践性评价和表现性评价、数字化平台建设等方面形成了一些相对成熟的经验与做法；后来，发展到教师、学校和区域层面的评价改革探索。上城区教育评价改革经历了由点到面、由局部到整体的发展过程，是在前人的努力下不断继承、延续和创新，才逐步形成了纵深发展和横向延伸的立体评价体系。

二是突出技术赋能。上城的立体评价遵循看见学生、看见教师和看见学校的基本价值依归，尊重评价对象的具体性，带有新时代教育评价创新、鲜明的时代特征，充分体现了《总体方案》的精神，并以典型案例的方式，对智能技术在改进结果评价、强化过程评价、探索增值评价以及健全综合评价方面进行了较为深入、系统的探索，努力破解评价改革中的难点问题，为新时代教育评价的科学性、专业性和客观性提供了具体的指导框架和切实可行的方法，也为智能技术如何与教育评价深度融合提供了研究的参照样例。

三是彰显循证治理。上城教育人将循证思想应用于教育评价领域：自 2012 年开始，除了做好区级层面的学生学习状况调查报告反馈，还对全区各校数据进行深度解读与分析；2019—2020 年，在区域层面推进学生学习状况调查报告的入校点对点反馈，逐步形成区校联动机制；2021 年起，面对区域融合、教育体量激增的现实背景，建构起区片校 D-S-S（district-service area-school）多层联动机制，形成区片校研讨反馈三层辐射圈，建立起区域循证治理的机制保障。基于证据的循证评价研究方法成为上城立体评价研究与实践的重要组成部分，强调使用科学研究方法和实证方法检验的证据作为教师、学校，甚至是教育决策的依据，突出了从“评价信息”到“评价证据”的基础性转变，为基于科研发展规律、学生和教师发展规律组织开展教育评价学术工作研究提供了新的思路。

可以说，立体评价充分发挥了评价指挥棒的作用。这种作用，不仅仅是相关改革经验多次在国家、省市层面进行交流，多项成果屡屡发表或见诸报端。更为重要的是，它已成为推动上城区教育整体改革的着力点、突破口和风向标。我曾先后主持过上海市 PISA、TALIS、SABER 等大型国际教育测评项目，上城教育评价让我看到了立德树人的创新举措，从单一的学生评价改革，到现在学生、教师、学校系统化的立体评价建构，在不断沉淀宝贵经验的同时，也在反思与实证中不断超越，促进了学生的素养发展、提升了教师的关键能力、拓宽了学校的视野。

教育评价改革对于教育事业而言是一项永恒的事业，对加快推进教育现代化、建设教育强国、办好人民满意的教育有着重大的意义。上城区的教育评价改革已经取得明显的成效，我希望上城以这本有价值的专著为新的起点，在区域教育评价改革中，继续创造新的经验，发展新的理论，为构建良好教育生态作出新的贡献。

是为序。

张民选

联合国教科文组织教师教育中心主任

教育部国际教育研究基地主任

2022 年冬于上海

目 录
CONTENTS

第一章
绪　论

评价问题是教育界一贯关注的问题之一。在国际的教育评价发展历程中，从近代教育评价的兴起到当代教育评价的不断发展，教育评价的产生与进步既是现代教育发展的必然结果，也是教育事业发展的迫切需求。科学合理的教育评价能够促进教育更好地满足社会多方面的需要。在中国，现代教育评价发轫于20世纪初，其理论研究、落地实践与中国百余年来的历史进程息息相关。教育评价既是教育事业发展的缩影，也反过来深刻影响教育事业乃至社会历史的发展。因此，以史为鉴，展望未来，我国新时代教育评价更需要在理论、实践、制度的层面稳步前行。

第一节
评价：全球共同关注的话题

⦿

教育评价是教育改革和教育事业发展中不可缺少的重要组成部分，美国著名教育学家费朗德认为："没有评价就没有教育，没有科学的评价就没有有成效的教育；没有先进技术参加下的科学评价，就没有现代化的教育。"现代教育评价理论及方法的研究与教育基础理论研究、教育发展研究并列，已成为当代教育科学研究的三大领域之一。系统地学习、研究教育评价理论和方法的任务，就迫切地摆在教育工作者面前，为了正确理解和科学应用这些理论和方法，本节将对全球共同关注的教育评价理论进行梳理，并对近代以来教育评价的历史、发展，以及一般过程作一概述。

一、近代教育评价的兴起

教育评价起源于教育测量，与教育考试运动密切相关。教育评价作为一个科学概念，起源于 20 世纪 30 年代美国进步教育协会发起的新教育课程改革实验“八年研究”项目。该实验报告提出教育评价实质上是测定教育方案的目标到达程度的过程，当时多限于课堂教学的效果，其后随着教育改革和教育发展而扩大成为一门新兴的学科，并在指导思想、原则、技术应用等方面都得到了不断发展和完善。

对教育评价概念的界定，很多专家和学者从各自的学科理论及方法论等角度加以解释并各有侧重，提出了不同的说法。1981 年美国教育评价标准联合委员会的综合界定是：“教育评价是对教育目标和它的优缺点与价值判断的系统调查，为教育决策提供依据的过程。”近年来我国教育工作者也对教育评价的定义进行了专题研讨，从实际出发，对教育评价的定义做了多种描绘和解释，诸如“教育评价是对教育的社会价值做出判断的过程”“是按一定价值标准对受教育的诸种素质进行价值判断的过程”等，对于教育评价概念界定的研讨推动了教育评价的研究和发展。

18 世纪以前，西方的学校教育尚未普及，学校考试以口试为主。直到 1702 年，英国剑桥大学才率先以笔试取代口试，开创了西方学校笔试的先例。20 世纪 40 年代，美国开始普及小学教育，学生人数急剧增加，对学生逐个进行口试已不再适用。因此，波士顿市教育委员会率先以笔试取代口试，来考查学生。由于考试成绩容易受到主观偏见的影响，而且，当时的试题很少，不足以全面反映学生知识和能力的全貌，因此笔试的客观性受到很大影响。为了纠正这一缺陷，使考试过程和结果更客观，美国出现了大量关于考试方法的研究和实践的探索。

1864 年，英国格林威治医学院院长乔治・费舍（George Fisher）首次对学生的作业进行客观评分，并根据一定的价值标准编制了标准分数量表，即《量表集》（又称《评价标准量表手册》），试图为考试提供客观标准。然而，出于各种原因，这项开创性的工作没有引起教育部门的重视，也没有产生较大的影响。在西方教育界，真正引起人们对测验问题高度关注的是著名的美国“莱斯拼字测验”。1897 年，约瑟夫・莱斯（Joseph Rice）对美国 20 所学校的 16000 多名学生进行了拼字测验，并发表了他的研究结果，结果显示：8 年中每天花 45 分钟与每天花 15 分钟做拼字练习的学生，两者成绩差别不大。这一研究结论尽管不为人们所接受，但引起了人们对测验问题的普遍关注，有力地推动了教育测验问题的深入研究。

19 世纪末，德国实验心理学、英国人类个别差异研究、法国比奈－西蒙智力测验对教育测验运动影响很大。一般都说，教育评价运动兴起于英国，教育评价的科学概念形成于美国，实际上在教育实践中早已有人做了测验研究，如 1864 年英国的乔治·费舍就编制了《量表集》，为教师提供评价学生成绩的参考数据，虽不十分精确，但向评价的客观性迈进了一大步。

真正的教育评价运动是在进入 20 世纪以后。1904 年，美国心理学家爱德华·李·桑代克（Eduard Lee Thorndike）发表《心理与社会测量学导论》一书，提出“凡是存在的东西，都有数量，凡有数量的东西都可以测量”的论断，并记述了统计步骤，并编制了近代测验原则。1909 年桑代克又编制了书法量表、拼字量表、作文量表等标准化的教育检测量表，推动了美国测验运动的发展。随后不到 20 年，美国就有 3000 多种测验问世。

1. 美国的教育测验运动

美国的教育测验运动始于 20 世纪 20 年代，这一运动的兴起表面上是缘于论文或考试等考查手段不够客观，但深究其原因主要有以下几个方面。

（1）自然科学方法论的变革与应用催生了教育测验运动的兴起。

中世纪以后，由于在方法论上引入了测定、观察和实验等手段，西方的自然科学学科，如物理学、化学、医学、天文学等传统学科获得了长足的发展。1879 年威廉・冯特（Wilhelm Wundt）在德国莱比锡设立了第一个心理学实验室，设计了种种周密的实验方案与严密的测量方法，用于揭示人的心理本质问题。自然科学方法论的变革及其在教育学中的应用，在一定意义上催生了教育测验运动的兴起。

（2）人类学派的研究与统计方法的应用促进了教育测验运动的发展。

1882 年，弗朗西斯·高尔顿（Francis Galton）受达尔文影响，在英国伦敦设立了人类学测验实验室，形成了人类学派，与德国冯特的实验心理学派遥相呼应。德国的实验心理学派主要通过研究人的一般行为规律来揭示其心理本质，而英国的人类学派则重点关注人类的个别差异。高尔顿在统计学者卡尔·皮尔逊（Karl Pearson）的帮助下设计了许多统计方法，推动了美国"人事工程思想"（把人的能力量化为数值，用于测量个人价值）的发展。随后，一些教育家借鉴了这些统计方法，用以量化学生的学习能力与学习效果，并进行客观比较，从而促进了教育测验运动的发展。

（3）特殊儿童智力测验研究进展。

为进一步推动教育测验运动的发展，19 世纪末，法国教育界受自由、平等、博爱等进步思想影响，提出了社会不仅要关怀身体有缺陷的儿童，还要对心理、精神、智能有缺陷的儿童给予关怀。当时，巴黎有许多学校的孩子存在很多问题，学习效果不好，1895 年，法国实验心理学家、智力测验的创始人阿尔弗雷德·比奈（Alfred Binet）与美国变态及临床心理学家亨利·戈达德（Henry H. Goddard）共同设计了一套智力测验方法，试图辨别这些孩子是出于懒惰还是智能低下的原因，探究该如何在教育上加以补救。1905 年，在西奥多·西蒙（Theodore Simon）的协助下，阿尔弗雷德和亨利设计出了著名的比奈－西蒙智力量表，推动了特殊儿童智力测验研究，进一步推动了教育测验运动的发展。

实验心理学派、人类学派、统计学和特殊儿童智力测验研究，再加上"人事工程思想"，都试图对学生的心理、学习效果、先天和后天的能力等方面用物理学的方法进行数字计量，以求其客观性。到 20 世纪 20 年代，美国的教育测验运动在这种思潮的推动下开始蓬勃发展。

2."八年研究"与教育评价概念的诞生

除上述原因之外，美国教育评价的产生与发展还有其深刻的社会和历史背景。19 世纪末 20 世纪初，美国经济发展顺利，一些思想家便认为美国是一个接近自由和完美的国度。但是，1929 年美国爆发了规模空前的经济危机，这使得许多美国人开始反思。1933 年，罗斯福政府实行了“经济社会化政策”，强调政府与产业间的协调。伴随着政府对经济的限制与干涉，大批青年失业，他们涌向社会，对继续上学失去了兴趣。当时美国的中学在大学入学考试这一指挥棒的引导下，其课程设置主要是为中学生升入大学服务，但不适应当时的社会形势和失业青年的需要，这就使学生与课程之间的矛盾突显。因此，当时社会迫切需要一个大家都能认可的、公开的人才分配法则。

在这种社会背景下，美国的一些教育家在华盛顿成立了进步主义教育协会（Progressive Educational Association，PEA）。他们首先批判旧教育，然后自我反省，寻找新出路，最后以新教育理论为依据，引入发展心理学的观点，以全面发展人的才能为目标，设计了一套新的课程体系，并选取了 7 所大学和 30 多所中学开展实验，参加实验的中学一律用新课程、新方法授课，学生毕业后可以直接升入参加实验的大学。在这些大学里有一半学生来自参加实验的所谓“进步中学”，另一半学生则是来自未参加实验的所谓“传统中学”。为了开展评价，该教育协会还专门成立了以拉尔夫・泰勒（Ralph Taylor）为首的评价委员会，从 1933 年开始到 1940 年做了 8 年的研究报告，实验共持续了 8 年时间，美国教育史称之为“八年研究”。“八年研究”的报告详细地阐述了课程设置原则和评价原则，并根据评价原则论述了实验结果。报告还强调指出，评价原则对于“八年研究”实验的成功起了积极、重大的作用。

二、第二次世界大战后教育评价的发展

第二次世界大战后，在教育评价发展理论中出现了许多有关阶段划分的观点，以美国著名教育评价专家库巴（Egong Guba）和林肯（Yvronna Session Lincoln）的“四代论”影响最大。他们根据评价的重点差异将整个教育评价发展过程划分为四个阶段：以测量为重点的发展阶段，教育评价

工作的重心是编制各种测验量表以测量学生的一些心理技能与特征，研究者的精力主要集中在教育测量的客观化问题上；以描述为主的发展阶段，评价侧重于对测验结果作描述，以判断实际的教育活动在多大程度上达到了预期的教育目标；以价值判断为中心的发展阶段，评价重心转向评价标准和价值观本身，并引发了人们对于评价标准和价值中立问题的重视和争论；以利益相关者为核心的构建阶段，评价者需要与评价活动的利益相关者沟通，通过多轮应答和协商，消除分歧，达成共识。从整体上看，第二次世界大战后的国际化教育评价大致经历了教育评价开创时期、发展与批判时期这两个发展阶段。

1. 开创时期

西方教育评价方法在开创时期的实证特征十分明显，这一特征主要体现在拉尔夫・泰勒的目标导向评价模式（以下简称“泰勒模式”）中。拉尔夫・泰勒认为，开展评价的基础是将评价内容划分为具体可见的、可操作的学生行为目标，以便围绕这些行为目标进行观察和评价。同时，在评价模式中，他非常重视对学习和教育结果作客观测量和统计，并提出了三种评价方法：其一，评价专家通过测试了解学生行为的变化；其二，将学生置于特定的情境中，有目的地观察学生的特定行为；其三，提出问题，让学生表达自己的观点，引导学生做出反映自己知识和能力的答案。

在运用这些评价方法时，拉尔夫・泰勒提出了三个重要准则，即客观性、信度和效度，并指出，如果任何一种评价手段违背了这三条准则，结果都将是无效的。第二次世界大战以后，西方教育评价在泰勒模式的基础上，又从标准化测验和教育目标分类学两个方面发展了评价手段，增强了评价手段和方法的实证化倾向。前者通过排除对测验的人为干扰，提高了评价手段的客观化程度；后者通过对行为目标的精细化研究，进一步促进了评价手段的可操作性。拉尔夫・泰勒据此将教育评价过程分为四步：第一步，确定教育目标，这是最重要的一步，其他步骤都是围绕这一步骤进行的；第二步，设计评价情境，评价情境的设计必须依据教育目标中期望学生达成的行为来进行；第三步，选择和编制评价工具，必须使这些工具能够引发教育目标所期望的那种行为；第四步，分析评价结果，必须以教育目标为依据。

泰勒模式瑕瑜互见。这种模式的理论模式在评价结构方面具有完整性与严谨性的优势，在教育评价的范围上对前有理论的评价范围进行了扩充，改变了局限于教科书内容评价的狭窄范围，扩展到学生评价，由此引出对师生教学行为的交互评价，并促进教育评价实践主体深化对预定教育目标和教育结果、学生行为变化以及相互之间关系的认识。此外，以教育目标为中心的教育评价模式通过教育评价活动来直接反映目标和学生学习行为变化（如成绩等）与所设置目标的差异，有利于评价者掌握教与学的交互统一信息，提高教育评价的成效。当然，该模式也存在一定的局限性，如属于典型的注重结果的终结性评价，尤其是过于关注学生的学习成绩；在教育评价的技术方法上过于倚重量化说明，而对学生行为变化中的情感、态度却缺少有效的测量方法。

2. 发展与批判时期

第二次世界大战结束后，虽然教育评价方法的实证化倾向总体上占主要地位，但由于社会的变化，对评价的需求快速增长，随着评价领域的不断扩大，泰勒模式并不能完全适应社会发展的需要，许多人从不同的需要和观点出发，提出了不同的评价模式。这些评价模式有些是在泰勒模式的基础上有所发展，有些聚焦于对泰勒模式的改造，有些则倾向于对泰勒模式展开批判。其中，实证化倾向最明显的是系统分析评价模式，这一模式具有两个重要特点：一是强调科学实证方法，要求在评价分析过程中所使用的材料必须是能证实的；二是强调使用定量资料和数学技术，如线性规划、回归分析、计算机技术等。该模式的支持者认为，明确性是系统分析的最小公分母，在分析中使用的假设和判断准则必须是具体的，对于不可比和不确定的资料要仔细地加以清除。可见，客观性和数量化是系统分析评价模式的两个明显的特点，在这一评价模式中，教育评价对象成了没有任何主观因素的“纯客观现象”，人们只要掌握了科学实验和统计分析技术，就可以“有效”实施教育评价。

与此同时，教育评价方法的实证化和客观化倾向加强，人文化倾向开始萌芽。斯塔弗尔比姆（Daniel L. Stufflebeam）在其倡导的 CIPP——背景评价（Context Evaluation）、输入评价（Input Evaluation）、过程评价（Process Evaluation）、结果评价（Product Evaluation）——评价模式中，首次提出了“过程评价”思想，认为“过程评价是通过描述真实过程，持续地与工作人员相互交流，观察其活动，控制评价活动的潜在问题，并保持对意外问题的警惕”，以此来对评价对象的工作过程进行有效改进和提高，如图 1-1-1 所示。在评价中，评价者开始注意到与评价对象充分交流的重要性，体现了人文主义的某些特点。另外，罗伯特·斯塔克（Robert E. Stake）的表象模式、艾略特·艾斯纳（Elliot Eisner）的文艺评论模式等都试图考虑人的思想、观点和主观经验在评价中的作用，但由于这些模式影响较小，在实证化倾向仍占较大优势的情况下，并未受到重视。

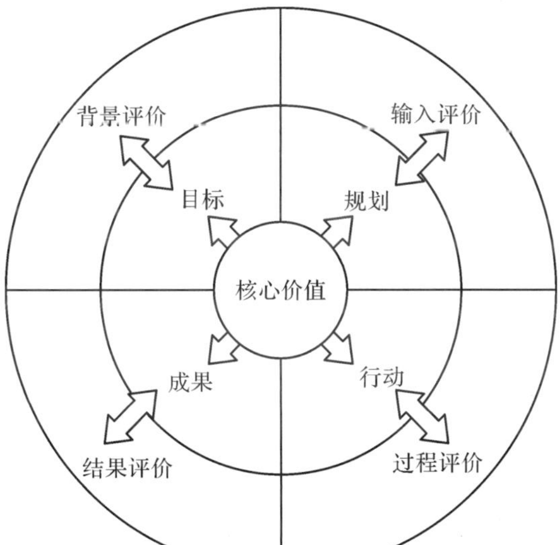

图 1-1-1　CIPP 评价模式构成及关系

三、当代教育评价的趋势

教育评价方法进入当代教育评价发展阶段后，其人文化倾向迅速强化，并出现压过实证化倾向的势头。随着美国经济的快速增长，民权运动开始高涨，而20世纪60年代的社会动乱和社会变革，迫使人们在研究教育问题的同时，开始考虑人的需要和人与人之间的交互作用对教育的影响，在方法论上逐渐向人文主义哲学靠拢。教育评价也在这一趋势的影响下，出现了一系列新的评价模式，如库巴和林肯的自然主义评价模式、斯塔克的应答评价模式等。这些评价模式的共同特点在于：评价不只是单纯从评价者的需要出发，而是考虑到所有评价参与人的需要，强调个体的经验、活动和主观认识的作用，不过分追求客观性，从人的角度出发，重视人文社会科学方法在评价中的运用。例如，应答评价模式中的应答，就是让评价对象和其他与评价有关的人员提出他们关心的问题，并各抒己见。在整个评价过程中，评价者的职责就是把收集到的资料与众人讨论，并以磋商的形式逐渐消除分歧，最后达成共同的、公认的、统一的观点。正如斯塔克所说："应答评价模式是牺牲某些测量上的准确性，以换取对方案有关人员来说有用的评价结果。"

教育评价方法的人文倾向得到迅速发展的同时，实证化特征也在新的形势下得到了进一步发展，如拉尔夫·泰勒的目标导向评价模式在这一时期经过杰弗里·波帕姆（Jeffrey J. Popham）和本杰明·布卢姆（Benjamin Bloom）改进后，仍在教学领域广泛使用。总的来看，现代教育评价是朝着合理化、人性化、民主化的方向发展的。具体而言，它主要表现为以下几种发展趋势。

1. 定量评价与定性评价相辅相成

定量评价与定性评价的区别主要是在教育评价过程中使用的工具不同。定量评价主要使用数学工具，定性评价主要使用自然工具。教育评价是基于对教育事实和教育现象的客观认识的价值判断过程，因此对教育事实的认识是教育评价的重要步骤。在理解事物的早期阶段，人们总是倾向于分析事物的性质并作出一般判断，教育也是如此。在真正的教育评价出现之前，人们对教育事实的理解主要依赖于经验，如通过观察、考试、问答来判断教育的有效性，这些都是定性评价。定性评价在定量评价之前，原本是一种相对简单的评价方法。在“测量阶段”之前，教育评价基本上采用定性评价方法。然而，客观性是教育评价的目标之一，这与定性评价的主观性相矛盾。

随着对事物认识要求的提高，人们对事物的认识不再满足于粗略的判断，而是需要进行准确的定量分析，以区分事物之间的细微差别。由于科学主义和实证主义的影响，尤其是统计学的发展，人们认识到定量方法更准确、客观，于是将定量评价方法引入教育评价，诞生了“测量阶段”。

然而，在定量评价的发展过程中，人们过于崇尚客观性和准确性，倾向于彻底抛弃定性评价方法，或认为定性评价方法不够客观和准确，将其置于评价的边缘。当定量评价方法发展到极致时，人们意识到教育活动非常复杂，不仅内外各种因素之间的关系十分复杂，而且情感、态度、思维等因素也很难量化。如果在教育评价中盲目追求客观的量化方法，往往会对其中的复杂因素简化处理，还会忽略一些仍然缺乏测量工具、无法量化、难以获得真实可靠数据的因素，而这些因素可能对教育活动非常重要。因此，教育评价的“构建阶段”更注重定性评价方法的运用。

库巴和林肯提到的定性评价方法与“测量阶段”之前的定性评价方法不同。“测量阶段”之前的定性评价是一般性的、低层次的定性评价，而库巴和林肯的定性评价则更为具体和明确。它有一个明确的理念，即关注评价的具体过程和评价过程中具体的人；有明确的操作流程，即进入条件、查询流程和查询结果；它有着明确的理论基础，主要从民族学、人类学、诠释学等学派和“质的研究”等方法中汲取方法论营养。然而，第四代评价者倡导定性评价方法，对传统的实证主义方法持简单而全面的否定态度，认为定量评价方法与他们所倡导的人文关怀理念背道而驰。因此，在评价工作中第四代评价者尽可能多地使用量化方法，但不过分追求量化。

可以肯定的是，在未来的教育评价发展中，定性评价方法和定量评价方法将相辅相成。定性评价方法和定量评价方法各有优缺点，各有适用的领域和条件。提倡一种方法而放弃另一种方法是不恰当的。就评价的改进功能而言，定性评价更为有效。与定量评价方法相比，定性评价方法更加人性化，更具人文性，更有利于评价对象的进步，但更耗时，也更难实施。现代教育将变得越来越复杂，其评价将不再片面追求量化，也不再片面追求定性评价。相反，现代教育努力将定量和定性方法相结合，将科学方法与人文方法相结合。两者的结合不仅体现了对科学合理的教育评价的追求，也体现了教育评价的人文关怀。

2. 结果评价与过程评价并重

结果评价与过程评价主要体现在教育评价的功能上。结果评价侧重于识别和鉴别功能，过程评价侧重于形成和服务功能。在理论界，教育评价的功能和目的一直是一个有争议的问题，即教育评价是识别和总结，还是促进、调整和完善。教育评价的重点应放在对结果的评价和区分上，还是放在对教育过程的监测和诊断上。在教育评价发展史的早期阶段，如“描述阶段”之前的教育评价，往往更注重结果，强调评价的识别和认证。对于学生来说，教育评价主要用于识别学生及其学业成绩，目的是选择适合教育的孩子；对教师而言，教育评价的目的是判断教师的教学水平，决定教师的奖惩和任免；对学校而言，教育评价主要是判断学校的办学水平，决定学校是否可以得到奖励和补贴。这种评价主要是结果评价。

随着教育评价思想的发展，人们认识到教育评价的功能定位应该与教育的目标定位相一致。教育评价的价值不在于识别和选择学生，而在于促进学生更好地发展。因此，教育评价越来越重视形成、改进和服务的功能，诊断性评价和形成性评价逐渐普及，教育评价的目的也从“以证明为主”转变为“促进教育工作的改进”。正如斯塔弗尔比姆所强调的那样，现代教育评价的目的“不是为了证明，而是为了改进”，如 CIPP 模型中的“过程评价”是一种形成性的评价。即使是非常重视客观评价的布卢姆也认为，教育评价“主要关注的是利用它来改进教学”。此后，过程性评价和形成性评价受到了教育评价者的广泛关注和重视，“构建阶段”的教育评价将其推向了顶峰。从那时起，教育评价不再满足于对学生、教师或学校做出结论和标记，而是更加注重对师生的行为和学校的经营提出建议。因此，教育评价更强调过程评价。过程评价主要有三层含义：第一，评价应结合评价对象的具体工作（或学习）过程进行，而不是在工作之后，也不是在工作之外；第二，评价应当有利于改进评价对象的工作（或学习）过程，而不仅仅是对其工作成果进行评价；第三，评价结论的形成是评价者与评价对象共同协商的结果，而不是评价者单方面的意见。需要注意的是，这里的过程性评价主要是指关注具体过程和过程改进的评价，这与形成性评价不同。形成性评价是一种过程性评价，但不是全过程评价。重视过程评价，实际上就是关心评价中的人，尤其是评价对象的发展；它也反映了对评价过程中细节的关注，尤其是对评价中教育细节的关注。过程性评价的突出表现是 20 世纪 90 年代初出现的发展性教育评价。发展性教育评价不是把评价体系作为一种奖惩机制，而是为了促进学生、教师和学校的发展。发展性教育评价的基本理念是“不是为了最好，而是为了更好”，它关注教育的可持续发展及其对人类可持续发展的贡献，目标是帮助学生、教师和学校做得更好。发展性教育评价自提出以来，得到了广泛的应用。总之，现代教育评价更加注重过程评价与结果评价、诊断性评价与发展性评价的统一。

3. 他人评价与自我评价的结合

他人评价与自我评价主要关注评价对象在评价中的地位。他人评价侧重于评价者的意见，不关注评价对象在评价过程中的作用和理念；自我评价更注重评价对象的感受和意见。早期教育评价认为，为了使评价客观可信，评价者和评价对象必须分开。这种分离主要体现在两个方面：评价者和评价对象不能由同一人承担，即自我评价是不可能的；评价者必须与评价对象保持一定的距离，即评价者不能参与评价对象的实际活动，以确保评价的客观性和中立性。在教育评价中，他人评价有很多表现形式，如舆论中关于学校的评价、上级教育部门对下属学校的评价、学校领导对教师的评价、教师对学生的评价、同龄人（同学）之间的评价等，都属于他人评价。他人评价一般比较严格、审慎，相对客观、可靠。然而，他人评价很难组织，而且需要耗费大量的人力和财力。一般来说，他人评价的间隔时间应该更长一些。在当次评价中，被评价对象只能接受评价者的结论，无权质疑结论的合理性。后来的研究者发现，与评价对象保持一定距离的评价者，由于没有参与评价对象的实践和生活，无法获得全面的信息，也就是说，评价者的判断是在信息不全面的情况下得出的，因此评价者的结论不一定完全可靠。随着主体意识和民主意识的增强，人们认识到评价对象不能简单地接受他人的结论，而是有权怀疑和反驳他人的结论。此外，评价对象对自身信息的理解比评价者更全面，对自身情况更有发言权。因此，自我评价很重要。从“判断阶段”开始，自我评价就受到了关注，但直到“构建阶段”，自我评价才受到普遍关注。“构建阶段”所倡导的“共建”实际上是自我评价和与他人协商评价的共同结果。

4. 正式评价与非正式评价并存

正式评价与非正式评价主要体现在教育评价的标准化程度上。正式评价是指评价者通过诊断性评价、形成性评价、终结性评价、定性评价、定量评价、绝对评价和相对评价等相对规范的评价程序和工具以及专门组织的评价活动，了解评价对象的一种评价方法。正式评价主要表现为有专门（甚至专业）的评价者、明确的评价标准、规范的评价程序、合适的评价工具、明确的评价结果等，这些特点使得正式评价的信度和效度更高，评价结论更容易被人接受。然而，组织正式评价需要大量的人力、物力和时间，因此不可能经常组织此类评价。此外，在教育评价中，评价对象的许多信息无法通过形式化评价获得。例如，纸笔测验只能测试学生的书面语言能力和逻辑推理能力，而不能测试学生的人际交往、音乐表现、运动技能、自我认识、学习态度、道德行为等能力，这些能力也是学生发展的重要方面。因此，在正确使用正式评价的同时，也需要采用非正式评价来改进正式评价。

非正式评价早在迈克尔·斯克里文（Michael Scriven）的目标游离模式中就已提出。斯克里文认为，教育活动除了收到预期的成效外，还会产生各种“非预期效应”，这些效应可能是积极的，也可能是消极的，但都会对教育效果产生一定的影响。因此，根据事先确定的目标进行评价往往会使教育的非预期效应得不到关注。为了改变这种状况，教育评价应重点关注“教育方案实际干了什么”，而不是“教育方案想干什么”，也就是对非预期效应进行评价。这种对非预期效应进行的评价，实际上就是一种非正式评价。“构建阶段”的教育评价更关注非正式评价，它强调教育评价应该在自然情境中进行，这就决定了必须采用“质的研究”方法，更依靠人的感官和思维来作研究和评判，包括通过观察、座谈、阅读文献、记录未被人注意的迹象、重视人的非言语意向等来探究问题，这些都是非正式教育评价的方法。

5. 元评价日益受到重视

元评价主要体现在教育评价本身的合理性上。元评价一般是指对评价技术及其结论的质量进行评价的各种活动。也就是说，按照一定的理论框架、价值标准和标准程序，对教育评价本身的评价和研究就是元评价。元评价之所以必要，主要是因为评价本身可能存在问题和偏差。元评价的目的是找出评价中可能存在的偏差，并使用适当的方法估计这些偏差的重要性并加以纠正。元评价可以与原始评价同时进行，也可以稍后进行。然而，明显可以看出前者更有效，因为它反映了改进评价的目的。如果原始评价非常重要，则必须立即进行某种形式的元评价。此时，如果将元评价放在原始评价之后，则对原始评价过程的影响为时已晚，只能促进未来教育评价质量的提高。另外，如果从评价开始就计划进行元评价，可能会增加整个评价的时间和成本。为了提高元评价的权威性和可信度，元评价一般应由参与此教育评价以外的人进行。当然，这并不排除自我元评价的必要性和合理性。元评价早在“测量阶段”就已经出现。例如，分析评价的信度和效度实际上就是一种元评价。自那以后，元评价越来越受到人们的重视。

一门学科把自己列为研究对象，这标志着该学科的成熟。元评价在教育评价中的提出和发展，标志着教育评价学科的成熟。随着教育评价理论和实践的发展，教育元评价将越来越受到重视。一方面，教育评价理论的进步和方法的改进，必然要求教育评价者进行科学的研究和发展，这是由科学发展规律决定的。另一方面，从评价实践的角度来看，各种教育评价活动在具体实施中往往有一些不恰当的地方，不可避免地存在不同程度的偏差和错误，这将影响教育评价的功能。在这种情况下，我们必须对这些评价活动进行必要的识别和监控，以减少偏差，纠正错误，使评价活动更符合评价目的和要求，并获得良好的评价效益。因此，随着教育评价的发展和成熟，元评价将受到越来越多的关注。

第二节 回顾：我国教育评价的发展历程

教育评价一直以来都是教育领域的重点工作，中国教育评价自中华人民共和国成立前的教育测量运动萌芽，到中华人民共和国成立后历经曲折，再到改革开放后迎来发展繁荣。教育评价带有深刻的时代烙印，遵循自身独特的发展规律，由浅入深、由简到繁，逐渐朝向更深、更广的维度拓展。如今，我国已然步入中国特色社会主义新时代，教育评价也迎来了新一轮的发展契机，如何以史为鉴，把握教育评价使命，促进教育评价改革，是当下教育评价发展的重点。

一、现代教育评价在我国的出现

19 世纪以来，随着科举制度的没落和新式教育的兴起，中国的现代教育评价悄然萌芽，到 20 世纪 40 年代已然取得了一定的发展成果，然而，由于社会环境、经济发展等原因，教育评价的发展受到重重阻碍。因此，本部分主要阐述了20世纪初至20世纪70年代我国教育评价的理论、实践、制度自萌芽到曲折发展的历程。

1. 教育评价的萌芽——20世纪初至20世纪40年代

由于社会发展的需要以及科举制度自身的僵化，科举制度于1905年被正式废止。我国正式废除科举制度之时，正值西方教育测量运动兴起，其理论也很快传入我国，中国的教育测量运动便在这样的时代背景下应运而生。1918年，俞子夷根据国外的研究编制了我国小学毛笔书法量表，这是我国最早的标准测验量表。1920年，北京高等师范学校和南京高等师范学校建立了我国最早的心理实验室，廖世承、陈鹤琴也在同年于南京高等师范学校开设心理测验课程，这是我国正式开展科学心理测验的开始。1922年，美国教育测量学专家麦柯尔（W. A. McCall）应中国教育改进社的邀请前来中国讲学，在他的指导下，北京高等师范大学、国立北京大学、燕京大学、北京女子高等师范学校、东南大学等学校开始教育评价测验，这一时期国内学界不仅翻译引进国外测量量表，还自行编制了许多测验量表。据统计，到1923年，中华教育改进社编制的心理和教育测验共有40多种。

当时的教育测验运动出现过一些偏差，如一些人过于夸大测验的功能，对测验结果的解释不够慎重，导致了20世纪20年代末教育测验研究和实践的混乱局面。对此，学者们意识到，教育测验要想在中国健康、持续地发展下去，必须加强理论研究，还教育测验以真实面貌。1931年，中国教育测验学会成立，该学会专门从事测验理论研究，推动了我国教育测验运动及其研究的发展。在20世纪30年代，一批关于教育测验的学术著作相继问世，但是其发展力度和质量不及前一时期，重复性劳动较多。

由于日军的入侵，产生于20世纪初的中国教育测验运动被迫中断。在中国开展救亡图存的抗战之时，美国教育专家拉尔夫·泰勒完成了教育评价史上具有里程碑意义的“八年研究”。在当时的历史条件下，中国很难引入“八年研究”和一些其他的研究成果，自此，我国的教育评价理论研究和实践探索与美国有了差距。在中华人民共和国成立之前，当时社会只是零星地出现一些关于教育测验的专著。

除了教育测验运动与教育评价理论研究之外，中国教育评价制度也在这一时期迎来了萌芽，主要表现为由中国共产党人所开展的一系列早期探索。1921—1948年，中国共产党陆续出台了以《颁布学制与实施目前最低限度的普通教育》《教育行政纲要》等为代表的教育评价的相关政策，运用马克思主义基本原理解决中国教育实际问题，并在总结新民主主义文化教育实践经验基础上加以理论概括，开创了教育评价制度的新纪元。中国共产党成立初期，我国正处于半殖民地半封建社会，文化教育十分落后，虽然所处环境非常恶劣，但在党的领导下大家仍然积极开展教育评价活动，如1934年教育人民委员部颁布的《小学管理法大纲》中涉及对学生成绩的评定、考试方法以及对学校的监督和检查等多方面内容。1944年颁布的《中共中央宣传部关于延安机关学校政治教育的通知》重点提到，教育要以配合审查干部、坚定革命立场为主要任务，这一时期的学生成绩评定、考试方法、赏罚衡量、监督检查等都可以看作是教育评价活动的萌芽。这一时期的教育评价制度，在理念上具有为革命战争与阶级斗争服务的价值取向，教育部和委员会是重要的政策参与主体；在内容上强调加强群众的政治教育，以发展新的社会力量；在政策目标上，扫除文盲、实行教育普及、摆脱蒙昧状态、使工农群众能够从事革命斗争和享受文明幸福生活成为这一阶段教育评价政策的现实任务和目标。

综上所述，在这一阶段，中国的教育测验主要表现为以引入国外教育测验理论和实践为主，同时辅以国内的独立研究。教育测验的思想虽没有在中国的土壤中生根，但由中国共产党人主导的教育评价制度开始萌芽。当时的政策文件中多次出现有关教育评价的内容，其缺乏原则性表述、缺乏实操性的特点也表明此时的教育评价制度尚未形成一条成熟明确的发展路线。

2. 教育评价的曲折发展——20世纪50年代至20世纪70年代

中华人民共和国成立时，以前的研究成果大多已散失，欧美的教育思想还未引入，已有的教育评价理论研究和实践方面的成果几乎没有留存下来。

中国教育评价制度在这一历史阶段进行了初步探索。在中华人民共和国成立初期，受国家百废待兴、经济基础薄弱以及苏联教育模式的影响，教育评价制度的探索进展缓慢，出台的政策文件相对较少，有关教育评价制度的概念和体系尚未形成。但我国对教育评价制度的初步探索已经开始，如政务院出台了《关于改革学制的决定》《关于整顿和发展中等技术教育的指示》等早期教育评价政策文件。1961 年，中共中央颁布的《高教六十条》确立了党在高等学校中的领导地位，重点指出高等学校必须以教学为主，对教师考核要以他们担任的教学任务、教学质量和学术水平为依据，这对我国教育评价制度的发展起着重要的推动作用。

中国教育评价制度在这一时期的发展具有显著的社会主义建设特点：注重将政治觉悟作为评判教育的核心理念，强调教育要为无产阶级的政治服务，要与生产劳动相结合；政策内容上注重明确各级各类学校的领导关系，并根据经济的发展需要对我国原有的各级各类学校的学制和教育教学工作进行整顿和改进；政策工具上，主要以批准、规定等命令性政策工具为主，体现政府的统筹管理和控制；政策目标上，逐步恢复教育秩序和提高人民文化水平，快速培养、发展建设人才，进而为社会主义事业的恢复作出贡献，是该阶段教育评价制度的主要目标。

总的来说，这一阶段的教育评价主要特点是中国教育评价制度的重点从宏观方面转向了具体的学校教学评价方面，更加细化。尽管当时中国教育评价的政策体系尚未建立，制度雏形未完全显现，但是其内涵已经渗透在相关政策中。

二、改革开放后我国教育评价的发展

改革开放后，我国教育评价理论与实践都迎来了新的春天，教育评价理论研究逐渐与国际接轨，教育评价实践伴随着高考制度的恢复向纵深发展，教育评价政策随着时代变化也呈现出不同的特点。本部分主要阐述了我国教育评价的发展历程。

1. 教育评价研究的恢复和理论引进——20世纪70年代末

20世纪70年代末至80年代初，一是由于反思历史、重建教育评价的需要，二是由于教育教学改革实践的需要，三是由于国际教育评价新发展的驱动，我国教育评价的发展主要表现为引入国外教育评价理论和参与国际教育评价的交流。1977年8月，教育部在北京召开全国高等学校招生工作会议，确定了《关于1977年高等学校招生工作的意见》，新的招生制度采取“自愿报名，统一考试，地市初选，学校录取，省、市、自治区批准”的办法。统一招生制度的恢复，对教育评价提出了新的要求，推动了教育评价的理论研究与实践改革。20世纪70年代末到80年代初，教育评价研究的主要成果在于引进和介绍国外教育评价的研究成果；80年代初，我国的许多期刊陆续引入和译介了国外有关教育评价的专著和论文。1983年，我国宣布加入国际教育成就评价协会，为我国教育评价研究的国际交流搭建了平台。与此同时，教育部指定在中央教育科学研究所建立中国国际教育成就评价中心，开展了大规模的教育现状调查和评估。这些活动都极大推动了我国教育评价研究的发展。

就中国教育评价制度的发展而言，1977年统一招生制度的恢复极大地刺激了我国教育评价制度的发展，是我国教育评价制度发展的重要历史节点。我国教育评价制度的真正启动和发展，是在1978年十一届三中全会以后，改革开放的政策为教育评价制度的兴起奠定了良好的基础。

中国教育评价制度在这一阶段，理念上主张教育必须为社会主义建设服务，明确坚持思想政治条件与业务条件二者并重的标准，坚持保证质量、全面考核、择优提升的发展理念；政策主体上，其多元性开始显现；政策内容上，其对各级各类学校教师的职责、评价标准和方法等做出明确规定；政策工具上，考核激励工具开始出现，教育评价制度在该阶段仍然表现出较强的权威性特征；政策目标上，这一阶段教育评价制度的核心目标是加强我国教师队伍建设，为国家培养合格人才。总的来说，教师成为党领导下教育评价制度的研究重点。这一时期，我国教育评价制度获得了空前的发展动力和制度空间，但相关政策主要集中于对教师的评估和考核，且对教育评价制度的法律地位不够重视。

2. 教育评价的繁荣发展——20 世纪 80 年代至 20 世纪 90 年代

20 世纪 80 年代中期至 90 年代末，我国教育评价的发展在制度上有了保证。1985 年，《中共中央关于教育体制改革的决定》颁布，强调国家及教育主管部门要加强对高等教育的宏观指导与管理，教育管理部门要组织教育界、知识界和用人部门定期对高等学校的办学水平进行评估。同年 11 月，国家教育委员会出台《关于开展高等工程教育评估研究和试点工作的通知》，提出建立高等工程教育评估制度的要求，并全面部署了对高等工程教育的评价研究和试点工作。其后，国务院在 1986 年出台的《关于第七个五年计划的报告》中又指出："要加强教育事业的管理，逐步建立系统的教育评价和监督制度。"以 1986 年中央职称改革工作领导小组颁布的《关于转发国家教育委员会中、小学教师职务试行条例等文件的通知》为标志，我国教师评价制度基本成型。在党和政府的大力引导、组织和扶持下，我国教育评价研究在 20 世纪 80 年代中后期大规模发展起来。1990 年 4 月，国家正式颁布实施了《普通高等学校教育评估暂行规定》，这是中华人民共和国成立以来第一个关于教育评价的行政性法规，标志着我国教育评价理论和实践走向了规范化，并为其进一步发展提供了重要的制度保证。1993 年 2 月，中共中央、国务院颁布了《中国教育改革和发展纲要》，文件中明确指出："建立各级各类教育的质量标准和评估指标体系。各地教育部门要把检查评估学校教育质量作为一项经常性的任务。要加强督导队伍，完善督导制度，加强对中小学学校工作和教育质量的检查和指导。对职业技术教育和高等教育，要采取领导、专家和社会用人部门相结合的方法，通过多种形式进行质量评估和检查。各类学校都要重视了解用人单位对毕业生质量的评价。"这一纲领性的规定对我国教育评价研究与实践的发展起到了重要作用。

在 20 世纪 90 年代初，我国成立了专门的教育评价机构和专业的教育评价研究机构。1990 年 10 月，全国普通教育评价专业委员会成立；1994 年 1 月，中国高等教育学会高等教育评价研究会成立，与此同时，中央与地方各级教育考试评价机构相继建立；1998 年，教育部考试中心成立，各省区市先后成立了教育考试院。教育评价制度的建立和实践的开展推动了教育评价理论的发展。20 世纪 80 年代末，我国创办了《中国高等教育评估》等专业性的教育评价杂志，为我国教育评价研究的专业化发展及教育评价研究的交流互动搭建了良好的平台，广大理论工作者与实践工作者在此开展了深入探讨，取得了累累硕果。有关教育评价的教材和专著陆续出版，同时国外的教育评价理论也被相继介绍到国内。

20 世纪 90 年代初，我国教育评价制度迎来了繁荣发展，表现为颁布一系列法律法规来推进教育评价制度改革，如《教育督导暂行规定》（1991 年）、《普通中小学校督导评估工作指导暂行规定》（1991 年）等文件的颁布，标志着我国教育评价制度的建立，并已形成教育评价体系的基本框架。在此基础上，1995 年全国人民代表大会通过的《中华人民共和国教育法》更是明确规定，“国家实行教育督导制度和学校及其他教育机构教育评估制度”，教育评价制度的法律地位得以确立。随后，各级各类教育评价政策的出台使得教育评价制度在不断完善的同时，渐趋制度化、规范化和常态化。

在这一时期，教育评价政策在理念上坚持教育必须为社会主义现代化建设服务，必须与科技、社会相结合，强调把教育摆在现代化建设优先发展的战略地位，在政策主体上形成了自中央到地方均对教育评价高度重视的局面；政策内容上，基于素质教育要求进行各级各类学校教育、教师和学生的评价成为该阶段教育评价政策的热点；政策工具上，教育培训、技术支持等能力建设工具开始起到重要的补充作用；这一时期的政策目标是增强学校主动适应社会需要的能力，发挥社会对学校教育的监督作用，建立适应社会主义市场经济体制和政治、科技体制改革需要的教育评价制度，更好地为社会主义建设服务。总的来说，党领导的教育评价制度开始向正规化、系统化的方向迈进，为后续我国教育评价制度的全面发展和政策体系的完善提供了经验和政策基础。但是，我国教育评价仍然存在各个主体间协同参与水平较低，以及评价内容、标准和模式单一化等问题。

3. 教育评价的新局面——21 世纪初

20 世纪 90 年代末至 21 世纪初，中国教育评价迎来了新面貌，首先表现在第一轮基础教育改革上。1999 年 6 月，中共中央、国务院颁布了《关于深化教育改革全面推进素质教育的决定》，明确要求“加快改革招生考试和评价制度，改变‘一次考试定终身’的状况”，要“逐步建立具有多种选择的、更加科学和公正的高等学校招生选拔制度”，同时还要求“建立符合素质教育要求的对学校、教师和学生的评价机制”。2001 年 5 月，国务院颁布了《国务院关于基础教育改革与发展的决定》，对于教育改革，文件中规定“改革考试评价和招生选拔制度”“加强和完善教育督导制度”。与此同时，第一轮基础教育课程改革在全国范围内开展起来。2001 年 6 月，教育部颁布了《基础教育课程改革纲要（试行）》，要求从“知识与技能、过程与方法、情感态度与价值观”等方面对学生素质进行全面评价，要求“建立促进学生全面发展的评价体系”“建立促进教师不断提高的评价体系”“建立促进课程不断发展的评价体系”。

随着基础教育改革的推进，为确保课程改革的实效，考试制度改革势在必行。2002 年 12 月，教育部颁布了《教育部关于积极推进中小学评价与考试制度改革的通知》，构建了全新的教育评价体系，概括起来具有以下六个特点：其一是强调评价的全面性，从德智体美等方面对学生进行全面评价；其二是强调评价的发展功能，即指出评价的目的是更好地提高学生的综合素质和教师的教学水平，使评价促进发展；其三是强调评价的多元性，包括评价内容、评价方法、评价主体的多元性；其四是强调评价的个性化，既要注意对学生、教师、学校的统一要求，又要关注个体差异；其五是强调评价的民主化，重视学生、教师、学校在评价中的作用；其六是强调评价的过程性，评价不仅要注重结果，更要注重发展和变化的过程。至此，全面、多元、开放、民主的教育评价体系初步建立，开创了教育评价的新局面。

综观改革开放以来我国教育评价的发展历程，主要具有以下几个特点：一是评价越来越全面，仅就面向学生的评价而言，就完成了从“一考定终身”到综合评价的改变；二是评价越来越科学，评价方法逐渐突破了单一的考试，越来越多的评价方法开始被用于教育评价之中；三是对评价功能的认识越来越深刻，评价不只是用于筛选，而是助力学生成长发展；四是评价越来越民主，相比于最初的单向的评价，越来越多的评价主体进入了评价体系之中，评价对象在评价中的地位和作用愈发得到重视。

然而，从教育改革和发展的需求来看，教育评价依然存在一些不足之处：一是我国教育评价发展水平整体还比较低，大部分仍然停留在“测量阶段”，“建构”的思想虽然在近年来的教育评价体系改革中有所体现，但是还没有被人们普遍接受，距离实践还有相当远的距离；二是我国教育评价的功能定位并不准确，教育评价在当下主要还是对学生的学习成绩、教师的教学效果、学校的教育质量进行鉴定的手段，总结性评价在评价体系中仍占到很大比重，使得评价的发展性功能依然尚待发展；三是我国教育评价的保障机制并不完善，由于关乎学生综合素养的许多因素在评价上存在操作复杂、可行性较差的问题，相比之下考试成绩是较容易操作的因素，因此以学生成绩作为教育质量指标的现象依然广泛存在，造成了评价理论和实践的断层；四是教育评价缺乏完善的指标体系，专业化水平不高。当下许多评价的指标体系由于缺乏科学依据和严格论证，其结构合理性、内容准确性等都无法保证，且易受政策影响，基于此教育评价的专业性不高。此外，我国评价人员的专业性水平参差不齐，教育评价和督导机构中负责具体实践的评价人员多由教育行政人员构成，高校的研究人员缺乏相应的权力，在研究教育评价理论时存在理论和实践的断层。这造成了两个方面的影响，一方面导致教育评价跟随政策的指挥棒，政策更迭可能带来的是评价体系的更替，这不符合教育评价本身递进发展的规律；另一方面也导致评价缺乏权威性，表现为教育评价的社会认可程度和国际认可度低。总的来说，改革开放以来，我国教育评价在理论和实践方面都取得了一定的进展，尤其是随着课程改革的推进，教育评价体系得到确立和发展，并且逐渐触及教育深层的问题。

三、新时代我国教育评价的使命

党的十九大召开以来，中国特色社会主义进入了新时代，相应地，我国的教育评价事业也打开了新的格局。一系列政策文件都指向了教育评价改革，以期解决我国教育事业发展过程中出现的一系列问题。因此，这一部分从新时代教育评价的实施背景、问题导向、目标、举措这四个方面综合阐述了新时代教育评价的使命。

1. 新时代教育评价的实施背景

2010 年，为全面提高教育评价质量，总结我国在前期所取得的成就和经验，深入分析教育评价工作存在的差距和不足，国务院颁布了《国家中长期教育改革和发展规划纲要（2010—2020 年）》，多次提到要提高学生的“综合素质”和全面实施完善“综合素质评价”，明确提出了“整合国家教育质量监测评估机构及资源，完善监测评估体系”，探索“与国际高水平教育评价机构合作，形成中国特色学校评价模式”“明确各级政府责任，规范学校办学行为，促进管办评分离”“探索综合评价、多元录取的考试招生制度”等推进教育评价改革的具体要求，这是在 2010—2020 年指导我国教育评价制度改革和发展的纲领性文件。2013 年，颁布的《中共中央关于全面深化改革若干重大问题的决定》的第 42 条“深化教育领域综合改革”中强调推行“综合评价多元录取机制”。可见，在这一时期，综合评价制度逐步确立，并进入全面推进时期。

在综合评价制度稳步推进以及立德树人教育体系逐步完善的背景下，教育评价的多元主体格局基本形成，教育现代化的发展需求和信息技术的日新月异，也对我国教育评价制度提出了新要求和新挑战。2019 年颁布的《中国教育现代化 2035》及《加快推进教育现代化实施方案（2018—2022 年）》等政策文件从教育现代化角度为我国各层次的教育评价指引了方向，促使教育评价制度开始向全面、创新的发展格局转变。2020 年中共中央、国务院印发的《深化新时代教育评价改革总体方案》（以下简称《总体方案》），对教育评价改革的总体要求、重点任务、组织实施做出了全面系统的部署，开启了新时代我国教育评价改革的大幕。

2. 新时代教育评价改革的问题导向

《总体方案》是新时代教育评价改革近谋 5—10 年、远眺 15 年的纲领性文件，“系统推进教育评价改革”是其核心指导思想。《总体方案》实施以来取得了积极进展，但是各种深层矛盾和问题也逐渐浮出水面。

新时代的教育评价改革在完整的教育评价系统中，主要涉及评价活动、教育实践、社会服务三个层面，其中，教育实践又包括立德树人、科学研究、教育治理三个子层面。新时代教育评价改革主要指向以下四个方面的问题。

(1) 评价自身形式化、单一化。当前教育评价问题集中表征为《总体方案》所说的“五唯”，即唯分数、唯升学、唯文凭、唯论文、唯帽子。这样的评价，以“文凭”等物取代人、以“分数”等数值取代质量、以“论文”等科研代替教学、以“职称”等形式代替实绩，忽视人和教育本有的丰富性，把简单的、外在的、量化的、物化的材料与人的复杂性、内在性、精神性简单挂钩，这是不科学、不合理的。这一现象背后的原因十分复杂，有文化、制度、社会、技术等方面的因素，呈现出“越陷越深，越深越陷”的特点。

(2) 立德树人狭隘化、封闭化。教育评价的短视化、功利化必然导致立德树人的狭隘化、内卷化。狭隘化，就是立德树人的目标和内容变窄，人才培养目标趋于外在、显性，可直接把握、立竿见影显出培养效果的结构化要素得到过度关注，无法或难以测评的内隐性素养往往被忽视、被遮蔽。封闭化，指的是立德树人过程的封闭，主要表现在各级各类教育之间衔接贯通不够，各个教育阶段缺乏一体化的培养标准、系统化的培养方案，普通教育、职业教育、继续教育之间缺乏有效转换的体制机制，难以形成整体的育人效应。

（3）科学研究纸面化、功利化。形式化、单一化的教育评价导致科学研究更多追逐的是课题、论文、奖项等纸面成果，难以解决实际问题。比如，每几年一轮的各级各类科研成果、教学成果评奖，其中真正能够推广应用、产生效益的并不多。并且，这些纸面化的成果通过一系列政策、机制等的运作，成为换取资源、地位、利益的筹码，继而加剧了科学研究的功利化，教师把大量的精力花在获得功利化的科研成果上，以致很难真正用研究成果支撑教育教学，提高教育质量。

（4）教育治理工程化、标签化。教育是培养人的事业，在当下却常常按照工程的方式来治理。教育行政部门简单地以下达指标、搞工程、创牌子等方式管理教育，学校简单地以论文、课题等来评价教师，教师简单地用分数来衡量学生，社会简单地以升学指标为学校贴标签、列等级，唯刚性指标是从，这很显然是用错了对象，其结果必然使得教育的生动性、开放性、创新性受到限制。

3. 新时代教育评价改革的目标

《总体方案》中明确提出了深化新时代教育评价改革的目标：“经过 5 至 10 年努力，各级党委和政府科学履行职责水平明显提高，各级各类学校立德树人落实机制更加完善，引导教师潜心育人的评价制度更加健全，促进学生全面发展的评价办法更加多元，社会选人用人方式更加科学。到 2035 年，基本形成富有时代特征、彰显中国特色、体现世界水平的教育评价体系。”这些目标表明了改革的目标与要破解的问题是相对应的，也是系统的，有其内在逻辑。

针对教育评价本身的问题，《总体方案》中提出：“到 2035 年，基本形成富有时代特征、彰显中国特色、体现世界水平的教育评价体系。”这是教育评价的形成性目标。自从科学教育评价进入中国以来，教育评价先后经历了以测量为特征的第一代评价、以描述为特征的第二代评价、以判断为特征的第三代评价和以建构为特征的第四代评价，现在迎来了“以育人为本、以服务为导向、以智能化为特征”的第五代评价。中国教育评价有三个基本特点：一是评价的政治性，坚持党的领导；二是评价的育人性，确立科学的育人目标，落实立德树人的根本任务，促进学生德智体美劳全面发展；三是评价的多元性，做到教育评价全方位全覆盖，每一个国民都应成为评价的参与者。

针对立德树人的问题，《总体方案》中要求：“推动构建服务全民终身学习的教育体系，努力培养担当民族复兴大任的时代新人，培养德智体美劳全面发展的社会主义建设者和接班人。”这表明教育评价改革的促进性目标包括构建体系和培养时代新人两个方面。服务全民终身学习的教育体系，既包括普通教育体系、职业教育体系和继续教育体系，也包括学前教育、义务教育、高中阶段教育、高等教育等各级教育。《总体方案》还要求：“探索开展学生各年级学习情况全过程纵向评价、德智体美劳全要素横向评价。”“学习全过程纵向评价”贯穿各级教育，“德智体美劳横向评价”联通各类教育。这样的立体评价是全民终身学习、立德树人的重要支撑。

针对科学研究问题，《总体方案》在改革任务中重点谈了“改进高校教师科研评价”，主要目标是建立质量导向的分类评价体系，“突出质量导向，重点评价学术贡献、社会贡献以及支撑人才培养情况”“根据不同学科、不同岗位特点，坚持分类评价，推行代表性成果评价，探索长周期评价，完善同行专家评议机制，注重个人评价与团队评价相结合”“对取得重大理论创新成果、前沿技术突破、解决重大工程技术难题、在经济社会事业发展中作出重大贡献的，申报高级职称时论文可不作限制性要求”。

针对教育治理问题，《总体方案》明确提出了“提高教育治理能力和水平”的目标。在现代教育治理中，“管”“办”“评”三要素既要分离，也要融合。在“管”方面，政府、学校、社会都要成为管理的主体，政府要加强科学履职、学校要完善育人机制、社会要强化选人用人；在“办”方面，除了加强学校育人机制建设外，还要强调教师潜心育人、学生全面发展，家庭也要发挥协同育人作用；在“评”方面，学生、家庭、社会共同参与评价。由此形成政府、学校、社会三位一体的治理体系。在这个治理体系中，教育评价具有治理的功能，是治理的工具，处于教育治理的关键位置，构成了评“管”、评“办”的新格局，成为现代教育治理的一个重要支撑点。

4. 新时代系统推进教育评价改革的举措

教育评价是由理念、标准、工具、技术、评判、服务、制度、文化等要素构成的。就中国教育评价百余年来的发展历程而言，教育评价的理念与实践，以及教育评价制度一直以来都是教育评价分析的核心。当下，如《总体方案》所说，“充分发挥教育评价的指挥棒作用”“引导全党全社会树立科学的教育发展观、人才成长观、选人用人观”。在“评价育人”的理念指导下，新时代推进教育评价改革的举措主要体现在教育评价新实践、教育评价新机制上。

（1）推进教育评价新实践。

教育评价实践由标准、方法、工具、技术、评判、服务等构成，各个要素有序递推，且相互关联，互相影响，形成密不可分的整体，因此需要对其各个方面进行相应改进。

第一，改立教育评价标准体系。教育评价应建立健全党委政府履行的教育职责评价、学校评价、教师评价、学生评价、用人评价的标准，做到标准的综合化，破除标准单一甚至唯一的现象，推动形成科学的教育标准体系。在制定教育标准时，教育评价需要注重党委政府、学校、社会三个方面标准的协同，共同指向人的全面发展。

第二，改用教育评价方法体系。教育评价应坚持纵横结合，实施立体评价：纵向拉长，强化过程评价、探索增值评价；横向加宽，改进结果评价、健全综合评价。

第三，改创教育评价工具和技术体系。教育评价要运用互联网、云计算、大数据、人工智能等现代信息技术，建立教育评价智能服务系统，把以学校评价、教师评价、学生评价为主的教育评价系统与以党委和政府教育工作评价、社会用人评价为主的教育评价系统联结起来。

第四，改进教育评价服务体系。教育评价应坚持评用结合，在大数据基础之上，通过大数据评价为学校、教师、学生进行数据画像；服务学生发展，帮助学生改进学习；服务教育实践，辅助教师实施有针对性的教学，帮助家长选择适合孩子的教育；服务教育治理，帮助政府部门掌控全局、监测动态、防控风险、检验效益、实施考核。

（2）健全教育评价新机制。

实施新的教育评价需要建立新的运行机制。新的机制至少由制度、监管和文化三个方面构成。

第一，健全教育评价制度。教育评价新机制要做好教育评价制度的正向设计，先从社会用人评价着手，然后依序思考学生评价、教师评价、学校评价和党委政府教育工作评价的制度供给；同时还要做好教育评价制度的反向施工，即先进行党委政府教育工作的评价改革，接着依序改革学校评价、教师评价、学生评价和社会用人评价，最终形成教育评价政策正向、反向协同的连环。

第二，改善教育评价监管。教育评价是一把“双刃剑”，既有认知、说明、比较、激励、改进、提升等正向功能，也会产生工具化和功利化、趋同化和分化等消极影响。因此，要加强教育评价监管，完善教育评价的自动调节机制，推动教育评价立法，严格控制教育评价活动的数量和频次，减少多头评价、重复评价，切实减轻基层和学校负担。

第三，改建教育评价文化。教育评价新机制要坚持虚实相融，要做教育评价改革，也要做评价文化的系统建设，还要继承和发展优秀教育评价文化，加快形成引领时代的先进的教育评价文化，成就高品质的教育评价事业。

参考文献

[1] 金娣，王钢．教育评价与测量［M］．北京：教育科学出版社，2007.
[2] 涂艳国．教育评价［M］．北京：高等教育出版社，2007.

[3] 宗爱东. 教育评价的症结及出路[J]. 探索与争鸣，2022（04）：126–132，179.

[4] 杨光富. 美国学生指导制度的历史沿革述评[J]. 全球教育展望，2017，46（08）：43–55.

[5] 袁振国. 实证研究是教育学走向科学的必要途径[J]. 华东师范大学学报（教育科），2017，35（03）：4–17，168.

[6] 李明，吴薇莉. 国内外人才测评的发展与研究[J]. 决策咨询通讯，2010（04）：68–70.

[7] 刘视湘，洪炜. 国外绩效评估研究[J]. 中国人才，2001（11）：38–39.

[8] 程晋宽，方燕燕. 教育改革的制度创新为什么这么难——基于“八年研究”与“特许学校”制度同构的分析[J]. 南京师大学报（社会科学版），2019（03）：31–40.

[9] 杨捷. 美国进步主义教育之“八年研究”述评[J]. 河南大学学报（社会科学版），2006（03）：171–175.

[10] 吴艳. 基于“八年研究”的大学与中学关系述评——谈美国的一项教育改革实验[J]. 外国中小学教育，2009（12）：36–39.

[11] 侯中太，石岩. 直面质性研究之“质”——基于教育质性研究的科学性评价与新思考[J]. 成都师范学院学报，2013，29（02）：26–31.

[12] 卢立涛. 走向对话：促进学校内外部评价的互动与合作[J]. 宁波大学学报（教育科学版），2008（04）：28–33.

[13] 胡中锋. 教育测量与评价[M]. 广州：广东高等教育出版社，2006.

[14] 张元. 认识论视野下教育评价的发展[J]. 江苏第二师范学院报，2003（06）：21–24.

[15] 埃贡·G. 古贝，伊冯娜·S. 林肯. 第四代评估[M]. 秦霖，蒋燕玲，等，译. 北京：中国人民大学出版社，2008.

[16] 刘志军. 教育评价的反思和建构[J]. 教育研究，2004（02）：59–64.

[17] 陈文远，潘玉驹. 美国第三代教育评价研究[J]. 教育评论，2012（01）：159–161.

[18] 王景英. 教育评价理论与实践[M]. 长春：东北师范大学出版社，2002.

[19] 中共中央文献研究室. 建党以来重要文献选编 1921—1949：第 21 册[M]. 北京：中央文献出版社，2011.

[20] Thorndike R M，Cunningham G K，Thorndike R L，et al. Measurement and evaluation in psychology and education [M]. Macmillan Publishing Co. Inc.，1991.

第二章

阐释：立体评价的上城解读

作为教育评价改革的示范地，杭州市上城区自改革开放以来积极探索具有上城特色的教育评价道路，创造了教育评价改革的辉煌成就。不论是学生评价改革，还是教师评价转型和学校评价创新，都体现了上城区在教育评价改革领域继往开来、敢为人先的创新精神。如今，在新时代深化教育评价改革的背景之下，上城区始终坚持立德树人为主线，同步探索学生、教师、学校评价的三条路径，逐渐形成了全过程纵向评价、全时空多维评价和全要素横向评价的立体评价系统，致力于学生综合评价改革工作，推进落实更精准的教育评价。

第一节
探索：上城教育评价的改革之路

⦿

改革开放以后，我国教育评价进入快速发展和繁荣阶段，上城区教育紧跟国家基础教育发展的步伐，在不同阶段积极探索运用多种评价方法开展教育评价改革。回顾上城区教育评价改革之路，从学生评价改革，到教师、学校和区域层面的改革，逐步形成了纵深发展和横向延伸的评价体系。上城区教育评价改革历经由点到面、由局部到整体的发展过程，在前人的努力下不断继承、延续和创新，为如今上城区教育评价体系的建构积累了丰厚的实践经验，为未来的发展奠定了坚实的基础。

一、上城的学生评价改革

改革开放初期，统一招生制度的恢复成为我国教育评价制度变革的契机。在国家政策的大力号召之下，各类教育评价理论和实践活动兴起，部分地区开始积极探索评价创新实践。上城区以学生评价改革为突破口，重新审视过去学生评价的体系和中心，深化本质认识，对学生评价进行变革，从而逐步改变了学习成绩在学业评价中的主导地位，着重评价学生的发展和成长。

1. 素质起步，等级转变

20 世纪 70 年代末以后，在《中共中央关于教育体制改革的决定》《中华人民共和国义务教育法》等中央文件传达的教育精神影响之下，教育界从树立正确的人才培养观和提高民族素质出发，对片面追求升学率的现象展开了分析和批评，并积极探索和实践素质教育的教育改革实验模式。1994 年 6 月，中共中央、国务院召开第二次全国教育工作会议，提出各地要抓素质教育改革试验区，上城区成为浙江省首批素质教育评价改革实验区之一。

20 世纪 90 年代，上城区对学生的学业成绩评价方式进行创新。1996 年，上城区推出小学生学业考试改革，改变“唯纸笔测试”的学业成绩评价方式，同时关注学生的学习兴趣、学习态度。除此之外，上城区取消百分制的呈现方式，用“优秀、合格、不合格”三种等级呈现学习结果，并推出了小学生素质报告单，以此降低学业评价的区分性，弱化评价所带来的高利害性和功利性。1998 年，杭州市下发了《杭州市小学生等级制学业评定方案的通知》，上城区作为杭州市的试点城区，其经验和领头作用得到了肯定，并在全市和全省得到认同和推广。

进入 21 世纪后，教育均衡发展、重视教育起点公平、关注特色发展等教育理念深入人心，为进一步深化学生素质培育和个性发展的育人理念，上城区以学校为单位的学生素质等级评价层出不穷，从单一的等级划分走向多元的学生等级评价。例如，杭州市天长小学取消了“三好学生”评比活动，用“全能生”“特长生”“潜能生”的评比活动取而代之。2002 年，新成立的杭州市崇文实验学校开展了学生综合素质的评价改革，重视对学生综合素养、道德品质和行为习惯的培养。

由此可见，这一阶段处于学生素质评价的起步阶段，学校和家长逐渐了解了素质教育的理念。上城区作为浙江省首批素质教育评价改革实验区，首创了学生等级制的评价方式，并鼓励区域内的学校尝试多元的学生素质等级评价，这是该阶段学生评价改革的重大成果。

2. 五维一体，增值评价

学生评价的根本目的不是选拔鉴定，而是促进学生的全面发展。当下教育评价的主要问题在于片面理解教育质量，将教育质量简单等同于学生学业成绩或升学情况的统计，片面追求结果型质量，而忽略了过程型质量和结构型质量对教育发展的根本支持和长远影响。2013 年，教育部下发《教育部关于推进中小学教育质量综合评价改革的意见》，文件中明确其总体目标为“基本建立体现素质教育要求、以学生发展为核心、科学多元的中小学教育质量评价制度”。随后，浙江省被列为国家中小学教育质量综合评价改革实验区，并初步构建了结构型质量、过程型质量、结果型质量“三维一体”的评价体系。并强调浙江省教育质量综合评价改革的四个“关注”，即关注学生的全面发展、关注学生的学习品质、关注质量形成的过程与成本、关注学生的成长环境，明确了区域教育质量提升的核心精神。

2013 年 11 月，上城区教育局依据中央文件精神推出学生综合素质评价方案，方案中指出上城区中小学的培养目标是学生“身心健康、品质优秀、学业上乘、技能全面、个性鲜明”。另外，上城区教育局还制定了《上城区中小学生综合素质报告单》，内容涵盖了身体素质、道德行为、学业水平、综合技能和爱好特长五方面。每一方面又包含着多项指标，如身体素质包括身体基本状况、身体机能、体育运动习惯三项指标，道德行为包括担责任、守规则、有爱心和讲文明四项指标等。对学生的学业评价进一步实现了从整体等级制到分项等级制的精准评价，用“优秀、良好、合格、不合格”来表示，其最大的特点是不再关注单一的知识分项，更关注学科能力分项。

与此同时，为关注学生在学习过程中的动态发展，上城区积极探索由“结果评价”转向“增值评价”，对学业水平评价实施“五级增量”评价。增量测评的出发点是“承认差异，鼓励发展”，充分考虑不同学生学业水平评价起点的差异性，积极关注学生的学习过程和动态进步，用评价的增值性和发展性来调动教师参与和学生学习的积极性。为达成这一目标，首先，需要对学生的基础差异进行客观评估。早在 2007 年，上城区教育局制定了区域层面的中小学学科教学质量考核办法，规范区域学业测评操作流程，保证学业质量的真实性和科学性。其次，对学生发展过程进行量化描述。上城区教育局与专业公司合作，对学业水平测试的数据从学科成绩报告、试卷试题分析、学科知识点分析、学科能力分析四方面，通过可视化的图文分析，帮助教研人员和学科教师开展针对性的改进措施。最后，对学生评价方式和内容进行创新。上城区在学生学业评价的理念上进一步强调“用发展的观点评价学生”，创新多元评价类型，积极开展学科学业综合评价的改革实验，在学科教学中引入学生的表现性学习评价，例如实验操作、学生成长记录袋、研究性学习成果展示等综合性的学科素质测评，如表 2-1-1 所示。表现性学习评价更加关注学生的学科核心素养，关注对学科核心能力和关键技能的综合运用，需要学生结合真实生活和问题情境解决问题，这还原了评价的教育功能。

表 2-1-1 上城区学生表现性学习评价指标框架

测评学科	评价目标	评价方式	评价内容
体育	考查学生运动能力	随机抽样，集中监测	体能、运动技能
音乐	考查学生的音乐素养和音乐能力	笔试、口试	1—9 年级音乐知识、音乐技能、歌唱能力
美术	考查中小学生的基本美术素养	目标参照测验	教材范围内，对教学内容的表现力
信息	考查学生的信息素养	在线评价	相关年级的知识技能、实践应用
英语口语	考查学生听说能力、语言学习结果、语言运用能力	采用人机交互语音识别系统进行，由计算机终端完成评价	在生活场景中的语用交际能力及知能一体化水平
科学实验	考查学生的实验操作能力	随机抽样，集中监测	7—9 年级课本中的学生实验内容

3. 核心素养，全面发展

2017 年开始，浙江省小学生综合评价改革试点工作启动，并将上城区在内的 7 个县（市、区）设立为首批试点地区，重点围绕等级制评价、坚持发展性的综合评价、体现课程性质的评价、彰显“以校为本”的特色评价等四个方面开展小学生综合评价改革工作。改革的根本目的是为建设面向全体学生、重在过程表现、促进有效学习的学生综合评价机制，推进基于课程标准、体现学生发展核心素养的分项等级评价，从而减少横向比较，关注个体进步。到 2021 年 9 月，通过试点区的综合改革表现，浙江省教研室先后召开了 7 次全省性的改革研讨和推广活动，试点地区在分项等级评价、低段非纸笔测评、学科实践性评价与表现性评价、学生综合素质评价、数字化平台建设，以及协同推进学校和教师评价等方面已形成相对成熟的做法。

在改革过程中，上城区始终以建立体现素养导向、强化体验过程、促进主动学习的综合评价制度为目标。其一，从评价内容而言，在 2021 年上城区最新修订的学生报告单中，包含了“品德发展”“学业发展”“身心发展”“审美素养”“劳动与社会实践”五个方面，评价内容丰富多彩；其二，从评价方法而言，上城区采用分项等级制和写实记录等方式客观描述学生各方面的水平和发展情况，通过纸笔测试和评语描述等方式将定量评价与定性评价相结合，加强过程评价和表现性评价，探索实践性评价，倡导协商式评价，以体现学生在认知、情感、社会性和行为表现上的综合变化；其三，从评价结果的呈现方面而言，上城区采用等级呈现、等第比例和综合报告等方式反馈学生学习效果，突出激励和指导作用，始终以学生发展作为评价的本质和灵魂。

2022 年 5 月，上城区选定第一批 32 所教育评价改革实验校，推选 50 个校本评价创新的研究项目。2022 年 7 月，浙江省教育厅发布《关于小学生综合评价改革的指导意见》，杭州各城区积极行动，组织研讨落实，上城区也在年初推选出区域教育评价改革领航项目。上城区教育局致力于学生综合评价的改革工作，构建“五育并举”评价体系，以标准前置，实现学科分项的科学性、评价标准的引领性、操作流程的规范性、评价结果的应用性，推进落实更精准的教育评价。

二、上城的教师评价改革

教师是教育发展的第一资源，教师的素质及其水平的高低与学生素质和教育质量直接相关，而判断教师水平的高低离不开科学的教师评价体系。因此，构建有利于加强教师职业规范、促进教师专业发展的评价体系显得十分重要。多年来，上城区全力打造优质均衡、人民满意的美好教育引领区，总结培养教师的经验。在各界智库专家的指导支持下，上城区致力于深入研究教师评价的科学实施路径。例如，联合国教科文组织教师教育中心主任张民选在上城教育 2022 校级干部读书会上做了“教师评价”主题的演讲，如链接 2-1-1 所示。

链接 2-1-1
张民选“教师评价”主题的演讲视频

上城区在教师评价体系建设中侧重从评价机构专业化、教师绩效管理的评价指标、教师专业发展的培养路径等方面开展，加大名优教师培养力度，完善“五阶段、五梯队、多维度”人才培养体系，依托“一新两锐”培养工程和各类工作室、工作坊项目，给予教师相应的培养、考核和奖励政策支持，助力一大批骨干教师脱颖而出，引导教师高度重视，并在教育教学方面不断取得突出的成效。

1. 评价机构：实现第三方专业化评估

评价机构的专业化是保障评价科学性与独立性的重要前提。在 2009 年上城区组织架构改革以前，杭州市上城区教育学院是对教师群体进行绩效问责和诊断指导的评价部门。杭州市上城区教育学院创办于 1959 年，前身为杭州市上城师范学校，2007 年正式更名为“杭州市上城区教育学院”。按分类设岗、整合职能、集中管理原则，学院设立“五大中心”，将整体功能定位于“培训、研究、指导、评估、服务”五位一体。由此可见，过去的上城区教育学院是集多种功能与服务于一体的教师培训机构，工作职责的过度集中导致了教师评价机制不够完善。例如，教师评价工作标准不够清晰，能够相对精准量化评价的项目只有教学成绩，且很少运用学生评价教师及教师自评等更加丰富的评价方式；内容上，在教师教学能力发展以及教师业务水平等方面的评价也有待进一步完善。

因此，为进一步强化督导部门的独立性，明确职权分配，2009 年上城区教育局开展了服务型机构的组织架构变革，将评价机构从上城区教育学院独立出来，成立了上城区教育督导与评价中心。在 2009—2014 年这五年间，上城区教育督导与评价中心积极与第三方专业机构合作，对教师的工作和心理状态，以及教师的教学行为和教育成效开展了发展性评价，其中职业倦怠量表从教师情感衰竭、消极冷漠、认知枯竭和个人成就感丧失四个维度出发考察教师的职业态度，而课堂教学行为量表从了解学情、组织教学、课堂管理、评价反馈和师生互动五个维度出发，考查教师的课堂教学行为。上城区教育督导与评价中心作为主要的评估机构，针对性地诊断出教师在职业发展中的心理健康、专业素养和师生关系的问题和成因，为教师自我改进提供依据。

2021 年 8 月，新的上城区教育评估与监测中心正式成立。2022 年 3 月，上城区成立了首个教育评价创新项目研究基地，并升级研究形态，推出了区域首批教育评价的六大创新项目，在教师评价研究领域开展了“教师评价素养提升项目”，从评价素养提升的课程建设、学校校本研修、教师评价指标的科学性、教育改进功能等方面发挥作用，“以评优教”促发展。

2. 评价体系：转向教师绩效管理导向

义务教育学校实行教师绩效工资制度，是对教育人事制度的深化改革，也是党和国家持续推进教育优先发展战略的重大举措。2009 年 1 月 1 日起，我国对义务教育阶段教师实施绩效工资制度。为落实这一规定，教育部出台了《教育部关于做好义务教育学校教师绩效考核工作的指导意见》，文件中明确了绩效考核工作的重要意义、基本要求和原则；确定了绩效考核的主要内容：教师应履行《中华人民共和国义务教育法》《中华人民共和国教师法》《中华人民共和国教育法》等法律法规规定的职责和学校规定的岗位职责，完成工作任务，包含师德和教育教学、从事班主任工作等方面的实绩；教育部鼓励各地积极探索绩效考核的有效办法，高度重视绩效考核结果的合理运用，切实加强绩效考核的组织领导。

文件发布之后，国家政策逐级向地方传递，需要地方各级教育行政部门理解、消化和落实。2009 年 12 月 2 日，上城区教育局正式发布《上城区关于义务教育学校绩效工资的实施办法》和《贯彻落实〈杭州市上城区义务教育学校绩效工资实施办法〉的指导意见》等文件。至此，上城区落实绩效工资政策的指导性意见正式出台。

此次绩效考核制度将绩效分为两部分：一部分是基础性绩效，体现了基本任务的达成情况，是量的要求；另一部分是奖励性绩效，体现了对业绩的评估，是质的奖励。基础性绩效由生活性补贴、岗位津贴、教（工）龄津贴、班主任津贴四个项目组成，占绩效工资总量的 70%，一般按月发放。奖励性绩效的评估与考核占据工资总量的 30%，包含了四个方面。

（1）发展性工作目标评估与考核，采取校长自评、社会评价、专家团队考核评估相结合的多元评价方式，对学校发展规划中的基础性目标和个性化发展目标进行评估考核并给出结论。

（2）超课时绩效评估与考核，超过规定授课上限数的为超课时，超课时津贴主要体现在多劳多得，用来调动教师的工作积极性。其中，班主任工作量是教师工作量的重要组成部分，在学校内部分配课时会向班主任倾斜，以便更好地发挥班主任的激励导向作用。

（3）教育教学工作绩效评估与考核，以教师参与德育管理、实施学科德育、完成教学工作量、落实教学常规、从事教学管理、开展教学研究、实现轻负高质、促进学生全面发展等方面所取得的成绩为依据，自主制定评价与考核方案，在做好日常管理的基础上，进行月度评价考核。

（4）名优教师评估与考核，以造就一支适应学生发展需要的名优教师队伍为目标，大力弘扬敬业爱岗、勇于创新的精神，加大对名优教师及为学校发展作出突出贡献的教师的奖励力度，具体评估考核方法由学校自主确定。

贯彻落实义务教育学校的教师绩效考核工作对上城区教育的发展具有重大意义：第一，有利于教师个体的可持续发展。适当的考核制度是有效的认可方式之一，可以激励教师克服工作压力所带来的职业倦怠，为各个年龄段教师的持续发展提供动力机制。第二，有利于学校提升办学绩效，培养教师、发展教师是提高学校教育质量的基石，是学校实施有效人力资源管理的关键所在。第三，有利于上城教育的高质量发展，教师绩效考核能够帮助区政府发挥公共教育经费的效能，树立正确的评价导向。

3. 评价路径：助力教师的专业成长

教师的专业成长不仅是教育本身发展的需要，也是教师个体实现人生价值的必然要求。近年来，上城区一直着力构建适应教师专业成长的教师培养体系，让每一位教师在为上城教育添砖加瓦、努力奉献的同时，能更好地体验教师职业的乐趣，获得职业的成就感、满足感和幸福感。

针对名师优师的专业成长，从 2008 年开始上城区全面启动“五阶段”获奖教师专业成长助力计划，根据教龄年限分别参加“新苗奖”“新秀奖”“能手奖”“风华奖”“红烛奖”五个奖项评选，按 30% 的比例选出优秀的教师，为其“量身定做”专业成长助力计划。2012 年，上城区启动首批区级学科带头人培养机制，为每所中小学、幼儿园每门学科选拔、培养 1 名区级学科带头人，总比例保持在教师总量的 7%—8%。上城区特级教师评选则是为培养和储备教育拔尖人才而推出的创新之举，数量约占教师总数的 2%，是省特级教师的后备人选，四年评选一次。

与此同时，2012 年上城区教育局还制定了《名优教师考核办法》，明确了名优教师的责、权、利，对“五阶段”获奖教师和区学科带头人实施动态管理，每三年选拔或认定一次；名优教师日常管理和考核工作由区名优教师考核工作小组、名优教师所在学校分级负责，每学年考核一次；年度考核称职的名优教师，将按不同层级分别予以奖励。2014 年，上城区在出台教师交流机制的背景下，推出首批名师工作坊。名师工作坊评估以三年为一周期，实行过程性评价和终结性评价相结合的考评方式。三年周期结束时，上城区名师工作坊管理办公室将组织专家通过深度访谈、现场答辩、问卷调查、资料查阅、成果检验、展示汇报等方式对名师工作坊的工作进行终结性评估。

2015 年，上城区针对班主任发展成长，首次开展中小学星级班主任评定工作，班主任星级评定等级分为一星级、二星级、三星级。一星级评选推荐比例控制在全区所有学校班级总数的 30% 以内，二、三星级由学校在推荐的一星级班主任的名单内择优推荐并排序，上城区教育局名优教师考核工作小组审核推荐的一、二、三星级班主任比例不超过全区中小学班级总数的 30%、8%、2%。同时组织“荣誉班主任”的申报及评选，“荣誉班主任”不设推荐比例。班主任星级评定每三年一轮，每年进行考核，考核合格者给予专项奖励。星级班主任考评纳入全区“四级人才梯队”培养范畴，一星级为“新秀”、二星级为“中坚”、三星级为“高端”的班主任培养梯队，通过规范设立层级目标，形成班主任专业发展的激励机制，进一步调动了各年龄段、各专业发展阶段班主任的工作积极性。除此之外，区二星级及以上班主任还可担任领衔人，组建星级班主任工作室，由领衔人组建项目团队，根据项目计划以三年为一个周期共同完成项目研究任务。可以说，星级班主任工作室项目充分发挥了推进班主任专业化建设的作用。

为构建系统完整的教师成长过程培养体系，2018 年上城区全面推行“美好教育”行动计划，其中“美好教师”是实现美好教育最重要的资源，上城区着力在培训内容、培训方式、培训评价三个维度实行教师培养变革。

在培训内容上分层分类实施，实现梯队式的“五阶段、四梯队、多维度”培训机制，通过“未来名师”“未来名校长”培养工程、团队项目化培养等方式为教师成长设计个性化的培养方案。

在培训方式上做到“三个结合”，实现培训与科研相结合、培训与教研相结合、培训与技术相结合。

在培训评价方式上注重跟踪与指导。上城区教育评估与监测中心从教学实绩、专业发展、课题研究、学术辐射影响力等维度对特级教师、名师工作室领衔人、教师等的培训工作进行检查、评估和监控，同时进行统筹和指导。

三、上城区的学校评价改革

学校评价具有多面性和复杂性，是教育质量提升的重要内容和手段。学校通过评价能够诊断并改进学校，通过集成办学数据指导和管理学校，并对满足标准的学校予以基准认定，进行学校等级评定排序。因此，为提高上城区教育质量的管理水平，1989 年 12 月，上城区成立教育督导室，开始探索学校评价改革。1991—1994 年，上城区教育局积极建设学校综合评价体系，从办学目标、学校管理、教育质量、办学条件等方面对学校进行评估。本部分内容主要阐述了 1994 年之后，上城区学校评价由模糊走向标准，再由标准走向多元，直到实现向学校发展性评价蜕变的历程。

1. 从模糊走向标准：以目标管理为标志的学校评价改革

在上城区学校评价的起步阶段，由于缺乏评价标准，教育评价的公平性和实践性难以得到保障。1997 年 12 月，上城区教育局颁发了《小学目标管理项目及标准》，明确提出对学校实施目标管理，建立了督导与评价的标准和尺度，同时颁布了《目标管理方案实施细则》，这代表着上城区的学校评价开始走出模糊评价，进入以目标管理为标志的标准评价。

对学校进行标准评价能够将学校发展的整体目标根据组织架构进行有效分解，落实到部门和岗位，实现目标清晰、权责明确、工作高效。然而学校目标管理评价方式的弊端也较为明显，这种评价方式是以牺牲部分学校发展的灵活性和教育活动的创新性为代价的，是一种稳定性的战略选择，不利于学校适应基础教育改革的动态环境，也缺乏对教育工作创造性的激励作用。

2. 从标准走向多元：以多元评价为标志的学校特色评估

进入 21 新世纪以来，教育逐渐走向公平、包容和多元化，更加重视能力培养和个别差异，“以学生发展为本”等教育理念逐渐深入人心。在全国第八次基础教育课程改革的时代浪潮之下，上城区教育局逐渐意识到过去的学校标准评价已经无法适应人才培养的目标和需求，因此开启了新的学校评价改革。

2004 年，上城区教育局举办了首届“特色学校”的评比活动，引导上城区各所学校向多元化特色办学的目标前进。2005 年，上城区教育局又推出了“上城区优秀学校”的评比活动，丰富了学校的办学内涵；2006 年，上城区开展了“和谐校园”的评比活动，重在营造科学、民主、人文、开放的和谐校园环境，将学校和教师、家长、学生、社会之间的幸福感纳入考察范围。这一系列活动都体现了上城区在学校评价领域打破标准体系，实现多元评价，重视内涵发展，令学校在开放包容的评价导向下走向特色发展。

3. 从多元走向发展：以诊断和改进为标志的发展性评价

“内涵发展、特色发展”的学校评价理念促使学校发挥自身特长，实现学生培养的个性化和多元化，推进各类学校勇于创新和探索。但对于评价者而言，区域内的学校需要建立由教育督导部门统一负责的健全的教育评估监测机制，在“规范”和“特色”之间寻求平衡。同时，随着时代的发展，上城区自主开展的评价改革遭遇了瓶颈，评价忽视学生主体、评价缺乏评价工具和量化数据、评级结果重视诊断而轻视改变等问题逐渐凸显，上城区亟须解决学校发展中存在的问题，以谋求教学质量的不断提升。

学校发展性评价是上城区区域发展性评价体系的重要组成部分，主要由上城区教育督导办公室牵头，对学校的办学方向、办学条件、管理水平、办学效益等进行综合性的教育评价，其目的是促进学校不断提高学生综合素质、教师反思能力和学校创新能力。围绕学校办学能力的综合提升，上城区学校发展性评价在评价指标建立、评价过程监控、保障制度设计等方面均有突出表现。

上城区建立了以学生健康发展、教师个性发展、学校内涵发展和社会影响为核心的学校发展性评价体系，引导学校走出片面追求高硬件设施和高升学率的误区，重点关注学生和教师的在校体验，彰显“以人为本”的发展理念。

上城区明确了围绕学校三年发展规划实施评价过程的监控，为保障学校发展性评价的公平实施，发挥诊断和激励作用，上城区教育督导办公室每三年对学校发展性评价进行一次全面评估。评价环节包括自我评价、专家评价及学校答辩等环节，以“优秀”“合格”“不合格”的方式呈现评价结果。

上城区实现了评价结果与校长任期挂钩的目标责任制度。为保障评价的实效性，上城区在制度设计时将每三年的终结性评价与校长的任期考核相结合，这有利于教育部门对学校发展性评价的直接领导与宏观管理，也促使校长增强责任意识与忧患意识，形成务实作风。

四、上城区的区域评价改革

从 20 世纪 80 年代到 21 世纪初，上城区在教育评价改革领域勇立潮头，取得累累硕果。然而，上城区教育评价在经历阶段性的上升和发展之后，也遭遇了改革与突破的瓶颈。问题与挑战随着上城区教育的高位发展日益凸显，迫切需要对相关理论科学进行研究才能破解。因此，2009 年上城区和北京师范大学合作，开展了“基于学生发展的区域教育质量提升”实验项目的深度合作，在区域层面通过行政和业务部门的服务职能转变和现代管理方式的运用，提升区县服务于学校和教师的水平。基于此，本部分内容将详细介绍上城区开展区域性教育评价改革的各项举措，从而为读者展现上城区多方协同的评价体系的构建过程。

1. 树立“以学生发展为本”的改革理念

在“基于学生发展的区域教育质量提升”项目中，学生发展既是项目的出发点，也是项目的目标和归宿。基于此，上城区在区域评价改革中始终坚持以“学生发展”的教育理念为方向标，并且对其内涵进行多层次的深度解读。

上城区强调学生的全面发展。全面发展是全体学生多元化和个性化的发展，是关注学生学业成绩表现以外的综合发展。基于此，上城区教育局提出了“身心健康、品质优秀、学业上乘、技能全面、个性鲜明”的学生培养目标。

上城区尊重学生的差异发展。全面发展要求充分认识和考量学生的学习差异，强调学生个体发展的增值。教育的使命是不放弃任何一个学生，对于不同学生而言，由于客观教育环境、认知发展过程以及个体特长等差异的存在，其教育结果不能够“一竿子”衡量，因此发展性评价更重视学生的过程表现，弥补横向比较的不足。

上城区关注学生的持续发展。以往的评价更关注学生学业成绩的变化，而忽视学习的动机、过程和变化，导致学生逐渐产生疲软和懈怠的学习心态。基于此，“以学生为本”的发展性评价更加重视激发学生可持续学习的动机，培养学生树立正确和积极的学习观念；除此之外，在教学过程中更关注学生发展的路径，及时了解学生的学业负担和心理状态，并通过呈现学生动态的发展变化对学生形成正向的反馈，从而让学生的进步“看得见”，促进学生激发自主学习的动力。

2. 依托“管评助办”服务型组织的架构变革

区域教育质量提升的项目开展依托权职分明、架构合理的区域教育管理部门。只有明确各教育部门的权责分配，增进组织之间的密切合作，才能保障区域教育质量评价监测的公平公正、问题诊断的科学精准和改进方案的切实可行。

在上城区区域教育评价改革之前，上城区的教育管理部门长期以来只有

“管”“办”两级，上城区教育局、上城区教育学校、上城区青少年活动中心等机构同时承担了管理职能和评价职能，未设立利益不相关的第三方部门来专门开展评价工作，导致权力集中，评价的公正性、真实性和科学性难以得到保障。

为凸显“以学生发展为本”的核心理念，上城区在2009年开展了服务型机构的组织架构变革，遵循“发展与稳定、分工与协作、职责与权限”相结合的原则，主要厘清了管理机构、办学机构、导助机构、评价机构间既相互制约又相互促进的管理系统和运行机制。为了科学公正地开展教育评价工作，上城区教育局将评价机构从上城区教育学院独立出来，新设立了上城区教育督导与评价中心，并将其与督导室整合，通过日常性和形成性评价，发现和诊断问题，以促进学生、教师和学校发展，形成具有上城特色的教育评价机构。

在区域发展性评价改革工作当中，上城区教育督导与评价中心需要解决过去评价标准不清晰、评价工作不深入、评价结果不应用等问题，基于此，上城区教育督导与评价中心主要开展了以下工作：建立以学生评价为主、以教师评价和学校评价为辅的多元教育评价体系；对区域教育进行科学、系统的评估，组织开展针对中小学的教育质量监测工作，通过有效分析和反馈测评结果，提出改进教育教学的建议；针对显著的教育问题开展专题性调研，为相关部门和学校的管理、考评和决策的制定提供依据和建议。

3. 建设“以学生发展为本”的发展性评价体系

区域教育质量提升项目中的重要任务包含构建体现素质教育、以学生发展为核心的中小学教育质量评价体系，促进政府和教育部门改进教育质量管理效能。为此，2009年开始，上城区逐步建立了学校发展性评价体系、教师发展性评价体系和学生发展性评价体系，为教育质量管理发挥导向、诊断和激励等作用。

上城区构建了学生综合素质发展为核心的学生发展性评价。上城区围绕“身心健康、品质优秀、学业上乘、技能全面、个性鲜明”的学生培养目标，构建学生综合评价指标体系。从内容构成上看，学生评价主要包含了身体素质、道德行为、学业水平、综合技能和爱好特长，共5项一级指标、12项二级指标、28项三级指标；从结果呈现上看，上城区学生综合素质评价结果以《上城区中小学学生综合素质报告单》的方式呈现，基本采用等级评价，根据各项评价内容的要素及关键表现进行整体判断，给予相应的等级。除此之外还设有“教师寄语”和“进步情况”，运用描述性语言来肯定学生的进步、优势和发展潜力，同时明确指出学生存在的主要问题。

上城区设立了以反思改进为核心的教师发展性评价。教师的教学活动和班级管理是决定学校教育质量的关键环节，从以学生发展为本的教育理念角度而言，对教师进行评价不应以奖惩为主要目的，而应通过发展性评价促进教师的专业发展，从而实现学生全面发展的培养目标。据此，第一，上城区教师发展性评价关注学生发展指标，包括学业水平、身体素质、社会性发展水平以及基本学习素养等；第二，关注教师教学专业能力，包括一般教学行为、课堂教学行为以及课堂教学效果，这部分由受教育者——学生来评价；第三，关注教师的心理健康，包括职业认同、职业倦怠、工作压力和幸福感，保障教师的基本权益；第四，关注师生关系、家校关系以及学校的管理等。为保证教师发展性评价的真实性，上城区通过第三方，在中立、低利害、教师自愿的前提下开展教师反思工作，做到评价结果保密、真实，并对结果进行追踪测评，关注教师发展的动态变化。

上城区确定了以促进学校自主发展为核心的学校发展性评价。总体而言，学校发展性评价分为基础性指标和自主性指标。其中，基础性指标分为规范办学、落实常规管理、维护学校稳定和提高教育质量四个方面12个指标。除此之外，学校发展性评价延续了特色发展的理念，设立了自主性指标。自主性指标主要包含规划管理、学生发展、教师成长和特色建设四个方面，为学校灵活选择和自主规划留出了空间。

通过确立以综合素质发展为核心的学生发展性评价、以反思改进为核心的教师发展性评价和以促进学校自主发展为核心的学校发展性评价，上城区发展性评价体系基本形成，覆盖全区，为区域、学校和教师的教育教学行为改进提供依据。

4. 开展科学的发展性评价测评、分析、诊断与改进

为调查区域教育质量现状，归纳上城区教育发展的成就与问题，上城区在北京师范大学的科学指导下开展了连续五年的发展性评价实践，并在 2009 年 4 月、2010 年 4 月、2010 年 9 月、2011 年 4 月、2011 年 9 月、2012 年 4 月、2012 年 9 月和 2013 年 4 月共进行了八轮测评，内容涉及学生的社会性发展水平、认知能力、学业水平、家长情况、教师职业水平、教师心理健康以及学校管理满意度七个部分。在北京师范大学专家和上城区全体教职人员的共同努力下，上城区发展性评价的测评工作聚焦问题、追本溯源、精准诊断、提炼方法，切实做到了有序、真实、科学、文明。

上城区大规模的教育质量测评先后经历了“测评工作的组织与实施”“评价结果的呈现与解读”“基于结果的反思与改进”等环节，使得上城区逐步形成了关注学生、关注发展、勤于反思、重在改进的评价文化。

在测评工作的组织与实施环节，发展性评价项目从学生、家庭和教师三个层面设计测评内容，考察了学生学业水平、认知能力和社会性发展水平等方面的发展状况、家庭背景和家校合作情况，以及教师的心理状态和工作状态等多主体和多方面的因素，全面分析影响学生发展的因素。在测评工具的遴选过程中，上城区发展性评价项目组邀请了北京师范大学专业团队，全面选取编制成熟、科学有效、信度优异、效度良好的发展评价工具，组织教师、学生和家长进行纸笔测评或网络测评，尽可能保证收集的数据真实有效。

在测评结束后，通过北京师范大学专业团队对数据的分析和处理，上城区教育局向区域教育管理部门和参与测评的各类人员呈现和解读测评结果。报告类型根据不同主体的权限等级采取分层反馈的形式，分为个人报告、班级报告、学校报告和区域报告，体现了发展性评价的保密性、安全性和低利害性；报告内容根据主题的范围分为不同主题的分报告以及将所有主题综合

的总报告，针对不同群体的需求和问题有效反馈结果。一份完整的测评报告结构较为统一，通常包括三个部分：测评概述、测评结果以及分析建议。在测评概述部分主要简要介绍测评背景、测评对象信息、测评内容和方式、测评工具等；测评结果通常对反映具体维度的表现情况和数据进行简明的结果分析以及数据呈现，从而让读者清晰地了解测评内容的基本结果，并得出合理的结论；分析建议是根据测评结果为读者提供相应的建议，引导读者进行针对性的反思与改进。

在反思与改进的过程中，不同主体涌现了许多典型案例，充分展现了发展性评价的教育作用。下面以杭州市回族穆兴小学改进教师职业倦怠的案例来了解学校对教师发展性评价结果的应用和改进效果。

案例 2-1-1 杭州市回族穆兴小学改进教师职业倦怠

杭州市回族穆兴小学是上城区优秀学校、全国教育科研重点课题实验学校。然而，在 2012 年区域性教师调查结果中发现，学校教师团队是一支以中老年教师为主体，年龄结构极不均衡的师资队伍。除此之外，学校参评教师在职业倦怠项目中情感倦怠、消极冷漠、认知枯竭和个人成就感缺失四个维度的平均分都高于区平均水平，反映了该校教师职业倦怠问题十分严重。在得知教师职业倦怠问卷结果以后，学校管理团队和教师骨干立即对职业倦怠现象背后的现实原因进行剖析，并精准总结为归属感缺失、心理培训缺失、激情缺失、发展信心缺失四个方面。

基于此，学校采取了一系列措施来克服教师职业倦怠，提升教师群体的认同感和归属感。首先，树立教师的精神领袖。学校通过营造团队交流的氛围、发挥学生认可的激励作用、加强管理者的示范作用，以及助力教师改变来帮助教师获得理想信念支持。其次，改进学校管理制度。学校是影响教师工作最直接的社会组织，因此学校通过加强人性化管理、营造良好的人际环境和完善激励机制来保障教师的工作权益。最后，提升教师实践能力。教师通过提升自身能力能够获得成就感和加强职业的持续发展能力。因此，学校一方面开展师徒结对活动来建立优质的教师共同体；另一方面，在日常教学中把握教师能力提升的关键事件，捕捉教师的闪光点，让每位教师都能得到发展。最终，在2013年发展性评价中，学校教师队伍在情感倦怠、消极冷漠和个人成就感缺失方面的得分都低于区平均水平，只有认知枯竭方面的得分略高于区平均水平，职业倦怠问题得到显著缓解。

（马海燕　《发展性评价的上城实践》）

由此可见，发展性评价结果的深度分析和广泛应用为上城区系统性改进区域教育质量发挥了重要的指导性作用；区域、学校和教师围绕发展性评价数据，反思工作，改进不足，提升了区域教育质量，促进了学校自主发展，提高了教师专业素养，推动了学生全面发展。

五、上城区走向纵深发展和横向拓展的评价体系

教育评价是一个循环往复、迭代优化的过程，上城区在历经区域教育质量提升的系统性改革以后，时刻把握“以评促学、学生为本”的核心指导思想，基本形成了“以促进学生全面发展为目标”的发展性评价体系。在此之后，上城区教育局深化教育评价体系建设，在理论、工具、方法和应用等方面纵深发展，在评价范围、主体客体、内容指标等方面横向延伸，实现区域教育评价的连续性、一致性和层次性，保持区域评价工作开展的积极性和自主性，持续建设高质量、高标准、常态化、规范化的教育评价体系。

从评价目标来看，上城区教育评价紧扣立德树人的根本任务，突出评价的育人性。评价具有教育作用，应始终坚持“评价即学习，也即教育”的新观念，把评价作为一种学习和育人方式融入到立德树人的全过程之中；评价具有推动作用，要将评价贯穿学生学习的全过程，把评价作为教育发展的内

在动力；评价具有导向作用，要从根本上改变唯分数、唯升学等不科学的教育评价导向，确立以德为先、能力为重、全面发展的科学育人导向。

从评价对象来看，上城区教育评价尊重评价对象的完整性。每一位学生都是具有完整人格的个体，因此对学生的评价要指向人的全面发展，杜绝给学生贴标签的做法，完善综合素质评价体系。与此同时，关注学生发展的动态性和差异性，要把学生的日常学习过程纳入评价范围，强化过程评价的同时，更要理解每一位学生都是独特的个体，其学习的发展、过程和结果都具有很大差异。

从评价内容来看，上城区教育评价实现“五育融合”的全面性。创新德智体美劳过程性的评价办法，以德育为先、智育为重、体育为本、美育为根、劳育为荣等五项内容作为评价标准，并将标准前置，提升学科分项的科学性、评价标准的引领性、操作流程的规范性，致力于培育出身心健康、品质优秀、学业上乘、素质全面、个性鲜明的上城学子。

从评价结果来看，上城区教育评价强化评价服务的发展性。评价的最终目的在于加深对教育的认识，从而能够参与到教育实践和体系的改造之中。上城区将教育评价嵌入到学生学习与发展的全过程，从而了解当前的教学效果，选择更有效的教学策略，实施有针对性的教学；从区域教育整体发展而言，上城区将评价结果作为教育改革与治理的重要依据，从而制定更为科学的教育政策、计划和举措。

第二节
定位：上城教育评价改革的价值取向

⊙

评价是指挥棒，是风向标，教育评价指引着教育变革的未来走向。为完善上城教育的立德树人机制，扭转不科学的教育评价意识，摒除唯分数、唯升学这种片面、短视的评价方式，上城教育评价遵循立体、发展、引领的价值取向，深耕评价变革，助力上城教育的现代化建设。

一、素养为本：上城教育评价改革的价值基点

“评价”一词，往往被误读为只是分高低、鉴优劣，而教育评价，更是一度被当作考试鉴定、评比选拔，导致学生谈“考”色变，谈“评”胆战。减负政策之后，“评价”一词在教师、学生、家长心中的分量依然沉甸甸的。而科学、多元、人性的教育评价，是学生全面发展、高品质发展的前提，更是上城教育赓续品牌、走向卓越、实现共富的基点。

1. 从唯分数评价转向素养评价

唯分评价长期占据教育评价的主阵地，束缚着教育教学的改革，制约着学生的身心健康发展，饱受社会诟病。学校也因此出现“剧场效应”，校园“内卷化”，家庭教育唯“分”是图，高分低能、高分无德的怪象屡见不鲜。教育评价的这种短视行为和功利化倾向，是教育的痛，学校的痛，更是学生成长路上的磨难，不纠偏、不改正，如何实现教育共富？

2014 年 3 月，教育部印发的《教育部关于全面深化课程改革落实立德树人根本任务的意见》中提出：“进一步提升综合育人水平，更好地促进各级各类学校学生全面发展、健康成长”“教育部将组织研究提出各学段学生发展核心素养体系，明确学生应具备的适应终身发展和社会发展需要的必备品格和关键能力”。同年，国务院还印发《国务院关于深化考试招生制度改革的实施意见》，对考试招生制度进行大幅度的改革，国家层面的教育评价改革从此拉开了大幕。

2016 年 9 月，中国学生发展核心素养研究成果发布。中国学生发展核心素养以培养“全面发展的人”为核心，分为文化基础、自主发展、社会参与三个方面，综合表现为人文底蕴、科学精神、学会学习、健康生活、责任担当、实践创新六大素养，如图 2-2-1 所示。

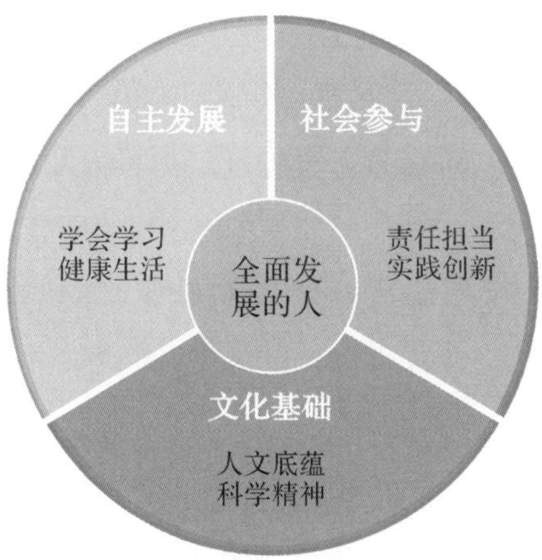

图 2-2-1　中国学生核心素养指标体系总框架

可以说，中国教育评价寻寻觅觅，终于发现了“核心素养”这道评价之光，即围绕立德树人，为培养“全面发展的人”而挥动教育评价这根指挥棒。然而，立德树人的目标要落地，上城教育的评价改革就必须遵循以发展核心素养为取向，以评价改革为载体，让核心素养在上城这片教育的沃土上生根发芽、茁壮成长。

2. 从结果性评价转向发展性评价

评价在生活、教育中随处可见，看见一个学生很有礼貌，夸他一句是评价；学生回答问题时声音响亮、表达清晰、答案全面，教师忍不住点头、微笑、带头鼓掌，这也是评价；作业本上，有的得 A，有的得 C，这也是一种评价。但如果根据学生的一次有礼貌的举动、一次优秀的回答，就断定这是个有前途的学生，而一次考试不合格、作业得 E，便请家长，批评学生，断定这个学生没出息，这样的评价就是片面性、短视性的评价。

有关学者认为，学生评价是为了促进学生的发展（认知的、情感的、动作技能的）或将学生进行分等级以便甄别，而对学生的表现（真实情景中的、模拟情景中的表现；已有的、正在呈现的、可能的表现）的评价，是一种事实判断与价值判断的综合。可见，评价确实需要进行“判断”，但也必然以促进学生发展为目的。可见，促进学生核心素养的发展，是教育评价的核心价值。

《总体方案》中明确提出“破除五唯评价的沉疴痼疾”，其中的“五唯”指的是唯分数、唯升学、唯文凭、唯论文、唯帽子的评价方式，“五唯”之首便是“唯分数”，以分数给学生贴标签这种不科学的做法不断遭到唾弃。《总体方案》还明确提出：“坚决克服重智育轻德育、重分数轻素质等片面办学行为，促进学生身心健康、全面发展。”从中我们可以清晰地发现中国教育评价改革的走向，对于重智育轻德育的现象、重分数轻素质的行为给予了坚决否定，并指明更加科学的、适切的评价方式。《总体方案》还在“总体要求”中再次提出：“培养德智体美劳全面发展的社会主义建设者和接班人。”在“重点任务”的第四条，又明确提出“改革学生评价，促进德智体美劳全面发展”。

至此，国家政策已经为教育评价做了明确定位，这也是上城教育评价改革的大背景，上城教育遵循这样的定位，逐步形成符合区域特点的上城教育评价基调。

3. 从单科评价转向综合性评价

教育评价不仅为检验判断，也为教育发展，同时促进了教育教学改革向纵深推进。随着中国教育教学改革一系列政策的下达，上城教育评价改革紧随其后，面向“五育并举”，为助力“双减”政策的高效落实，校准了改革方向。

“五育并举”最早是由教育思想家蔡元培提出的一种思想主张，“军国民教育、实利主义教育、公民道德教育、世界观教育、美感教育皆近日之教育所不可偏废”。但新时代的“五育”内涵与此不同。

2019 年 7 月，中共中央、国务院发布的《中共中央 国务院关于深化教育教学改革全面提高义务教育质量的意见》中提出：“坚持‘五育’并举，全面发展素质教育。”这里的“五育”指的是德、智、体、美、劳。坚持德育为先，教育引导学生爱党爱国爱人民爱社会主义；坚持全面发展，为学生终身发展奠基；坚持面向全体，办好每所学校、教好每名学生；坚持知行合一，让学生成为生活和学习的主人。不难发现，“五育”的宗旨是全面发展素质教育，而这也是上城教育评价改革的价值取向，这种契合让上城教育评价改革敢于大踏步向前。

2021 年 7 月，中共中央、国务院印发了《关于进一步减轻义务教育阶段学生作业负担和校外培训负担的意见》，提出教育回归学校，学校要“大力提升教育教学质量，确保学生在校内学足学好”，“双减”政策能否切实提质增效，急需科学的教育评价来助力。上城教育始终把立德树人作为评价的终极取向，结合义务教育性质与定位，明确义务教育阶段在新时代的要求，树立德智体美劳的全面发展观，紧跟国家教育教学改革的脚步，描绘教育评价改革的蓝图，系统架构具有上城特色的评价体系，赋予教育评价更深广的意义，为教育教学的改革增值，为学生的成长赋能。

二、系统架构：上城教育评价的整体定位

刘云生在《论新时代系统推进教育评价改革》中提到："教育评价进入新时代，其内涵和外延显著扩展，不仅仅局限在作出价值判断，也不仅仅局限在教育圈子里，还是一种具有立场性的政治表达、牵引力的治理方式、影响力的文化存在和弥散性的社会现象，其改革有且只有系统推进才能获得全面成功。"为此，上城教育评价改革向立体多元、整体架构、多维推进方面发展。

1. 评价内容上从平面向多元延展

面对评价，首先思考的是"评什么"，即评价内容的选择、取舍与架构。唯分数评价阶段，分数"高高在上"，评价是静态的、终结性的，也是浅表的，或佐以学生的行为表现、艺术特长、学业述评等，但这在评价内容上占比低，评价者往往凭借个人的主观印象给予描述，评价结果往往被忽视，得不到合理采用，可见其评价内容单一而平面。2020 年印发的《总体方案》在主要原则中提出"改进结果评价，强化过程评价，探索增值评价，健全综合评价"，基于此，上城立体评价的内容向多元延展，既评价成果，也评价过程；既评价个体，也评价团队；在教与学的评价中，面向核心素养，关注关键能力、思想情感、价值观等内容，随着教育教学改革的深入，新课程标准的出台，上城教育评价内容也不断丰富，"五项管理""五育并举""双减"政策等，都已经纳入上城教育评价内容体系，成为评价改革的重点与亮色。

2. 评价方式上从多元向深度迈进

解决了"评什么"的问题，继而思考"怎么评""怎么评好"的问题。

对评价方式的创新探索、深化变革，也是上城教育评价的头等大事。

首先，创新评价工具。利用人工智能、大数据等现代技术，建立健全数据库，借助大数据支持评价，并不断开发大数据的检测工具，研制科学合理的调查问卷，对数据进行深刻、细致地分析，并最终形成评测工具设置、评估报告撰写、评估结果运用、评估效果检验等闭环服务。

其次，探索纵向跟踪评价。上城教育评价改革重视过程性评价，不断探索开展各年级学生的学习情况全过程纵向评价的路径，比如运用档案袋、记录本、电子档案等留痕的评价方式。过程评价呈现学生的成长轨迹，有利于教育者发现不同学生的个性化成长规律，从而不断调整适切的教育方式。

最后，探索横向多要素评价。无论是 2019 年发布的《中共中央 国务院关于深化教育教学改革全面提高义务教育质量的意见》，还是 2020 年发布的《总体方案》都决定了教育评价的多要素走向。发扬上城教育评价的素养观、发展观等也同样需要教育评价的多要素化。只有多要素的评价，才能让评价不断接近真相，而多要素的横向评价，亟须学校与教育者设计更为合理的评价表、评价单、评价本，比如学生的成长手册、成绩单、学业述评等。例如，杭州市凤凰小学的《金凤凰综合评价报告单》秉持“五育融合”，着眼素养导向，探索多要素评价，绘制学生全息画像，让学生的成长清晰可见，如链接 2-2-1 所示。

链接 2-2-1
杭州市凤凰小学的《金凤凰综合评价报告单》

3. 评价结果运用上从平面向立体跨越

评价过程与评价结果的应用相辅相成，都非常重要，任何一个出现问题，都将造成难以挽回的损失。如果评价过程不恰当，其结果的应用将会“雪上加霜”，比如唯分数评价，评价本身不科学，其结果的应用最终会导致教育教学出现各种问题。但如果评价过程科学、评价结果恰当，结果却不应用或者应用不恰当，再好的评价也无效。评价本就是为了其结果的应用，因此几乎所有的评价都“以终为始”，即为评价结果的应用而设计评价。上城教育评价也不例外，在改革过程中，要把评价结果怎么应用、谁应用、应用到哪里、应用到何种程度纳入评价改革的范畴中。

上城教育的评价改革过程中，对评价结果的呈现、解读、应用方面已有成熟的经验：将评价结果从区到校，再到教师、学生、家长，深度、细致地落实下去；并通过研讨、培训、交流等方式对结果的应用展开指导，组织应用评价结果的各级各类活动，形成应用评价结果的立体结构，保证评价结果用得准、用得充分。

三、创新驱动：上城教育评价的价值追求

《总体方案》在主要原则中提出“改进结果评价，强化过程评价，探索增值评价，健全综合评价”，这“四个评价”呈现出思路创新、路径创新，体现了对教育规律和人才成长规律的尊重，强调了评价的动态性、诊断性、多元性，有利于打破“一考定终身”的固化评价方式，促进评价对象的多样性，促进评价客体的全面发展。上城教育评价进行了系统部署，注重差异性和多样性，关注每一所学校和每一名学生，促进学校特色发展和学生个性发展。

1. 探索评价的区域创新

教育评价是教育教学活动质量的“管家”，随着近年来教育教学理念的更新和课程改革、教学改革的不断深化，教育评价当然不能固守不变，不能用“死脑筋看新事物”，因此教育评价除了紧随变革的形势外别无选择，甚至需要比教育教学的变革更加迅速、深刻。上城教育评价改革就具备这样的敏感度，在变革创新方面率先行动。首先，上城教育评价的内容不断推陈出新，逐步形成了核心素养指向的评价深度、广度，以及评价的高度。其次，评价方式也注入新时代的各种创新元素：线上线下的结合，动态与静态的共融，过程与结果的共存，学生、家长、教师以及社区多元参与，化单一为立体，甚至化活动、学习本身为评价，让评价依存于学习活动的整个过程。最后，

评价结果的应用创新。评价结果在应用前有分析、解读，在应用后有研讨、交流，更有对评价结果应用的评价，评价结果应用的路径多元化、个性化，充分体现了上城教育评价创新的理念导向。

2. 形成区域评价的特色

教育评价改革是一项复杂的系统工程，涉及不同主体，需要方方面面通力配合、协同推进，因此教育评价还需注重差异性、个性化，根据不同区域、不同地方，采取适合区域的、符合学校学情的方式方法。教育评价如果千篇一律，必将导致结果千篇一律。因此上城教育评价改革强调面向本区域现状，布局上城评价，在上城教育评价的总纲领下，各校推出“一校一案”，立足本学校的办学理念、发展规划、基础现状，设计适用于本校的个性化的评价体系。这个体系中，还需有不同年段、不同班级，甚至不同活动的评价。

上城教育的区域特征决定了上城教育评价的特色导向，但评价的宗旨依然指向立德树人，落实核心素养，培养全面发展的人。

3. 打造区域评价的品牌

《总体方案》指出中国教育评价的改革目标：各级各类学校立德树人机制需完善，引导教师潜心育人的评价制度更加健全，促进学生全面发展的评价办法更加多元。到 2035 年，基本形成富有时代特征、彰显中国特色、体现世界水平的教育评价体系。

为实现这个目标，各级各类学校都应该建设属于本区域的教育评价品牌。教育评价的品牌建设，有利于充分发挥评价的导向、鉴定、调控等作用，更有利于提高教育评价的科学性、专业性、客观性。上城教育评价改革大力践行上城评价理念，形成上城评价方案，并最终形成富有时代特征、彰显上城特色、体现新时代水平的上城评价品牌。

四、引领发展：上城教育评价改革的未来使命

上城教育评价的改革，严控教育评价活动的数量、频次、复杂度，力求减少多头评价、重复评价、低效评价，切实减轻学校和学生的负担，并继续完善评价结果运用，综合发挥导向、鉴定、诊断、调控和改进作用。无论在评价改革的服务上，还是在评价改革的研究方面，上城教育评价改革都面向区域、引领发展、示范辐射。

1. 评价改革的旨归引领

上城教育评价有着深厚的基础，早在 2014 年，上城教育评价便有了比较成熟的发展性评价，并形成《发展性评价的上城实践》一书，该成果得到了推广、应用。该书的“发展性评价”是指“在发展的整个过程中进行的，旨在促进被评价者不断发展的、注重激励性与诊断性的评价”。但是，随着时间的推移，教育教学改革的日新月异，发展性评价的发展方向、发展内涵、发展路径都发生了变化。

落实立德树人是上城教育评价的立意旨归，上城教育评价高位引领了区域的评价改革。多年来，上城教育评价改革在发展性评价基础上，构建具有理论高度与立意高度的立体评价，科学搭建立体评价体系，探索适切的评价频度、密度、难度；在减负、“五育并举”的政策指引下，保障评价的精准性，注重评价维度、评价方式的实效性，不因评价而给学生、学校带来额外的负担，也为评价结果的应用打下基础。

2. 评价建构的系统引领

《总体方案》明确提出了深化新时代教育评价改革的目标：“到 2035 年，基本形成富有时代特征、彰显中国特色、体现世界水平的教育评价体系。”很显然，这个目标超越了教育评价本身，从另一个层面证实了新时代教育评价改革针对的是系统问题，也表明了改革的目标与要破解的问题是相对应的，

都是系统性的。上城教育的立体评价，在系统上呈现出引领性，分为两个方面。

一方面，立体评价有系统规划性。上城教育评价遵循教育规律，既有不同学段的规划统筹，也有不同主体、不同功能的具体化设计，引领学校在三年规划中融入教育评价规划。

另一方面，立体评价有系统多维性。立体评价多要素集成架构，多维度呈现内容，促进了教育评价全过程的发展，充分突出评价的特征和功能，对上城区的未来教育变革、学校评价创新、评价改革的持续发展方面都有着不可估量的引领作用。

3. 评价实践的品质引领

2009 年以来，上城教育局与北京师范大学开始了“基于学生发展的区域教育质量提升”的项目合作，全面开展上城区的综合教育改革。上城教育评价也随之走上改革的舞台，从发展性评价走向立体评价。立体评价不是上城评价改革的终点站，上城教育评价改革将永远在路上，永远在发展、完善中，追随着教育教学的变革，也引领着学校发展、教学管理的变革。

因此，上城教育评价改革追寻着发展，从教师与学生出发，从问题与探索出发，从责任与使命出发，最终回到教师与学生，产生新的问题，开始新的探索，踏上新的征程，周而复始、循环往复，在这发展又发展，追寻再追寻中，发掘教育评价的深刻内涵，实现评价实践的高品质引领，最终达到让每一个孩子享有公平而有质量的教育目标。

4. 评价工具的技术引领

立体评价在评价工具上，利用互联网、云计算、大数据、人工智能等信息技术手段，创建教育评价智能支持系统，在区域评价系统内，让学校评价、教师评价、学生评价智能化联通，相互链接，并借助现代技术手段，让评价结果与评价应用的过程可视化，保障了评价的高效，也利于学校学习模仿。

总之，上城教育评价改革的价值定位可以概括为 16 个字，即素养立意、立体架构、创新驱动、引领发展。可见，上城教育评价改革的宗旨是促进学生全面发展、保障学生平等权益、引领教师专业发展、提升教育教学水平、营造和谐育人环境、建设现代学校机制、减轻学生学业负担、提升社会满意度等，并借助改革不断完善评价体系，使其真正成为新时代教育的一根智慧“指挥棒”。

第三节
设计：立体评价的整体架构

区域教育质量管理的理念与行动，关乎教育的品质与未来，也是新时代教育的一个热门话题。2019 年以来，中共中央办公厅和国务院办公厅及教育部下发的一系列教育评价改革的文件为区域教育行政部门提出了新的机遇和挑战。为此，杭州市上城区秉持“名校就在家门口，名师就在我身边”的美好教育愿景，以评价改革创新为突破口，推进教育质量管理转型，构建起富有上城辨识度的立体评价模式。以美好评价赋能“美好教育”，让学生成长“看得见”，教师进阶“登得高”，学校发展“走得远”。

一、上城教育立体评价的内涵

上城教育立体评价是区域针对新时代育人目标呼唤的一种以促进发展为目的的新型教育评价，对改变学生、教师、学校教育面貌的举措所做的概括和提炼。而上城教育立体评价的提出，其中又包含着上城区教育局对教育评价的理性思考和认识，以及对教育实践的理解与行动，有着丰富的内涵。

1. 上城教育立体评价的概念

上城教育立体评价是深化教育评价改革的产物，它将学校教育、教师教学、学生纵向学习的全过程与横向发展的全要素整合起来，进行更全面、更客观、更科学的评价。立体评价的最终目标是提高区域的教学质量，进而改进学生的学习成效。因此，上城教育立体评价是多元的：在学生层面，将学生学习纵向全过程、横向全要素熔为一炉，要求尊重学生人格的完整性、表现的日常性、成长的动态性、发展的差异性；在教师层面，树立以品德、能力、业绩为导向的人才评价标准；在学校层面，强调“坚持把立德树人成效作为根本标准”。上城教育立体评价不仅强化传统评价的功能，还将引领学生学习、教师教学、学校管理等方面的根本性变革。

教育评价事关教育发展方向。习近平总书记高度重视教育，就深化教育评价改革做出一系列重要指示批示。为深入贯彻落实习近平总书记关于教育的重要论述和全国教育大会精神，中共中央把深化教育评价改革作为重点攻坚任务，形成《总体方案》，坚持以立德树人为主线，以破“五唯”为导向，以“五类主体”为抓手，着力做到政策系统集成、举措破立结合、改革协同推进。上城教育立体评价以《总体方案》为指引，同步探索学生、教师、学校评价的三条路径，关注学生、教师、学校的全过程的纵向发展评价、全要素的横向发展评价和全时空的多维评价，为教育高质量发展创造更大空间。

2. 上城教育立体评价的操作要领

其一，建立评价目标。立体评价紧扣立德树人的根本任务，突出评价目的的育人性。坚持“评价即学习，也即教育”的新观念，把评价作为一种学习和育人方式，融入立德树人的全过程之中；把评价作为教育的内在动力，驱动教育立德树人目标的实现。其二，选择评价样本。立体评价涉及的评价对象是学生、教师和学校，在这些样本中，通过多维度、全方位的评价，引领学生学习、教师教学、学校管理等方面的根本性变革。其三，形成评价结论。根据立体评价的要素，通过数据信息的处理和加工，形成相对精准的评价结论。其四，运用评价结果。根据评价结果，撰写评价报告，提出改善评价对象的行为建议，从而改进教师教学、改进学生学习，达成预期目标。

3. 上城教育立体评价的特点

以评价驱动区域教育质量管理转型，需要从三个层面发力：第一个层面是价值取向引领，明晰问题，摆正方向，解决管理朝哪走的问题；第二个层面是实践机制创新，探索路径，寻找对策，解决管理如何走的问题；第三个层面是管理范式迭代，回顾成效，发展革新，解决管理升级走的问题，如图 2-3-1 所示。

图 2-3-1　上城教育立体评价的特点示意

在实践中，上城教育立体评价具有三个明显的特点：

是育人为本。评价的对象是人（学生、教师），评价服务于学生、教师、学校的成长。区域教育综合改革必须坚持以学生发展为本，“把育人为本作为教育工作的根本要求”，把“育人为本”落实在教育工作中就是要以学生发展为本，教育质量最终体现在学生的发展水平上。促进学生的发展是一切教育工作的出发点和落脚点，理应成为检验区域各类教育工作者和各层次教育机构价值和贡献的标准。

二是多元发展。好的评价，最终的目的是促进学生身心健康发展。在学生层面，构建多元发展评价体系，“五育并举”助成长，建立区域基础教育生态监测制度，搭建监测平台，让发展可见。在教师层面，教师评价要摒除凭分数论绩效的单一评价，追求潜心育人，把师德师风作为评价的第一标准，坚持师德为先，树立标杆楷模，突出育人实绩，健全实绩评价。在学校层面，放权赋能激活力。对学校的评价，要打破凭升学论排名的功利评价，建立立德树人的落实机制，要把立德树人成效作为衡量学校办学水平的根本标准。完善学校评价机制，坚守学校底线管理，鼓励学校特色发展。

三是整体提升。上城教育立体评价切实促进了学生的全面成长、教师的多元发展和学校的特色进步。实施立体评价能有效获取多层面的评价信息，为教师综合分析学情、改进教育教学提供了数据，为学校制订发展规划、评估学校发展提供了依据，也为教育局和业务支持部门分析区域教育状况、制定教育决策、评估决策效果提供了依据。管理范式迭代发展，解决了管理升级走的问题。

二、上城教育立体评价的功能

上城教育坚持以“绿色质量”为导向，践行教育评价改革，立体评价功能主要体现在以下四个方面。

1. 导向功能

导向功能是指教育评价本身所具有的、引导评价对象朝着理想目标前进的功效和能力，这是由评价标准的方向性决定的。因为在教育评价中，对任何被评对象所作的价值判断，都是根据一定的评价目标、评价标准进行的。通过评价的导向作用，区域可以引导某项教育活动朝正确方向发展，比如对于学校而言，要引领学生的发展、教师的成长，对于区域而言，要引导学校发展，使学校领导与教师的工作不断完善，不断地逼近理想目标，使学生的学习不断地强化提高。导向功能分为三点。

（1）综合素养导向。学生层面的立体评价具有较强的学业导向。把德智体美劳全要素作为横向评价内容，具有鲜明的导向性，就是要扭转唯分数、唯升学等单纯以学生学业考试成绩为主的不科学的教育评价导向，牢记为党育人、为国育才的使命，确立以德为先、能力为重、全面发展的科学育人导向。

（2）教育教学导向。在教师层面，教师的评价一定要有利于学校实现教育目标，有利于端正办学方向，有利于树立正确的教育质量观、人才观，要以发展为目的，为教师的发展指明努力方向。因此，在立体评价中，应关注教育教学导向的评价功能，把教师的发展需求和学校的发展要求紧密结合，最大限度地发挥教师的主动性。

（3）监测管理导向。在学校层面，立体评价应该关注实现学校的发展，建立健全以发展素质教育为导向的学校办学质量评价体系，强化过程性和发展性评价，更加注重评价学校提高办学质量的实际成效，并作为对学校核定绩效工资总量、对校长教师实施考核表彰的重要依据。

2. 诊断功能

上城教育评价从只关注学业转向关注学生的全面发展，从只关注结果转向重视学生成长过程的诊断与改进；从重视学校横向比较转向重在目标达成以及纵向发展。因此，上城教育立体评价的一个突出功能即为诊断功能。其诊断作用体现在评价对学生、教师、学校教育的成效、矛盾和问题作出判断，从而促进教育的改进。

（1）学业素养诊断。教育过程是学生学习、教师育人双线交互协同、螺旋上升的过程，这个过程的发生发展需要评价来推动。当学生学习经历了一个阶段以后，教师的评价不仅是对学生过去学习的总结与判断，也会对学生未来的学习做出方向性、路径性、策略性的引领，评价在教育过程中具有承上启下的推动作用。学生的立体评价将评价贯穿学生学习的全过程，把评价作为教育的内在动力，驱动教育立德树人目标的实现。

（2）教师成长诊断。立德树人是教育的根本任务。基于学生发展“五育并举”，立体评价提供更为精准、更为丰富的教育教学诊断数据，促进教师在师德表率、思政教育、教科研、体艺科技指导、特教、后勤、学历等各个方面不断提升。

（3）学校发展诊断。此即围绕学校发展规划的达成情况进行评价考核，聚焦学校各项指标的发展增量，对不同办学性质、不同学段学校进行分类评价。发挥立体评价的学校发展诊断功能，有利于为区域学校办学规划提供方向引领。

3. 激励功能

立体评价的激励功能是指合理有效运用教育评价，能够激发和维持评价对象，即学生、教师、学校的内在动力，调动被评价者的内部潜力，提高其工作的积极性和创造性，从而达到教育管理的目的。在激励功能中，对于先进的单位和个人来说，评价的结果是对自己过去成绩的肯定与表扬，会对成功的经验起强化作用，使被评价者更加努力、更加主动，以保持现有的成绩或取得更大的成绩；对于落后者则是一种有力的鞭策，如果仍不努力就会被拉开更大差距。激励功能体现为对学生、教师、学校的激励。

（1）学生成长激励。学生评价，要破立并举，“破”凭智育论优劣的片面评价，“立”全面发展的育人要求。学生立体评价，是将目光投向学生的终身成长，充分发挥其综合素养的激励功能，体现了评价的全程、全域、全要素特性。

（2）教学改进激励。教师评价要“破”凭分数论绩效的单一评价，“立”潜心育人的价值追求，把立德树人的成效作为检验学校一切工作的根本标准，突出育人实绩。立体评价能激励教师在教育教学上动脑筋，健全实绩评价，促进教学改进。

（3）学校管理激励。学校是教育的主阵地，对学校的评价，要打破凭升学论排名的功利评价，树立立德树人的落实机制，要把立德树人成效作为衡量学校办学水平的根本标准。立体评价有利于发挥其监测管理的激励功能，完善学校的评价机制，坚守学校的底线管理，鼓励学校的特色发展。

4. 调节功能

立体评价的调节功能指的是对评价对象（学生、教师、学校）的教育教学或学习等活动进行调节的功效和能力，体现在两个维度：一是评价者为被评价者调节目标及进程。例如，通过评价被评价者，如学生、教师或学校，对目标进行相应调节，使之符合实际发展。二是被评价者，即学生、教师或学校通过评价了解自身的长短、功过，明确努力方向及改进措施，以实现自我调节。调节功能分为以下三点。

（1）育人观念调节。评价是人用某种观念把握世界的方式，这种把握方式的基础是认识，核心是判断，最终指向的是人对世界的适应或改造。学生作出判断，无论是事实判断还是价值判断，其本身就是一种学习。教师作出判断，无论是对学生本人还是对学习内容和形式，都是一种教育。因此，学生立体评价坚持“评价即学习，也即教育”的新观念，把评价作为一种学习和育人方式融入立德树人的全过程之中，促进其学业的调整。

（2）精准教学调节。在大数据时代中，立体评价开展应基于数据的分析，让数据说话。多层次的分析和指导，“基于数据说话”的科学管理意识，为上城区教育资源的协同整合搭建了桥梁，同时，也促进了区域学生的综合发展和教师的专业成长，促进教师教育教学的各项精准调节。

（3）质量监控调节。学生发展是教育质量的根本体现，是一切教育工作的终极目标。教育评价多层面的应用，能高效发挥立体评价结果的作用，实现质量监控调节的功能，如在学校层面，可结合校本实际建立学生综合素质评价体系，渗透义务教育阶段课程改革的理念，开创一系列创新性、多样化的校本特色测评平台与综合评价体系；在区域教育层面，用质量监控调节促进教育质量绿色评价。

三、上城教育立体评价的模型

为了消除“一把尺子量到底”的弊端，上城区教育局提出多维度导向、全过程发展、多要素集成的三条路径，建构起区域立体评价系统。

多维度导向，强调评价导向的多维度，分为三个方面：一是从“对人的评价”向“为了人的评价”转变，打通评价标准“堵点”，将评价标准的制订与实施下放；二是加大对评价内容的研究力度，打通评价环节“堵点”，从死记硬背，唯分数至上，向培养综合能力转变；三是融合各方评价管理，打通监管“堵点”，促进各方共同发展。以上城劳动教育评价为例，区域组织力量研发劳育测评工具，对学校的劳育状况进行监测，同时指导各校制订校本劳育考核方案，通过问卷调查、技能测评、现场观察等方式对学生的劳动意识、劳动技能、劳动素养等进行评价，将劳动素养作为衡量学生全面发展的基本内容，纳入学生综合素质评价体系。“劳动与社会实践”的评价不仅注重脑力与体力相结合，时长与成果相结合，还关注学生参与国情、社情、民情的考察经历和社会服务的情况。

全过程发展，关注评价的过程性和发展性。上城教育强调积累、关注过程的长期评价，强调纵向全学段、横向全要素的综合发展，实现学生发展“五育并举”、学校办学活力大幅激发、教育生态全面优化。

多要素集成，强调评价的综合性。近两年，上城区一方面紧密结合“五育并举”的育人要求，进一步梳理学生发展品质的关键要素，另一方面尝试将学科核心素养纳入监测，引导学校关注学科的育人作用，形成多要素集成的评价“体检报告”，学校在学生学业水平、学习状况、成长环境等方面的自我诊断与改进都有了实证支持。

上城教育立体评价包括学生评价变革、教师评价转型、学校评价改变，如图 2-3-2 所示。

上城区提出立体评价，在看见学生、看见教师、看见学校的价值定位上，无不渗透着“育人为本、多元发展、整体提升”的立体评价理念，紧扣立德树人的根本任务，突出评价目的的育人性、坚持“现实的人”的哲学观点，尊重评价对象的具体性，建立网络平台服务体系，确保评价证据的全息性；坚持问题导向，精准发力，运用评价，赋能学校、教师发展，令学生实现以立德树人为导向的全面而有个性的发展。

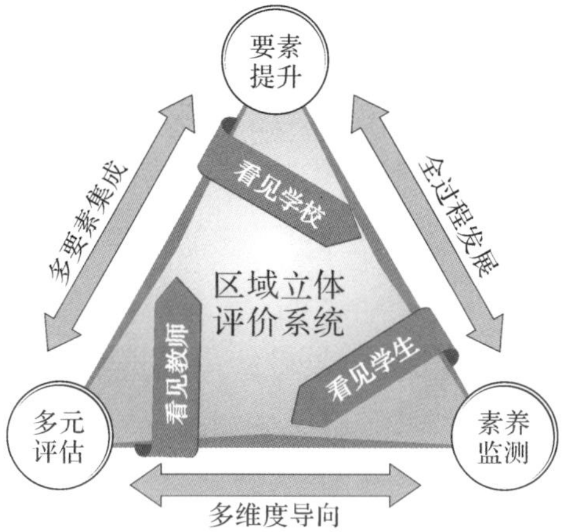

图 2-3-2　上城教育立体评价的框架示意图

四、上城教育立体评价的特征

上城教育立体评价让评价的视野从以前的只看分数，到看见学生、看见教师、看见学校。基于此理念，上城教育立体评价有三条基本特征。

1. 全面性：素养监测驱动评价“看得见”

学生评价“五育并举”“破立并进”，“破”凭智育论优劣的片面评价，“立”全面发展的育人要求，将目光投向学生的终身成长，体现了评价的全程、全域、全要素。引领学生既能读好书，也能立美德、健身躯、提审美、强实践。教师评价要摒除凭分数论绩效的单一评价，确立潜心育人的价值追求，把师德师风作为评价的第一标准，大力选树典型榜样，突出育人实绩。学校评价以放权、赋能来激发办学活力，从强调目标管理的标准评价，到基于学校发展规划的多元评价，使区域内不同条件背景的学校在保证底线的基础上寻求特色发展，促进学校的自主发展看得见。

2. 发展性：多元评估激发教育“内生长”

学校是教育的主阵地，对学校的评价，要“破”重分数的片面办学行为，“立”立德树人落实机制；要“破”统一标准横向比较模式，“立”内生发展促进机制，实施学校发展性评价。上城区强化督导部门的独立性，以三年发展规划为抓手，逐步健全评价维度，建立以学生健康发展、教师个性发展、学校内涵发展和社会影响为核心的学校评价体系，引导学校基于发展起点，循序渐进提高自身的教育质量，通过科学完善评估指标，引领学校变革为高质量发展的视角。上城教育立体评价将学生的学业水平与其入学起点水平作比较，注重学校自身的纵向发展，循序渐进“爬缓坡”；注重教育公平的保障，促进各水平学生“小步子前进”，从而实现区域教育优质均衡、全纳公平。

3. 赋能性：关键要素促进教育生态“晒太阳”

上城教育立体评价的理想是构建良好的教育生态。上城区没有拘囿于学业成绩，而是更着眼于学生的成长品质，让每一个学生沐浴阳光，茁壮成长。为此，上城教育立体评价梳理学生发展品质的关键要素，打造“学习质量调查”这一上城特色的教育评价品牌。在教师成长上，结合“五育并举”的育人要求，教师结合学生发展品质的关键要素，不断尝试将学科核心素养纳入监测，关注学科的育人作用；在学校发展上，开展区域质量监测，强化基于数据的教育改进。每年，全区中小学都会收到一份“体检反馈报告”，这令学校在学生学业水平、学习状况、成长环境等方面的自我诊断与改进有了实证支持。这些报告由区域教学干部组成的测评组成员负责撰写、解读，入校点对点反馈。这种区校联动模式既培育了一批“指导型”的学校管理干部，也丰富了学校的教学管理方式，形成了区域循证治理、百花齐放的良好态势。

参考文献

［1］教育部关于推进中小学教育质量综合评价改革的意见［EB/OL］.（2013-06-08）［2022-08-11］. http://www.moe.gov.cn/srcsite/A06/s3321/201306/t20130608_153185.html.

［2］张丰，沈启正 . 教育质量综合评价改革的浙江实践［J］. 基础教育课程，2020（14）：5-13.

［3］徐杰 . 坚持“绿色质量”导向 践行教育评价改革——浙江省杭州市江干区教育质量综合评价改革的实践探索［J］. 基础教育课程，2017（19）：65-70.

［4］马海燕 . 发展性评价的上城实践［M］. 杭州：浙江教育出版社，2014.

［5］王莺，邵晓婷 . 标准前置全域推进——小学生综合评价改革的上城实践［J］. 教学月刊小学版（综合），2022（Z2）：18-19，23.

第三章

学生：基于“五育融合”的学生综合评价改革

近些年来，上城区一直在探索如何以评价改革促进立德树人机制的建设，在不少“点”上有了突破，探索了一些经验，也取得了阶段性成效。学生综合评价改革的最终目的，是实现以立德树人为导向的学生全面而有个性的发展。从区域到学校的融合实施，再从学校到区域的反哺迭代，这是一个不断发现学生成长需求和挖掘学生潜力优势的过程，也是不断成就学生的过程。上城区通过标准前置，引导学校树立正确的办学方向，坚持科学成才观，从“育分”走向“育人”，从“应试的教育”走向“适合的教育”，也引导学校在评价中发现“人”，促进学生健康发展，为学生的未来奠基，期望通过学生综合评价改革的方式，让学生的努力更有价值，让学生遇见最美的自己。

第一节
架构：学生综合评价的整体设计

⊙

自 1994 年成为浙江省首批素质教育评价改革实验区起，上城区就一直致力于以评价改革促进立德树人的机制建设。在 1997 年，上城区设计了学生成绩报告单，推出以等级制为标志的学业评价体系，用手册的方式向家长和学生汇报学生的学业表现。2010 年起，上城区研制形成了《上城区中小学生综合素质评价参考标准》，不再关注单一的知识分项，更关注学科能力分项，不断趋近评价内容的核心。2015 年起，上城区成为浙江省小学生综合评价改革试点区后，确定试点学校和实验学科，组建团队攻坚分项等级评价，引领全省的学科分项等级评价研究。近 30 年来，上城区的评价规划从总体设计走向校本实施，评价内容从知识分项走向能力分项，评价工具从平面单一走向立体多元，评价方式从传统一致走向适切开放。全区通过落实政策做好顶层设计、锚定方向引领学校实践、研制工具丰富结果呈现、研发平台实现成长可视、分类指导促成“一校一案”、打造样板助力教育共富等路径，将学生综合评价工作在学校实践的层面推进，帮助教师树立了“教学评一致”的理念，转变了家长分数至上的单一认知，促进了学生综合素养的全面发展。

一、学生综合评价改革的基本理念

上城区一直积极推进小学生综合评价改革项目的研究工作，其中《杭州市上城区小学生发展综合报告单》是区域通过评价改革实现理想的集中体现，如链接 3-1-1 所示，以“品德发展、学业发展、身心发展、审美素养、劳动与社会实践”五维合一的评价体系体现“五育并举”，形成具有学科特质的分项等级评价标准和操作流程，以“一单・一袋・多维述评”全面评价学生综合表现。修订后的上城区学生综合评价体系强化过程评价和增值评价，关注学生达标程度，更关注学生个体发展变化，反映学生德智体美劳的发展，囊括学生应具备的、能够适应终身发展和社会发展需要的必备品格和关键能力。

链接 3-1-1 《杭州市上城区小学生发展综合报告单》样例

1. 学生综合评价工作的指导思想

2021 年，教育部等六部门印发《义务教育质量评价指南》。2022 年，浙江省委、省政府印发《浙江省深化新时代教育评价改革实施方案》，对区域教育评价改革提出具体要求，文件指出，要加强学生综合素质档案建设和使用，客观反映学生德智体美劳全面发展的整体水平及变化情况。上城区综合《义务教育质量评价指南》和 2022 年教育部印发的《义务教育课程方案和课程标准（2022 年版）》，以及 2022 年浙江省教育厅发布的《关于小学生综合评价改革的指导意见》的精神要求，结合上城区学生培养目标，制定了《杭州市上城区小学生综合评价改革实施方案》。

学生综合评价应在国家教育方针政策以及省市区有关文件精神的指导下，大力弘扬中华优秀传统文化、革命文化和社会主义先进文化，促进学生德智体美劳全面发展，引导学生践行社会主义核心价值观，增强社会责任感。学生综合评价应坚持以习近平新时代中国特色社会主义思想为指导，全面贯彻党的教育方针，全面落实全国和省市区教育大会精神，全面加强党对教育工作的领导，根据国家、省、市有关文件精神，通过《杭州市上城区小学生综合评价改革实施方案》的制定和实施，引导学生践行社会主义核心价值观，增强社会责任感，促进学生健康全面发展。

2. 学生综合评价工作的基本原则

学生综合评价应通过发展性评价手段，充分发挥评价的导向性、过程性、民主性、科学性作用，促进学生全面发展。

一是导向性原则。学生综合评价应根据全面发展的培养目标，确定科学的指标体系，落实立德树人的根本要求，引导学生践行社会主义核心价值观，着力培养德智体美劳全面发展的社会主义建设者和接班人。二是过程性原则。关注学习过程和学习方法的评价，学生综合评价应关注学习态度、情感体验以及心理素质等方面的发展，用专项技能测查、问卷调查、情景测试等方式进行评价，关注学生在日常学习过程中的表现，注重培养学生良好的日常行为规范和品行。三是民主性原则。学生综合评价应加强学生与学生之间，学生与教师之间，教师与家长之间的对话与交流，开展有效的自评、互评、他评，及时沟通，增进了解，努力营造良好的民主氛围，做到公平、公正、公开。四是科学性原则。学生综合评价应科学设计指标体系，明确具体的参考标准和评价指南，确保评价实施的科学性。坚持以事实为依据进行评价，如实记录学生成长过程中的良好品行和突出表现。

3. 学生综合评价工作的宗旨和目标

学生综合评价应力求通过发展性评价手段，促进学生全面而有个性的发展，实现身心健康、品质优秀、学业上乘、技能全面、个性鲜明的学生培养目标，引导学校树立正确的办学方向，坚持科学成才观，建立面向全体学生、强化过程体验、驱动深度学习的学生综合评价制度，形成实施素质教育的长效机制，促进学生全面健康成长。上城区从各学科、各角度、全方位考虑不同学生的成长需求和发展方向，以促进学生更好地成长为最终使命，具体在评价理念、评价内容、评价方式、评价平台等方面明确工作目标。一是落实立德树人的评价理念。根据《义务教育质量评价指南》和《关于推进小学生综合评价改革的指导意见》等新出台的文件精神，上城区进一步引导学校建立科学发展观，帮助老师树立“学教评一致”的理念，转变家长分数至上的单一认知。二是构建“五育融合”的评价内容。根据《义务教育课程方案和课程标准（2022年版）》修订原有的评价内容，在新时代文件的引领下，学生综合评价应关注学生德智体美劳全面发展，以跨学科课程为载体，关注内容分项研究，从知识分项走向能力分项。三是丰富“科学多元”的评价方式。学生综合评价应既要重视观察、访谈等定性评价方法的使用，又不能忽视纸笔测验、评价量规等定量评价方法的使用；既重视社会实践、实际操作等评价方法的使用，又不能忽视模拟实践、情景测验等评价方法的使用；同时关注描述性评价与等级制评价相结合。四是升级“动态可视”的评价平台。上城区搭建兼顾区域共性和学校个性的数字平台，构建面向教育行政部门与各级各类学校的教育大数据仓，依托人工智能等技术手段，探索构建基于学生综合评价信息的“学生成长画像”。

上城区学生综合评价改革工作具体落实在以下六个子目标。一是营造评价氛围。以区内教育评价创新项目的设立为契机，上城区通过建立学生综合评价改革实验学校和组建项目组核心成员，引导学校树立立德树人的科学教育观，提升区内教师的评价素养，营造科学健康的区域评价文化。二是做好顶层设计。上城区组建团队根据最新的文件要求研制和修改内容，明确学校可借鉴的操作方式，呈现学校可参考的报告单，并颁布《上城区小学生综合评价改革实施方案》。三是修订评价标准。根据最新政策，上城区修订原有的评价参考标准，分学段、分学科、分维度、分梯度呈现具体要求，出台《上城区小学生综合评价参考标准》，见链接 3-1-2。四是研发评价工具。根据学校实际和学科特征，上城区开发科学、适用的评价量规，关注多样的评价手段和多元的评价主体，加强评价结果的呈现与使用研究。五是搭建数字平台。

链接 3-1-2
《上城区小学生综合评价参考标准》

上城区加强多元数据关联整合，完善教育评价的大数据仓系统，建设集业务治理和数据共享的一体化教育评价智治系统，形成“上城教育评价大脑”。六是呈现区域样板。上城区提炼实践过程中的智慧，梳理总结，完善机制，形成体系，通过参与更多区域的辐射交流活动共享实践成果。

二、学生综合评价的方法与结果

在推进学生综合评价的过程中，上城区通过标准引领学校落实立德树人的机制，让学校更加注重学生的综合素质培养。学生综合评价的实施，对学校亦起着导向的作用，引导学校综合运用多种评价工具和手段，如描述性评价和能力分项等级评价相结合，纸笔测试和非纸笔测试相结合，自评、互评和师评相结合。引导学校在实施学生综合评价时坚持发展性评价，既要重视结果评价，更要注重过程评价，不仅强调学生应达到的要求，更强调学生的发展变化。

同时，教师以细化的标准对标自己的课堂，不再只关注知识内容的习得，而是更关注学生能力分项的培养，评价指标和方式的细化督促着教师们在教学方式上不断优化和调整。以语文学科为例，通过对《义务教育课程方案和课程标准（2022 年版）》的研读，确定了“识字写字”“阅读”“写话”“口语交际”“综合性学习”五大板块，分项评价结果帮助教师知道不同学生语文学习的薄弱板块在哪，从而采取针对性的教育教学改进措施，全面提升学生的语文素养。

对学生来说，评价就是学习的过程。学科分项评价可以帮助学生发现自己在学习中的长处和短板；等级评价可以为学生营造一个相对宽松的学习环境；学生自我评价，可以引导学生在认识自我、同伴交往、情绪管理等方面进行自我诊断、自我反思。学生在他人评价和自我评价的过程中变得积极主动，能认识自我，有效调控自己的成长过程，增强自信，获得满足。

1. 适切开放的评价方法

在具体的学生综合评价工作中，上城区采用适切开放、科学多元的评价方式。一是基于分项评价。上城区避免简单地用书面测试分数或比例划分等第，采用分项等级评价的方式，按照《上城区小学生综合评价参考标准》为学生评定，并记录学业表现的具体情况，为学生营造一个相对宽松的学习环境，同时帮助学生发现自己在学习中的长处和短板。二是基于情境测评。上城区创设丰富多样的学习情境，设计富有挑战性的学习任务，激发学生的求知欲，探索通过真实情境的实践任务考查学生的知识理解、技能掌握水平以及运用知识解决问题的能力，用日常观察、纸笔测试、作品展示、技能展示、活动体验、成果展示等方式给出综合的评价结果。例如，杭州市紫阳小学创设了校史“小达人”表现性评价活动，如链接 3-1-3 所示。三是基于学习过程。上城区关注学生在学习过程中的表现，将过程评价作为促进学习的指导环节，将实践作业作为学习评价的主要载体，倡导过程性评价与终结性评价相结合，综合评定学生表现，给出评价结果。四是基于实测数据。体质健康指标，按照国家体测要求进行测查，形成评价结果。如身高、体重、视力的指标用体检实测数据呈现，身高以 m 为单位，体重以 kg 为单位，视力以裸眼视力为准。五是基于民主测评。学校和教师应结合校情、学情，通过自评、互评及他评相结合的方式落实评价，为学生搭建多层次的评价平台。

链接 3-1-3
杭州市紫阳小学
校史“小达人”
表现性评价活动

2. 立体多元的结果呈现

小学生综合评价结果在《上城区小学生综合评价报告单》（以下简称《报告单》）上呈现，根据各项评价内容的要素及关键表现进行整体判断，给予相应的等级。

一是自我评估呈现。教师应将自我评估项目的标准提前告知学生和家长，充分发挥标准的成长导向作用。如期末评估，教师应鼓励学生对照标准，回顾一学期的表现进行自评，评定结果分为一星、二星、三星三个等级，可用红笔填涂对应个数的星星图案。

二是学业表现呈现。学业水平的评价等级一般分优秀、良好、合格、尚需努力四级。其中，学科分项等级评价的等第比例应根据课标要求的差异和学习激励的需要来确定。学科总评的等第比例由学校根据本校实际确定优秀比例，实行总量控制，如有的学校五、六年级学业水平优秀的比例不少于40%。

三是过程表现呈现。过程表现采用A、B、C等级的方式呈现，也可采用学生自我评价或他人述评的方式呈现。过程性评价关注学生的日常行为观察记录，关注学生的实践表现和作品，同时结合多主体参与评价。

四是进步情况呈现。进步情况主要看一学期中，学生在“课堂参与”“实践表现”“成果质量”等几个维度的改变趋势，如有进步，可用↑表示。具体评价指标、评价手段及评价结果，可参照表3-1-1。

表3-1-1 上城区小学生综合评价体系及评定方法

一级指标	二级指标	三级指标	评价手段	评价结果	评定主体
品德发展	日常行为表现	爱祖国	日常观察	三星/二星/一星	学生
		担责任			
		守规则			
		讲文明		A/B/C	家长、教师
		有爱心			
	学科素养（道德与法治）	学习态度	日常观察	A/B/C	学生、教师
		认知水平	纸笔测试 作品展示	A/B/C	
		实践能力			
		进步情况	日常观察	用↑表示	教师
	学科素养（地方课程）	过程表现	日常观察 活动体验 成果展示	A/B/C	教师、场馆、社区
		成果水平			
		进步情况	日常观察	用↑表示	教师

续表

一级指标	二级指标	三级指标	评价手段	评价结果	评定主体
学业发展	学科素养（各科）	学习兴趣	日常观察	A/B/C	学生、教师
		学习习惯			
		学习水平	日常观察 纸笔测试	A/B/C	教师
		进步情况	日常观察	用↑表示	教师
	主题（项目化）学习	过程表现	学生自述	情况描述	学生
		成果水平	成果展示	A/B/C	教师
身心发展	身心健康	运动习惯	日常观察	三星 / 二星 / 一星	学生
		认识自我			
		同伴交往		A/B/C	家长
		情绪管理			
	身体状况	身高	体检	实测数据	医生
		体重			
		视力			
	学科素养（体育与健康）	学习水平	日常观察 技能展示	A/B/C	教师
		进步情况	日常观察	用↑表示	教师
	运动技能	过程表现	学生自述	情况描述	学生
		成果水平	成果展示	A/B/C	教师
审美素养	学科素养（音乐、美术）	学习过程	日常观察	A/B/C	学生、教师
		学习水平	技能展示	A/B/C	
		进步情况	日常观察	用↑表示	教师
	艺术技能	过程表现	学生自述	情况描述	学生
		成果水平	成果展示	A/B/C	教师

续表

<table>
<tr><th>一级指标</th><th>二级指标</th><th>三级指标</th><th>评价手段</th><th>评价结果</th><th>评定主体</th></tr>
<tr><td rowspan="11">劳动与社会实践</td><td rowspan="3">劳动</td><td>过程表现</td><td rowspan="2">活动体验
成果展示</td><td rowspan="2">A/B/C</td><td rowspan="2">学生、教师</td></tr>
<tr><td>成果水平</td></tr>
<tr><td>进步情况</td><td>日常观察</td><td>用↑表示</td><td>教师</td></tr>
<tr><td rowspan="3">综合实践活动</td><td>过程表现</td><td rowspan="2">活动体验
成果展示</td><td rowspan="2">A/B/C</td><td rowspan="2">教师、场馆、社区</td></tr>
<tr><td>成果水平</td></tr>
<tr><td>进步情况</td><td>日常观察</td><td>用↑表示</td><td>教师</td></tr>
<tr><td rowspan="3">信息科技</td><td>学习过程</td><td rowspan="2">日常观察
技能展示</td><td rowspan="2">A/B/C</td><td rowspan="2">学生、教师</td></tr>
<tr><td>成果水平</td></tr>
<tr><td>进步情况</td><td>日常观察</td><td>用↑表示</td><td>教师</td></tr>
<tr><td rowspan="2">劳动实践周
研学旅行</td><td>过程表现</td><td>学生自述</td><td>A/B/C</td><td>学生、教师</td></tr>
<tr><td>成果水平</td><td>日常观察
活动体验</td><td>A/B/C</td><td>学生、教师</td></tr>
</table>

在具体的操作上，明确的操作建议有以下几点。

一是注重综合发展。小学生综合评价内容是小学生在各自阶段中至关重要的内容，是学生综合水平的整体体现。学校在实施学生综合评价时应坚持发展性评价，既要重视结果评价，更要注重过程评价，关注学生的进步和发展状况。

二是采用多元评价。在小学生综合评价实施过程中，既要重视观察、访谈等定性评价方法的使用，又不能忽视纸笔测验、评价量表等定量评价方法的使用；既重视社会实践、实际操作等评价方法的使用，又不能忽视模拟实践、情景测验等评价方法的使用；同时关注描述性评价与等级制评价相结合。

三是鼓励数字赋能。学校可建设网络评价平台，利用人工智能、大数据等现代信息技术，简化烦琐的人工处理过程，使学生成长记录工作操作简单、便捷有效，完善“多侧面、多层次、多方法、多主体”的信息收集过程，探索构建基于学生综合评价信息的“学生成长画像”。

四是跟进诊断与改进。每学期、每学年的小学生综合评价结果是衡量学生是否达到课程培养目标要求的重要依据，也是学校作为诊断和改进教育教学工作的重要依据，同时可作为区域或校级特色评优评先的参照依据之一。

3. 双线多样的评价载体

2021 年版的《中小学生综合素质报告单》采用双线多样的评价载体，一条线是以纸质版本的档案袋作传统呈现，一条线是以电子版本的档案袋作创新呈现；以学生成长记录袋记录学生成长过程中的物化成果，让学生的发展看得见；使用纸质记录袋的同时利用多样的信息化工具对学生进行多维度、全方位的数据归集，动态追踪学生的成长趋势；使用统一的数据接口，对学生的学习记录进行数字化归集；利用图像识别、人工智能等技术，自动采集学生的错题、难题，并为教师、教研员提供分析图表和关联教学资源推送；通过对学业数据的归集、沉淀、清洗、计算，形成个性化的学业发展分析报告，同时为区域教学质量提升提供数据来源；通过指标体系的修订、数据仓的建构、“成长画像”的刻画等具体路径，在总体上实现学生成长评价可视化智治平台的建立。

三、学生综合评价的具体实施路径

学生综合评价工作的改革与发展丰富了上城区推进小学生综合评价工作的新实践，后续该项工作的推进重点关注六个路径，即通过回应政策做好顶层设计、前置标准助力实践操作、研制工具丰富结果呈现、研发平台实现成长可视、全域推进促成“一校一案”、打造样板助力教育共富等路径推进学生综合评价实践，从各学科、各角度、全方位考虑不同学生的需求和不同能力学生的发展，引导学生全面而有个性地发展，如图 3-1-1 所示。

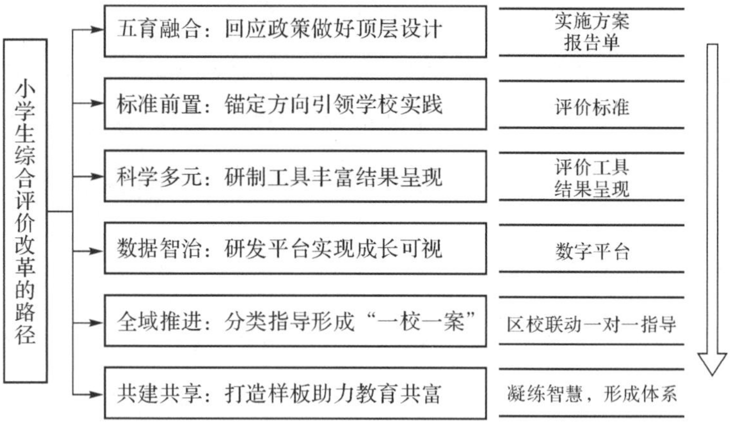

图 3-1-1　上城区小学生综合评价改革工作的推进路径

1.“五育融合”：回应政策做好顶层设计

上城区根据教育部发布的《义务教育质量评价指南》、浙江省教育厅发布的《关于小学生综合评价改革的指导意见》和学校在具体实践中的智慧，修订了《上城区小学生综合评价改革实施方案》《报告单》，其中《报告单》从“品德发展”“学业发展”“身心发展”“审美素养”“劳动与社会实践”五个方面呈现“五维合一”的评价体系，不仅关注学生当下的发展，还将目光投向学生的终身成长，体现评价的全程、全域、全要素。

具体来看，在“品德发展”中不仅有对“道德与法治”学科的学习态度、认知水平、实践能力的考量，还包含对学生日常行为表现的自我评估。“学业发展”“审美素养”不仅关注学生不同学科的学习兴趣、学习习惯、学习水平，还关注学生技能特长及参与项目化学习的表现。“身心发展”增加了“BMI指数”的标准比对，不仅呈现学生体质健康的测查情况，还包括运动技能的掌握和竞技比赛的参与和投入情况。“劳动与社会实践”的评价不仅注重脑力与体力、时长与成果的结合，还关注学生参与国情、社情、民情的考察经历和社会服务的情况。此外，《报告单》还保留“进步情况”一栏，修订操作标准，增加标准比对，推动增值评价。

2. 标准前置：锚定方向引领学校实践

上城区在修订学生综合评价实施方案的同时，为了助力学校更好地操作和落实方案，将不同年段的学生综合评价报告单配备对应的《评价参考标准》。各年级的品德发展、学业发展、身心发展、审美素养、劳动与社会实践等指标，均有具体的评价参考标准，学生综合评价报告按照一至二年级、三至四年级、五至六年级的分段来呈现，上城区引导学校按照具体的标准和要求实施学生综合评价。上城区对于每个指标的评价标准内容，都从概念界定、评价维度、评价等第、行为标准和评定方法方面做了具体说明。以“学业发展”中的“学习兴趣”为例，学习兴趣指个人对学习的一种积极的认识倾向与情绪状态，评定主要从“主动性”和“持久性”两个维度进行，评定结果分为 A、B、C、D 四个等级。学生愿意参与各种学习活动就可以评为 C；学生能比较投入地参与各种学习活动就可以评为 B；学生善于提问，利用课余时间研究自己感兴趣的事物，并积极投入地参与各种学习活动，就可以评为 A。

再如一至二年级“运动习惯”的评价，旨在培养学生养成健康的锻炼方式，从而促进身体和情感的健康发展。评定时，从学生参与运动的积极性、持久性和科学性方面进行评价，评定结果分两个等级。做到“积极参与各种体育锻炼，每天体育锻炼不少于一小时”就达到了合格标准。在此基础上“至少有一项喜欢的体育项目，能坚持做到进餐后半小时内不剧烈运动的好习惯”就能评定为优秀。为引导教师、家长建立科学的评价，上城区根据不同的年段提出不同的评定标准。以“日常劳动”的评价标准为例，可见其逐步提升的发展导向，如表 3-1-2 所示。

表 3-1-2　日常劳动的评价标准

年级	合格标准	优秀标准（在合格基础上增加）
一年级	1. 会扫地 2. 会擦黑板、抹桌椅、开关门窗	能运用合适的方法完成劳动任务

续表

年级	合格标准	优秀标准（在合格基础上增加）
二年级	1. 会拖地，会搓洗抹布 2. 积极参与班级大扫除工作	会主动为班级打扫，帮助同学完成劳动任务
三年级	1. 会为班级整理书架 2. 会使用简单工具参加美化校园的劳动	1. 有次序地整理书架上的图书 2. 一学期至少参加过两次美化校园的劳动
四年级	1. 会按一定次序为班级整理书架上的图书 2. 会使用简单的工具，一学期至少参加两次美化校园的劳动	1. 会修补破损的图书 2. 会选择合适的工具打扫楼梯、橱窗、花坛等包干区
五年级	1. 认识常见的蔬菜，参加过学校的种植活动 2. 在老师的引导下打扫教室	1. 种植并照管 1—2 种花草或蔬菜 2. 能和同学合作，有步骤地把教室打扫干净
六年级	1. 在老师的指导下盆栽过 1—2 种花草或蔬菜并进行简单照管 2. 有方法、有步骤地定期打扫教室	女孩能根据主题积极参与班级墙报、教室布置等劳动，男孩能主动为班级或年级简单维修课桌椅

3. 科学多元：研制工具丰富结果呈现

学生综合评价注重学生过程评价的表现和终结性评价的表现相结合，组织团队研讨表现性评价、分项等级评价、非纸笔测评、情景测评等评价手段在具体实施中的应用，研制在评价过程中的评价量规、实验操作测评记录单等评价工具，为学校提供可借鉴的多样化的评价工具。同时学生综合评价引导学校分项呈现等级结果，明确各维度可参考的评价等级和所应控制的优秀等级比例，助力学校更好地实践，使评价成为促成学生全面健康成长的重要手段。为此，上城区推进了表现性量规的开发，促进能力分项评价改革。客观性评价利用选择题、判断题等的标准化测试，无法全面评价学生发展，主要面向初级认知水平（识记、理解、简单应用）的测评。所谓的表现性评价是指，教师让学生在真实或模拟的生活环境中，运用先前获得的知识解决某个新问题或创造某种东西，以考查学生知识与技能的掌握程度，以及实践、问题解决、交流合作和批判性思考能力等多种复杂能力的发展状况。

同时，学生综合评价改革离不开表现性评价，尤其是能力分项的评价改革，其意义尤为重大。其表现性量规研制分三个维度（学习与日常行为、解决问题与学习能力、品德与学习情感态度）、四种类型（核查表、分值系统、分析性量规、综合性量规）。学生综合评价尤其重视研发伴随学教过程、承载教学目标的评价量规，通过师生共同经历量规的形成过程，前置量规来引导学生自主学习，落实基于自评、互评、师评的诊断和改进。

4. 数据智治：研发平台实现成长可视

上城区教育局从教育者和受教育者的需求角度出发，关注教学各个环节中所产生的数据，与浙江省教育技术中心的教育魔方项目联动，打通相关数据，集成与优化多方数据，完善教育评价大数据仓系统，建设学生综合评价工作的数据共享与业务治理的一体化服务系统，树立“区域—学校—学生”三级紧密联动的教育评价新形态，动态追踪学生的成长趋势，从更全面的角度评估学生的表现，同时保留历史数据，展现学生的成长轨迹，以最终实现“过程留痕、发展有径、成长可视、未来可期”的应用目标。

上城区教育局将该项工作具体落实在以下三条路径：一是修订指标体系。根据原有的《报告单》《评价参考标准》，结合平台的设置需求，上城区进一步修订各年级的品德发展、学业发展、身心发展、审美素养、劳动与社会实践等指标，明确每个指标的评价标准内容，确定每一个指标的概念界定、评价维度、评价等第、行为标准和评定方法。二是明确数据算法。上城区集成与优化多方数据，明确数据归集、沉淀、清洗的规则，确定每个指标计算的数据来源和计算规则，同时借助机器学习、人工智能算法，分析多源多维数据，保障后续画像构建的准确性和可靠性。三是刻画“成长画像”。上城区根据所构建的学生综合评价指标体系，与采集的数据建立起画像标签的映射关系，进而抽取标签，进行画像分析，呈现“成长画像”。从多方教育利益相关者的角度考虑个体“成长画像”和群体“成长画像”的应用策略，展现学生层面、学校层面、区域层面的学生综合发展动态画像。

5. 全域推进：分类指导促成“一校一案”

区域方案明确了项目推进的目的和总要求，学校与自身的培养目标、课程体系、学生活动相结合，凸显过程性评价、发展性评价和激励性评价，形成本校的学生综合评价方案。上城区积极引导学校把小学生综合评价改革融入学校课改进程。区域层面落实“建”，对于操作和标准模糊的学校，借助工作推进的契机，帮助学校打造校本化的评价体系；指导“构”，对于评价体系还不够完善的学校，借助项目的推进和实验院校的交流等契机，指导学校不断完善和优化；做好“推”，对于相对成熟的学校，鼓励大胆实践与创新，引导他们在总结改进的基础上为区域推进提供样板和经验。

再以“学业发展”中的“学习兴趣”为例，语文课堂上老师带着大家玩“生字开花”的游戏活动，如果同学想到新鲜的、值得积累的词便会被记录到卡片上，同时在卡片上写下说出这个词的同学的学号。这些卡片会被贴到教室的各个角落。而这些每天更新的词语卡片也成为期末“识字兴趣”的评价参考。不同学校的评价基于不同的活动形式，丰富多样的活动形式，既是一次展示，也是一次阶段性的评价，促进学生在掌握知识与技能的同时，又能体验学习的快乐，在无形中让这“看不见、摸不着”的“兴趣”落到学科的评价中。

6. 共建共享：打造样板助力教育共富

在该项工作推动的过程中，各学校在区域方案的基础上形成众多优秀的个性化实践案例，呈现多样的落地方式，上城区对这些个性化实施方案进行分类梳理，凝练智慧，构成体系，形成小学生综合评价改革工作的案例样本，在为区域内学校提供多元化的学生综合评价资源的同时，还为辐射更多区域提供可参考的区域样板。从区域到学校的融合实施，从学校到区域的反哺迭代，学生综合评价最终通过与更多区域的辐射交流活动来共享实践成果。

第二节
机制：学生综合评价的实施操作

综合评价是全面实施素质教育，深化教育评价改革的重要举措。近年来，上城区一直在探索学生综合评价，优化形成性评价，整合区域资源，健全区域部门之间、区域与学校之间、区内与区外之间的联动机制，完善评价的方法和途径，从发掘学生特长、张扬学生个性入手，充分发挥综合评价对学生成长的导向和促进作用，实现学生的全面发展。上城区各所学校立足学生德智体美劳综合评价，以“五维”举“五育”，以“标准”导“四向”，采用连续追踪的方式记录学生的发展变化，让学生成长不“唯分”，让教育评价更精准，让学生成长看得见。

一、基于部门合作的协同机制

《总体方案》明确提出：“各级党委要认真落实领导责任，建立健全党委统一领导、党政齐抓共管、部门各负其责的教育领导体制，履行好把方向、管大局、作决策、保落实的职责。”

在学生综合评价改革工作中，上城区制订推进计划，实行责任到人到事，行政部门和业务部门协同进行。如图 3-2-1 所示，上城区各职能部门联动协同推进，推动教育评价改革，推进落实立德树人的根本任务。

图 3-2-1　上城区基于部门合作的协同机制

1. 顶层架构：区域评价体系的完善

教育评价改革是大事，也是难事，更是要事，牵一发而动全身。上城教育人一直行走在探索之路上。上城区以《总体方案》《义务教育质量评价指南》等文件为指导开展教育评价改革的顶层设计，明确评价指标体系，厘清评价改革任务，并不断完善顶层架构区域评价体系，同步探索学生、教师、学校三条路径，为教育高质量发展创造更大空间。

上城区教育局不断修订和完善区域顶层架构评价体系。上城区教育局各职能部门、上城区教育学院学科教研员和教育评估与监测中心评价教研员，跨部门协同开展学生综合评价的体系建设，不断修订和完善评价框架、评价内容和评价标准。上城区搭建平台，通过举办论坛、沙龙、案例评比等交流展示活动，发挥优秀案例学校的示范引领作用。对校本化的优秀实施案例进行分类，形成区域小学生综合评价改革工作的案例样本，并向学校提供多元化的学生综合评价资源，为学校开展小学生综合评价改革工作提供参考，在实践中探索学生无忧、教师方便、家长满意的操作方式，使区域内的各所学校能在顶层架构中有一定的自主性，真正实现校本化实施。

2. 协同创生：部门数智平台的搭建

《总体方案》明确要求：“创新评价工具，利用人工智能、大数据等现代信息技术，探索开展学生各年级学习情况全过程纵向评价、德智体美劳全要素横向评价。”上城区信息资源中心搭建数智平台，加强对学生的过程性、多维度评价数据的采集，实现纵向覆盖全学段、横向涉及全要素的综合评价方案。各部门在协同中创生，不断搭建数智平台，共同形成学生综合评价改革的强大合力。

在小学生综合评价改革工作不断推动的过程中，学校在区域方案的基础上形成了众多优秀的个性化实践案例，各校为实现数智赋能，采用了多样的落地方式。有的学校基于学生活动，将学生活动开展过程中所产生的数据作为评价学生的参考依据，如杭州采荷第三小学创建的“数字童年”平台；有的学校基于学生行为观察等，借助数据库、二维码、智能识别等技术实施更为方便的学生评价，如杭州市建兰中学的“建兰大脑”，就是借助互联网、云计算和大数据技术，记录学生在校学习生活中产生的所有印记。学生只要参与了某项活动或某个课程，教师就会根据其表现及时捕捉和记录行为数据，并通过网络基础设施“沉淀”到统一的数据平台上，利用“学校大脑”分析后形成即时的“学生画像”。信息技术辅助下的评价，不但能为过程性评价的实施提供技术支撑，而且能使增值评价更具科学性。

上城区教育局各职能部门、上城区教育学院学科教研员和教育评估与监测中心评价教研员，跨部门协同开展学生综合评价的体系建设，不断修订和完善评价框架、评价内容和评价标准。信息资源中心搭建数智平台，加强对学生过程性、多维度的评价数据采集，实现纵向覆盖全学段、横向涉及全要素的综合评价方案。各部门在协同中创生，共同形成学生综合评价改革的强大合力。

二、基于区校同步的联动机制

近30年的时间里，上城区学生综合评价从单一关注学业到关注学生的全面发展，从单一关注知识内容到关注学生的能力分项，从单一关注结果到重视学生成长过程的诊断与改进。2017年9月，上城区成为浙江省小学生综合评价改革试点区，上城区一直积极推进项目的研究工作，致力于中小学生综合评价改革。

1. 操作规程：学校评价标准的建模

2022年，随着浙江省教育厅发布的《关于小学生综合评价改革的指导意见》和《义务教育课程方案和课程标准（2022年版）》的出台，上城区力求通过发展性评价手段，引导学校树立正确的办学方向，坚持科学成才观，建立面向全体学生、强化过程体验、驱动深度学习的学生综合评价制度，形成区校联动的长效机制，促进学生全面而健康成长，如图3-2-2所示。

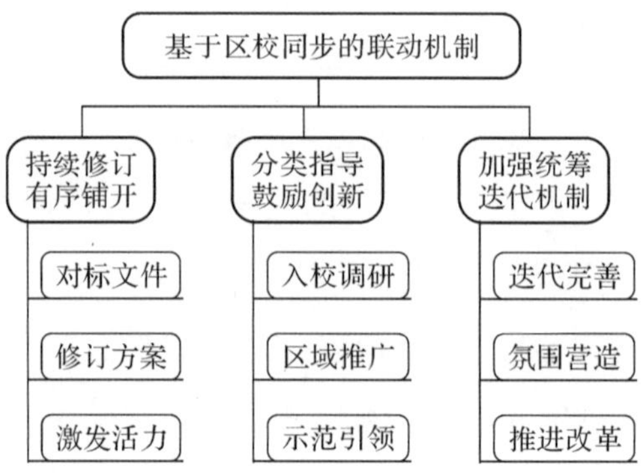

图3-2-2　基于区校同步的联动机制

上城区根据国家评价文件的精神设计制订了区域评价标准和模板，规定评价维度和主要内容。学校根据自身特点和办学目标，建立使学校课程落地的管理评价体系，展开学生综合评价研究，形成校本化的评价操作规程，提高评价的信度和效度。上城区做好学生综合评价的校本化顶层设计，与学校的学生培养目标、课程体系、学生活动相结合，凸显过程性评价、发展性评价和激励性评价。上城区从各学科、各角度、全方位考虑不同学生的需求和不同能力学生的不同发展，以促进学生更好地成长为最终使命。

2. 一校一案：特色评价项目的共享

各部门积极引导学校把小学生综合评价改革融入学校课改进程，形成“一校一案”，同时通过专题研讨、区域展示，加强校际间的评价智慧共享，提高学校管理干部和基层教师的评价素养，架构高质量的评价体系。在评价中发现“人”，促进学生健康地发展，为学生未来奠基，这就是上城区“五维并举”“五育融合”，科学推进学生综合评价改革的根本目标。上城区借助区校联动的项目机制，整体推进各校综合评价改革。

以上城区劳动教育评价为例，上城区组织力量研发劳育测评工具，对各校的劳育状况进行监测，同时指导各校制订校本劳育考核方案，通过问卷调查、技能测评、现场观察等方式对学生的劳动意识、劳动技能、劳动素养等方面进行评价。将劳动素养作为衡量学生全面发展的基本内容，纳入学生的综合评价体系。例如，上城区有的学校依据日常性劳动、服务性劳动、生产性劳动三大板块，设计了“居家劳动”“校园服务”“工场创造”等主题课程，将学生、教师、家长和场馆社区等全面纳入评价主体，尝试构建符合新时代要求的具有学校特色的劳动评价体系，探索城市劳动教育的新样态。

上城区最新修订的《报告单》全面展现了学生的发展状况。例如，“身心发展”不仅呈现学生体质健康的测查情况，增加体质指数的标准比对，还包括运动技能的掌握情况和竞技比赛的参与及投入情况。“劳动与社会实践”的评价不仅注重脑力与体力相结合、时长与成果相结合，还关注学生参与国情、社情、民情的考察经历和社会服务的情况。上城区已形成了较为完整的评价体系与评定方法，采用从等级制到分项等级制的精准评价，最大的特点是不再单一关注知识分项，更关注学科能力分项，不断趋近评价内容的核心。

三、基于内外协调的助力机制

推进中小学教育质量综合评价改革的首要目标是引导地方政府、学校树立正确的教育质量观，构建体现素质教育要求、以学生发展为核心、科学多元的中小学教育质量评价体系，切实扭转单纯以学生学业成绩和学校升学率评价学校教育质量的倾向，基本形成促进发展、职责明确、规范长效的教育质量管理机制。上城区推进综合评价改革是借助教育系统内部的校际协同和教育系统外部的智库资源提供的助力支持。

1. 教育系统内部的协同保障

就上城区教育系统内部而言，教育行政管理部门和教育业务支持部门都要以促进学生发展为己任，相互协同。教育系统内部要做到管理协同、家校协同、学科协同、学段协同及学校之间、学区之间的联动，实现资源、方式等协同的保障机制，进一步创新机制，探索路径，寻找对策。

为了进一步凸显评价的诊断与导向功能，使改革真正有推进下去的生命力，上城区教育系统内部从三个层面着力：一是规范区域考试管理。加强学校考试管理，取消本区域小学阶段统测统考；二是纳入学校执行力考核。把推进小学生综合评价改革纳入学校执行力考核，将学校开展改革的情况作为考核学校办学水平、管理水平以及校长履职的依据之一；三是加强改革督导评估。依托学校三年规划安排工作，引导区域各小学展开系统思考，将评价改革融入日常教育教学，以评价牵引教育各领域的综合评价改革。上城区教育局建立督导监督机制，检查学校每年度的工作落实情况。

学生综合评价，不仅要引领学生发展，更要引领家庭、学校、社会的协同育人。例如，杭州市崇文小学以评价为过程，以评价为参考做好家长、教师之间的协同育人。每一个崇文学子都有阶段学情反馈、一周成长反馈、个别化家长会等路径做好学生发展评价的反馈，这些评价反馈都具有个别化、隐秘性的特性，严格遵守评价的伦理规范，尊重学生人格，保护学生自尊心。

在学情反馈和成长反馈中，上城区还设置学生自我评价、总结反思的栏目，引导学生围绕价值观、必备品格、关键能力、良好习惯进行自我总结和反思。同时，基于学校各科教师之间协同育人、家长与学校共同合作的宗旨，学校还开展了班级各科教师的教导会议，一学期一次的个别化家长会，一阶段一交流的成长情况反馈机制，以此进一步形成具有新班级特色的崇文学生的综合评价框架，体现了全面性、过程性、发展性和差异性的评价理念。

2. 教育系统外部的智库资源

在做好内部协同保障的同时，上城区更关注教育系统外部的智库资源。区域层面积极主动整合各种外部资源，如共青团、妇联、公检法系统、高校及其他研究机构等方面的力量。这些内外部力量通过多方联动、分工协作、合作创新的方式，共同促进学生全面发展，全面提升区域教育质量。上城区既倡导充分整合区域教育系统内部的力量，又倡导整合区域教育系统外部的资源，还充分利用高校作为区域教育改革的智库；汇集张绪培、林正范、成尚荣、刘力、施光明等众多上城教育智库专家的智慧，通过其强有力的思想引领、专业支持与决策咨询，助推上城教育实现优质均衡发展。

上城区一直致力于探索现代化的学校治理新范式。上城区始终强化督导部门的独立性，在发展性评价理念指导下，以三年发展规划为抓手，邀请第三方评价专家对学校实施发展规划和对学生发展水平实行考核与监测，科学客观地评价发展变化。在探索中上城区逐步健全评价维度，建立学生健康发展、教师个性发展、学校内涵发展和社会影响为核心的学校评价体系，引导学校基于发展起点，循序渐进，有信心且有路径地提高自身教育质量。

四、基于信息技术的支持机制

近年来，信息化教育与互联网技术结合得日益紧密，随着数据的采集、存储与处理，综合评价也已逐步进入以数据为核心的大数据时代。

维克托·迈尔－舍恩伯格，现为英国牛津大学互联网研究所教授，是大数据领域公认的权威，也是最早洞见大数据时代发展趋势的数据科学家之一。维克托·迈尔－舍恩伯格在其《与大数据同行：学习和教育的未来》一书中指出："当下大数据正悄悄影响教育体系的每个层面，对于全世界的学习与教育活动，都会产生极为深远的影响。"

1. 数字赋能的渠道加持

综合评价是系统、科学、全面地收集、整理、处理和分析各类信息，对学生的成长进行综合分析的过程。

在整体推进综合评价过程中，上城区各校都大展身手，纷纷出招，采用现代信息技术手段，对学生进行个体生长的纵向激励评价，凸显学生主体，高度关注个体成长。

例如，杭州市景华小学积极探索"全员、全程、全面"的具有丰富呈现形式的多元评价模式，激励学生自我关注和自主发展。顶层架构分"时光印迹""争章旅程""书海遨游""综合画像"四大模块，通过"智慧景行"学生综合评价系统的建构，建立学生个人成长空间，记录成长轨迹，并从"品德发展、学业发展、身心发展、审美素养、劳动与社会实践"五个维度开展学生综合评价，激励景华小学每一个学生全面成长，如图 3-2-3 所示。

景华小学的评价方式以线上（图片、文字、视频、音频）录入和线下扫码录入有专属二维码的"景行币"和"阅读币"得到积分，进行协同评价，将线上评价留痕方便、操作简化的优势融合线下评价的便捷、场景化、情感体验良好的性能，如链接 3-2-1 所示。"智慧景行"学生综合评价系统，将学生、教师、家长以及学校邀请的外部教育资源彼此互联，实现以网络为中介的互动与交流，让以人为中心的全方位立体评价成为可能。

链接 3-2-1
杭州市景华小学"智慧景行"学生综合评价平台的介绍视频

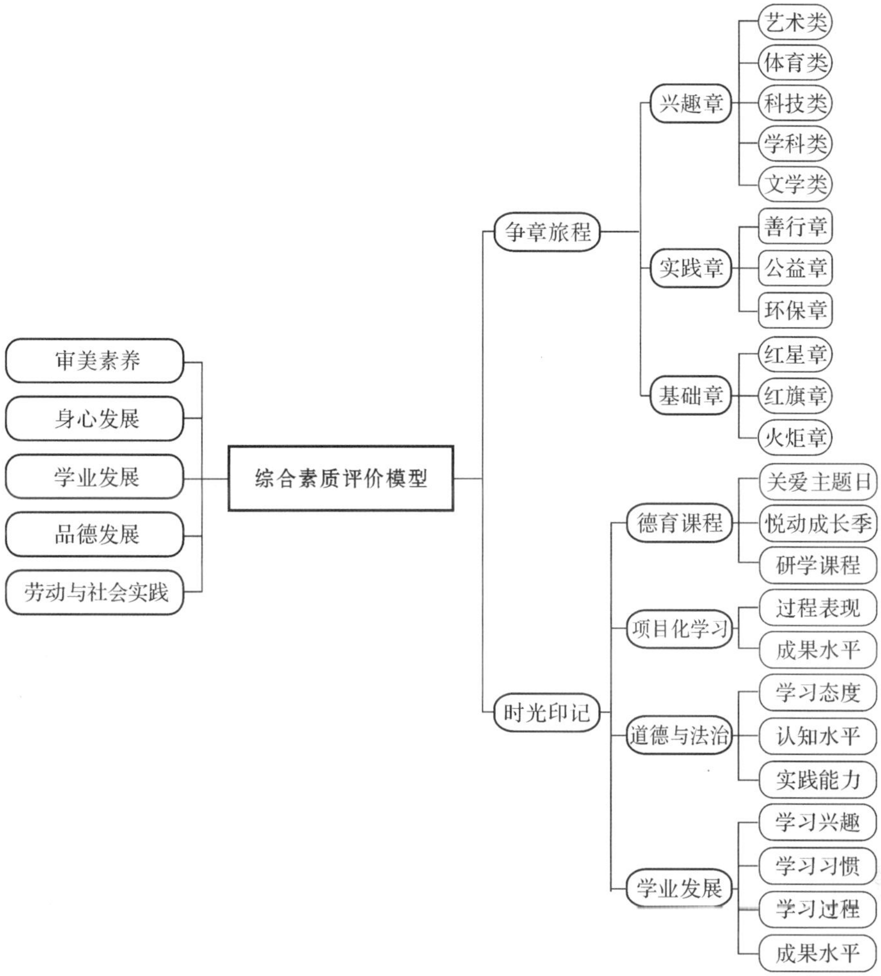

图 3-2-3　智慧景行核心素养能力模型

2. 中心赋能的数据驱动

随着评价改革的持续推进，上城区的学校从最初关注学生的学习品质，到关注学生学习过程的成本与代价，再到关注学生的成长环境和必备品格。上城区教育评估与监测中心作为区域综合评价改革的引领者和掌舵人，每学期都会开展数据驱动教育教学改进行动。

2022 年 9 月至 12 月，中心评价研究员前往区内各所小学调研学生综合评价改革工作的校本化实施情况，动员与指导校本方案的制订，引导学校推进立德树人机制的建设，关注学生健康且全面的发展，深入推进改革落地。

上城区构建了以区教育局为行政挂帅、以区教育学院学生发展研究中心为主导、以区教育测量与评估中心为协助配合，会同区域各试点校协同推进的项目组织架构。学校根据本校的相对优势学科设立学科基地，确定学科研究员作为项目联系人，并吸收其他学校的骨干教师一起展开学科分项等级评价的项目攻关研究，从一个学科到一个年级，逐步拓展研究。教研员参与试点校的项目推进工作，加强调研、指导和培训。在数据驱动教育教学改进行动中，上城区教育局谨记教育评价的“对象立场”，努力实践让“面对面”变为“肩并肩”，在建立评价实践过程中，始终建立区域与学校的“同心圆”，让直径发挥最大功能。

第三节
案例：学生综合评价改革的校本探索

⊙

上城区的学生朝着更加全面而有个性的方向发展，这一方面得益于区域层面多年来持续进行的评价改革行动，立足学生德智体美劳的综合评价，全面评价学生的综合表现，实现了纵向覆盖全学段、横向涉及全要素的综合评价方案；另一方面得益于各校在区域协同下，积极探索校本化的评价体系与特色，形成了“一校一案”，使各校学生综合评价的方向把得更准了，行动信心更足了，步子迈得更开了。

学校是教育评价的主阵地。学校根据自身特点和办学目标，建立了颇有特色与辨识度的评价体系，展开学生综合评价研究，形成校本化的评价操作规程。因此，要呈现上城区“五育并举”的学生综合评价全貌，学校的特色做法必不可少。在上城区的分类指导下，各校评价面貌呈现百花齐放的状态。本节以评价内容突破、评价平台升级、评价方式更新三个维度呈现区域内具有代表性的学校评价案例，这并不是表明学校仅仅关注内容、平台或方式的某一个方面，而是为了便于呈现、凸显学校特色，体现学校在这一方面的亮点做法。

一、素养立意·标准前置：分项等级评价的实践

有什么样的评价指挥棒，就有什么样的办学导向。坚持“德育为先、全面发展、面向全体、知行合一”的科学教育质量观，是落实习近平总书记“破五唯”指示的重要方式，也是引领义务教育改革发展的重要举措。为了促进学生全面发展，按照中央、省市相关政策文件的部署，上城区修订了《学生综合素质报告单》，以完善德育评价、强化体育评价、改进美育评价、加强劳动教育评价。很多学校也坚持素养立意、全面发展，在评价内容上实现了从单一到全面、从模糊到精准的突破；配备健全的评价参考标准，实践以评价促教学评一体化的理念，并对学生综合评价实施诊断与改进。例如，杭州市胜利实验学校的学科分项等级评价、杭州市凤凰小学的无分成绩单，都是“五育并举”理念下开展评价改革的典型。

杭州市胜利实验学校的学科分项等级评价开始于 2017 年，当时正值浙江省教育厅全面启动小学生综合评价改革试点工作。学校率先在学科领域打破传统唯分数、唯结果的局面，以素养立意的全面发展观、精准诊断的科学评价观为指引，设置学科内容评价分项，明确评价标准，采用等级和评语相结合的方式，多维度描述学生在学科素养诸方面的发展状况，注重多元性，强调发展性，体现全面性。案例 3-3-1 是杭州市胜利实验学校在分项等级评价改革过程中的一幕。

案例 3-3-1 小柴的成绩单

小柴是学校六年级的学生，五年前，一年级第二学期结束那一天，她拿回一张纸质成绩单，爸爸看后，脸上立马洋溢着笑容，称赞她很不错（分项等级评价改革前的成绩单，每门学科一个等级，小柴全 A）。上学期期末，小柴没有像以往一样带回一张或几张成绩单，而是告诉爸爸，学校会把成绩单发送到爸爸手机上。柴爸用手机打开“综合评价”小程序，

发现成绩单大变样了，能看到小柴一学期一整套分项等级评价单，每门学科下有不同的内容分项，还有她一学期的成长档案、雷达图等报告。虽然孩子的语文总评和往年一样是A，但学科分项成绩单中显示她习作指标下“素材积累与运用”为B。柴爸一直知道孩子的写作水平不够高，但就是不明白该如何帮助孩子提升习作能力。这次，拿到分项等级评价单后，柴爸一对照开学初老师解读的分项等级评价标准，豁然开朗，清楚地知道这个B是如何得到的。自己的孩子很爱阅读，但有点小犯懒，素材积累的确做得不够，怪不得习作水平一直上不去。柴爸主动联系了语文老师，和老师共同商量如何在素材积累与运用上给小柴提供帮助与指导。

（陈丽　杭州市胜利实验学校）

其实，近几年像小柴这样的案例不在少数，到底是一套怎样的评价单，能让家长呈现出不同的反应态度，帮助家长和老师快速找到孩子学习的长处和劣势，实施更精准的指导？这就是杭州市胜利实验学校的分项等级评价机制，如图3-3-1所示。

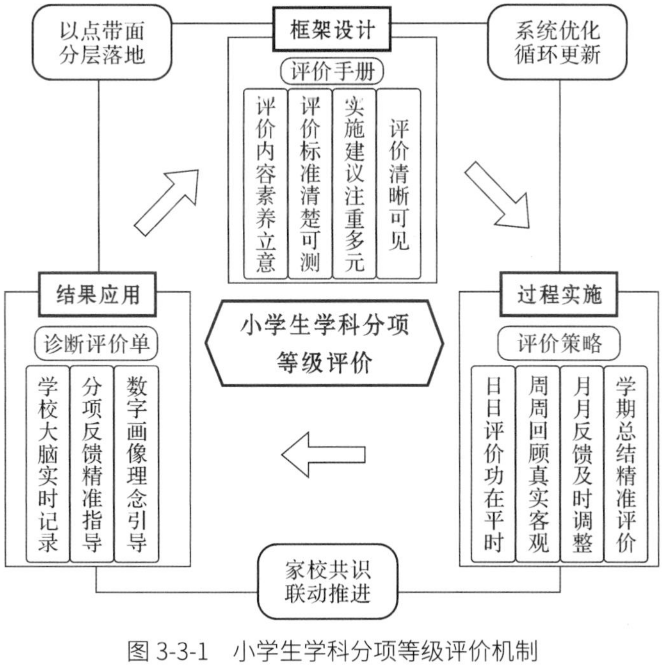

图3-3-1　小学生学科分项等级评价机制

1. 一本指导性评价手册让标准前置

每门学科均以义务教育课程标准为依据、以全过程多维度为准则，以原有的杭州市胜利实验学校的校本资源为基础，形成了包含评价内容、评价标准、实施建议、评价单四部分的具有操作指导性的学科评价手册。评价内容以素养立意，凸显全面性。例如，在研读语文学科的新课标基础上，学校将三维目标融入识字与写字、阅读与鉴赏、表达与交流、梳理与探究和综合性学习五大板块。评价设定多维度立体化评价项目，每个项目由不同年级做出不同阐述。艺术学科则依据学科特点专设了个性成长足迹项目，评价标准清楚可测，体现差异性。评价紧扣课程标准，结合各年级学生应有的学习水平和实际学习情况，分成 ABCD 四个等级，分别具体描述，便于操作；评价实施建议注重多元，体现指导性，建议教师使用日常观察、记录、展示分享、量表评估、纸笔测试等多种评价方式，重视评价主体的多元互动；评价单清晰可见，凸显精准性。评价展示本学科最终呈现的评价单样式，方便教师以评价单为导引，及时开展日常评价记录。

全面发展不仅仅指德智体美劳“五育并举”，还包括了不同领域内的发展状态。杭州市胜利实验学校的评价改革特色非常明显，体现了对智育的理性思考。从学科评价入手，将重点聚焦到对学科素养的全面关注，评价从关注单一的知识技能回归到同时关注过程方法、情感态度、价值观。学校利用家长会、定期家长调研等方式，传递学校评价改革初衷与理念，告知评价标准与方法，逐渐更新了教师和家长对“质量”这一概念的理解。学生的智育不单单只有结果型质量，也有过程型质量，更有结构型质量。每个学生在不同分项内获得不同发展，才能实现全面而有个性的发展。

2. 一套精准诊断评价单让改进更有效

目前，学校每一位学生都能获得一套个性化分项等级评价单，评价结果指向诊断、激励与发展。“学校大脑”，实时记录。如链接 3-3-1 所示，借助“学校大脑”平台，教师完成学科过程评价数据的实时录入与统计，为评价单的生成做好过程准备。分项反馈，精准指导。每门学科都有独具学科特色的分项，强调分项反馈，有利于教师、学生和家长在看到评价单时更好地发现学习中的长处和短板。数字画像，理念引导。学校期望通过分项、成长档案、雷达图等多种形式多维度描绘学生“成长画像”，引导家长更理性、科学地看待孩子的成长收获。

链接 3-3-1
杭州市胜利实验学校张浩强校长关于分项等级评价的介绍视频

二、数据智治 · 动态可视：评价平台升级赋能

深化新时代教育评价改革的背景下，评价理念从陈旧走向先进，评价内容从单一偏颇走向丰富完善，评价依据从主观经验走向客观理性，评价主体从单一权威走向多元互评。近几年教育评价领域的变革，也给一线教育工作者带来一些困惑：评价内容的增加与教师工作负担之间如何平衡？等级评价最终如何呈现才能让学生、家长对自身不足和优势一目了然？怎样将学生的成长过程即时留痕？……问题往往是创新的开始，因为有了无数对评价的困惑，技术赋能才显得更有意义。

教育评价的有效突破，离不开技术赋能。技术工具的加持，让实时评价、数据积累、定量分析、画像生成、个性反馈等都成为现实，让改进结果评价、凸显过程评价、探索增值评价、健全综合评价等目标得以突破，让评价动态可视。上城区不少学校都在升级评价平台、实现动态可视等方面做了很多有益探索，案例 3-3-2 中的梓皓同学就是受益者。

案例 3-3-2 梓皓的“数字童年”

一堂初中作文课上，老师布置了命题作文《追寻童年的“滋味”》。写什么好呢？同学们七嘴八舌地议论起来，只有梓皓显得格外淡定，因为他拥有属于自己独特而完整的“数字童年”。

听说梓皓有“数字童年”，小伙伴们都很好奇，放学后来到了梓皓家。梓皓不慌不忙地打开电脑，点进杭州采荷第三小学（以下简称“采荷三小”）那个熟悉的平台页面，输入一串烂熟于心的密码。陪伴了他小学整整六年的“数字童年”跃然眼前，瞬间打开了他的记忆闸门，同伴们无比羡慕。

其实，采荷三小“数字童年”的诞生还有一个小故事呢。一次六年级毕业生家长会上，有一位家长如是说：“感谢采荷三小给了我儿子一个如此快乐的童年，看着他一次次尝试展示活动，一次次体验走读过程……我的心里满怀期待，是老师们发回来的活动照片，让我感受到他的每一次成长。假如学校能把每个孩子的成长过程以数字化方式记录下来，那对孩子们来说将会是弥足珍贵的。”这是一个多么好的提议，老师们听完之后也深受触动，每个孩子都是一个独立的个体，每个孩子的成长足迹都无法复制，这样独一无二的记录多么振奋人心！

为此，采荷三小开始架构一个“学生、家长、教师”三位一体的协同教育平台，与此同时面向学生、家长、教师展开了调研，最终结合学校需求和调研结果，开发了学生成长平台“数字童年”，让每个孩子的成长既看得见又显得与众不同，如图 3-3-2 所示。

图 3-3-2 “数字童年”成长平台

（杭州采荷第三小学）

“数字童年”是采荷三小专门为学生定制开发的，集展示、学习、评价于一体的综合性平台。自 2013 年开始，学校以“数字童年”为载体，构建了过程性评价和总结性评价相结合的评价体系。采荷三小对学生的评价方式是多元化的，在核心素养报告单中，除了基础学科评价外，还纳入拓展课程评价，以激发学生个性化的发展需求。评价过程采用自评、互评和教师评价相结合的方式，既公平又真实。

1. 成长足迹：即时互动的过程性评价

学生、教师、家长共同参与，将学生日常学习生活点滴、课外自主学习、少先队活动实践能力等各方面情况即时记录在“数字童年”上。教师可以在平日收集整理与学生相关的大量信息，除了日常表现外，还有好人好事、作业完成情况等，把它们记录在“数字童年”上。此外，教师还可以针对学生的学习情况做出及时、详细、全面的评价，或进行方向性的引导，帮助学生改变学习的方法和态度。家长通过“数字童年”可以及时了解孩子的心理动态，有针对性地进行指导。同样，各任课教师也可以通过“数字童年”了解班级的整体表现、班级活动等。

2. 雏鹰争章：特色少先队课程评价

采荷三小以“一卡通”为载体，以“雏鹰争章”为途径，结合“数字童年”平台中的排行榜、勋章系统，将学生在学习、礼仪、实践、感恩教育等方面的表现进行实时记录，作为过程性评价材料分享、交流、珍藏，创新性地将“雏鹰争章”这一少先队特有的评价体系和“数字童年”平台有机结合。“数字童年”上有专门的少先队活动课程奖章的考章页面，将学生参加少先队活动课程学习的所有足迹一一记录，并通过线下体验学习、线上考核评比相结合的方式，设计了争章、考章的页面。以“特色奖章走读杭州”为例，当一学期中 16 个项目的“走读”活动都完成时，大队部就会开放考章平台，“活动方案大讨论”“实践成果对对碰”“活动体会共交流”等考章内容就会呈现在学生面前，班主任老师会提醒学生及时将自己的活动过程、体会、研究成果等上传考章平台。

3. 综合素养报告：多元便捷的学业评价

采荷三小的学业评价特色鲜明。低学段张扬个性，一、二年级结合学校特色课程，以及基础课程的日常学习情况，从人际交往、行为礼仪、健康素养、学习能力、实践创新五个维度展开评价。在平台上按模块要求导入相应的数据汇总表，便会针对每个学生不同的情况，生成雷达图和描述性评价相结合的核心素养报告单。每个学生的核心素养报告封面都是本学期艺术课程学习中孩子最好的一幅作品。因此，每个孩子的报告单都是独一无二、极具个性的收藏品。中高学段体现多元认同，学生学业评价采取自我评价与他人评价、个别评价与集体评价、过程性评价与总结评价相结合的多元评价方式。

教育最终的目的是育人，在“互联网 +”战略趋势下，全面发展智慧教育，推动教育教学变革的作用毋庸置疑。正如浙江师范大学阮高峰教授在评价采荷三小智慧教育时所说：“中小学智慧校园的建设核心不在于眼花缭乱的技术设备的应用，而在于借助技术实现对教师、学生等角色的行为数据采集、分析，并构建服务于学校育人目标与办学方向的决策支持体系。”采荷三小在教育技术浪潮下，时刻保持理性，眼中有学生，眼中有成长，将技术很好地作用于学生成长的每一个时刻，还学生一个精彩的童年。

三、科学多元 · 精准灵动：评价方式转型革新

上城区立体评价理念下的学生综合评价，不仅有评价内容的突破和评价平台的升级，很多学校还尝试在评价方式多元化上做文章，实践评价、课堂观测、实验操作等即时性评价，定期交流、主题演讲、成果展示、学生述评等阶段性评价方式不断涌现。2014 年开始，浙江省取消小学一、二年级的纸笔期末考试，这给了各校充分发挥智慧的机会，各校运用多样化的评价方式，让低段的期末非纸笔化测评呈现百花齐放的态势。下文以杭州市天长小学的

“经典两周”情境测评为例，来展示学校科学多元、趣味精准的测评思考。

自 2010 年起，天长小学就对低段期末评价工作开展了一系列的改革，尝试在一、二年级实行“非纸笔测试”，并将每个学期的最后两周命名为“经典两周”，由各年级组灵活调整原有的课程表，教师合作开发课程、制订方案，连接社会资源，将期末评价融入异彩纷呈的活动中去。案例 3-3-3 就呈现了天长小学在这两周中的安排。

案例 3-3-3 天长小学“经典两周”学习之旅的活动安排

班级活动，分“文学素养”和“思维乐园”两大主题。

文学素养：6 月 13 日　勇闯“迷乐园”——寻找“书写能手”
6 月 14 日　寻找“字典能手”
6 月 15 日　寻找“金话筒”和“银话筒”
6 月 16 日　寻找“阅读能手”
6 月 17 日　“我是超级小诗人”活动

思维乐园：6 月 13 日　24 点游戏
6 月 14 日　寻找不同的连方
6 月 15 日　立方体拼图
6 月 16 日　魔尺变变变
6 月 17 日　数学城堡闯关

跨班展示，主要有两大活动。

6 月 20 日　“魔尺变变变”跨班展示
6 月 20 日　“金话筒”跨班展示

游园闯关，同样有两大活动。

6 月 22 日　快乐之旅“游园会”
6 月 23 日　故事之旅“故事妈妈进校园”

社会实践，安排场馆实践。

6 月 24—28 日　实践之旅“走出去海洋探秘”

6 月 24 日　杭州市少儿图书馆

6 月 27 日　杭州极地海洋公园

6 月 28 日　浙江省自然博物馆

在线展评，则安排在 6 月 29 日—7 月 1 日，开展 Online 之旅“在线指导，自主学习”。

（杭州市天长小学）

“经典两周”测评活动的依据是培养天长儿童的核心素养，学校围绕自我素养、社会素养、文化素养三大领域将各学科知识与能力打通、交融，巧妙地将此寓于各个活动之中，在活动中观察、评价学生各方面素养能力的表现。借助活动评价量规，对学生的能力与素养进行过程性、表现性、展示性评价，勾画天长小学低段儿童的“成长画像”。

1.“经典两周”测评活动的内容板块

一是班级活动板块。在“经典两周”开始阶段，老师每天在班级内开展各个学科的评价活动，以星级评价方式进行过关测评。二是跨班展示板块。老师在班级单项活动后会推选部分学生进行跨班展示，以学生现场展示的方式进行评价。三是游园闯关板块。“经典两周”将各学科知识与能力打通、交融，巧妙地寓于各个活动之中，通过游园的形式进行评价。四是社会实践板块。老师通过一系列的社会实践活动，在活动中对学生进行观察和评价，进一步提升学生的核心素养。五是在线展评板块。通过“天长大脑”的“成长之树”评价系统，“经典两周”通过数字沉淀和分析评估，刻画学生的“综合画像”，满足每一个学生个性发展的需求。

2.“经典两周”活动的亮点和特色

（1）“五育融合”：系统设计测评的活动和标准。天长小学的“经典两周”测评活动始终以“五育融合”为指向，设计测评标准。首先，对标扣本，精准研制评价量规。为避免评价目标模糊、评价标准不科学，测评团队根据低段学生的学习特点，基于课程标准，细化课程目标，深入解读教材，科学设计非纸笔测试的评价活动体系，并根据不同活动的学生表现制订相应的评价量规，以灵活实施评价过程，准确、全面地评价学生的学业质量和素养发展。基于学生差异，评价量规分为五个等级，兼顾各个能力层次，体现了评价的针对性、层次性和科学性。其次，素养导向，趣味设计评价活动。在年段“游园闯关”板块中，测评团队基于各学科特点，有机整合和重构学科内容，设计场景化、体验式的活动体系。以一年级下册的期末测评活动为例，测评团队共设计了 12 个测评活动，鼓励学生在游戏活动中经历测评，每个考核就是一个游戏体验项目，学生在轻松愉快的氛围中完成评价，消除对考核的内在恐惧，激发主动学习的兴趣。同时在测评活动的设计中，结合学生的年龄特点和心理特征，注重创设测评情境，加强对其认知、情感、能力的全面综合性的考查、评价，以星级评价的方式，积极鼓励学生小组合作、互助互学，促进每个学生的发展。

（2）尊重差异：体现评价的多样性和个性化。天长小学的非纸笔测评不对学生做决定性、终结性的评价，旨在尊重每一位学生学习的起点，认可每一位学生在学习能力上的差异，期待每一位学生发展的潜力与可能。

一是让不同的学生有不同的表达。“跨班展示”是天长小学“经典两周”活动开展的主要形式。每个学生在学校都有展示的机会，学校也为学有所长、学有所成的学生搭建展示的平台。二是让不同的学生有不同的评价。在天长小学“经典两周”非纸笔测评中，评价组精心研制评价活动的任务和评价单，凸显差异教学的理念。例如语文学科组设计了“4+1”式“色块雷达图”，其中，“4”由“识字写字”“阅读朗读”“口语交际”“写话”四个板块的知识测评组成，“1”由“天长小问号”呈现。每个板块依据评价量规分成五阶等级评价，如图 3-3-3 所示。

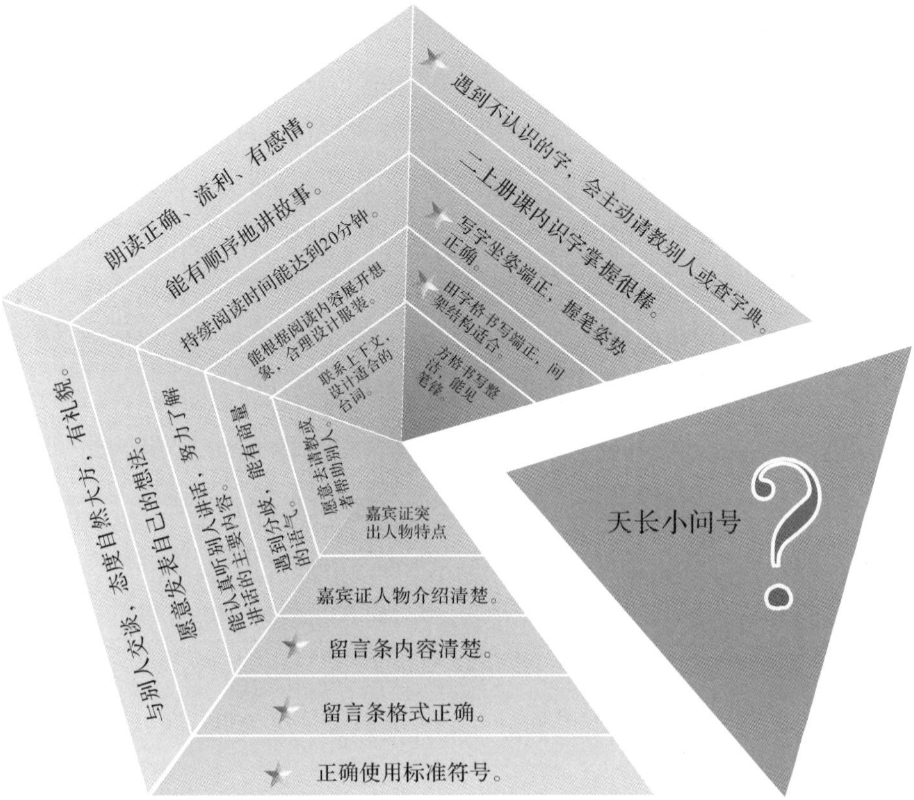

图 3-3-3 “4+1”式“色块雷达图”

在“4+1”式“色块雷达图”的评价体系中，左边四部分语文学科性的评价内容可以呈现上千种评价结果，根据学生个体的差异进行等级评价，“一人一表”评价图以结构化的方式直观显示了学生在评价活动中的具体表现，也便于教师从语文素养的角度全面评估学生的语文学习情况，对标课程标准、学期目标，对每个学生做出客观准确的评价，改变以往低段非纸笔测评中存在的评价结果笼统泛化的状况。

天长小学期末“经典两周”活动，以“面对有差异的学生，实施有差异的评价，获得有差异的成功”为指向，创新评价形式，发挥评价的诊断、引领、促进作用，进一步照顾到了“面向全部的个体”和“面向个体的全部”的发展需要。低段“经典两周”是非纸笔测评十余年的实践创新，也是差异教育在新时期的典型实践范本，进一步推动学校教育的高质量发展。

评价不是为了甄别，而是为了诊断；不是为了选拔，而是为了激励；不是为了控制，而是为了发展。上城区各校小学生综合评价的校本做法都体现了以上评价理念，各校的评价案例精彩纷呈，同时有一些共同点。

第一，评价改革要依托学校培养目标和教育特色。评价要充分发挥促进学生成长的作用，就必须以培养目标为本，设计适合本校学生发展的评价内容、方式与操作路径。

第二，评价改革要有系统思考。评价改革涉及学生的成长，是一件慎之又慎的事情。学校在上城区教育局的指导下，对评价的顶层设计与框架等进行系统思考后才投入实践。特别是各校在借助技术平台前，充分考虑评价的方方面面，考虑评价数据的采集来源与采集方式，让评价更科学合理。

第三，评价的推进不是一蹴而就的，作为学校主体，试点先行，循序渐进，联合家长力量共同推进是顺利开展评价改革的有效途径。

参考文献

[1] 维克托 · 迈尔 – 舍恩伯格，肯尼思 · 库克耶 . 与大数据同行：学习和教育的未来 [M] . 赵中建，张燕南，译 . 上海：华东师范大学出版社，2015.

[2] 项海刚 . 让教育更美好 [M] . 杭州：浙江教育出版社，2018.

[3] 杨程 . 科学的质量观引领义务教育发展 [J] . 教书育人，2019 (32)：1.

第四章

教师：基于能力导向促发展的评价转型

在新时期的基础教育改革中，评价发挥着重要的“指挥棒”作用，不仅影响着学校的办学导向，还约束着教师的行为规范。当前，教师评价面临一系列难题，破解的关键在于转变思维方式，树立新的价值标准。上城区实现了基于能力导向促发展的评价转型，确立师德为先的价值定位，形成了以突出评价教育教学能力和对学校发展贡献度为重点，以面向全体教师的年度评价、职称评审、岗位聘任、评优评先为主线，以面向局部教师的名师评价、管理干部评价、各类工作室（坊）领衔人业绩评价以及新教师“双全”评价等为补充的教师评价体系。

第一节
取向：师德为先的价值定位

被尊为万世师表的孔子特别重视个人道德的培养，《论语·述而》有言："德之不修，学之不讲，闻义不能徙，不善不能改，是吾忧也。"中国无产阶级革命家恽代英，在一百多年前就提出了"自觉觉人"的教育思想，提醒教育工作者不仅自己要觉醒，还肩负着觉醒他人的重任，开创了自范立标、自学立识、自觉立品、自强立志、自践立行、自决立人的教育路径。从这个角度来说，教师要成为一个自范、自学、自强之人。在大力提倡教师专业发展的今天，培养和提升教师的师德尤为重要。

我国明确提出教师素养发展问题并加以研究是从20世纪90年代开始的，该问题很快成为教育学、心理学理论工作者，教育决策者和广大教师关注的焦点。随着研究的不断深入，教师专业发展的内涵也不断丰富，多聚焦在精神、知识、能力三个维度。教师的精神成长蕴含职业信念、职业道德、生命观、价值观、效能感等方面的内容，即为德行，是教师诲人不倦、敬业奉献的动力源。教师的德行是教师个体对待自我、对待学生乃至对待教育的一种态度、一种精神，在具体的日常教学和管理工作中，表现为对学生的尊重和关心，也表现为教书育人的强烈责任感和历史使命感。教师的德行关乎其对待学生、对待教育的观念与价值选择，是教师专业发展的基础。在中国特色社会主义新时代对人才培养新要求的背景下，教师作为培养人才的关键因素，应确立师德为先的价值定位。教师要以德立身、以德立学、以德立教，教给学生道德感和廉耻心；要善于启发和创造，培养并发展学生的创新能力；要立德修身，潜心治学，帮助学生养成追求真理的品格。

案例 4-1-1 师德楷模张化万：做幸福之师，成生活之诗

张化万，浙江省特级教师，曾任职于杭州市天长小学、杭州市上城区教育学院，参与过浙江省小学义务教育语文教材的编写。20世纪90年代，他参加上城区跨世纪园丁工程导师团，2006年成立“张化万浙派名师培养工作站”，为上城区培养了一批又一批优秀教师与学科名师。

1963年，张化万从杭州师范大学毕业，加入了教师队伍。1980年，当大家都在片面追求升学率时，张老师却带领他所在年级组的老师们果断进行改革，“宁丢三分，不丢方针”，在众多质疑的眼光中开始实施“全面贯彻方针，减轻学生负担，提高教学质量”的课改实验。一年后，他教的班级在语文升学考试中平均分名列全区第一。一路走来，张化万收获满满，幸福满满。“看到那么多孩子成长，我由衷地高兴。”张化万说，“现在，我带的第一个班的学生已经超过65岁了，都是爷爷辈；20世纪90年代毕业的学生，他们的孩子已经准备参加高考了，但他们在我眼里都是孩子。他们有的进入了政府机关，有的在高校里授课，还有的在做厨师……每一个行当只要为他人谋幸福，只要做得好，都是值得夸赞的。看到他们现在发展得那么好，我非常开心。”

“一枝独秀不是春，百花齐放春满园。”张化万不仅专注于自我课堂创新，还引领全区众多青年教师一起在课改大潮中驭浪前行。“拜师难，

> 带徒更难，但我们愿意干。因为我们都年轻过，因为我们的成长都离不开前辈师长的栽培……然而，我们终究要老的。为了教育事业永远辉煌，我们带徒责无旁贷……只有在事业的追求中才能赢得生命的永恒。”在组织发动全区名优教师带徒授艺的同时，张化万更是率先垂范，将自己的全部教育心得倾囊相授给如饥似渴的青年教师们，以助他们少走弯路，接续奋斗，不断谱写上城教育的新篇章。“我很赞成苏霍姆林斯基的观点，教育的终极目标是让师生追寻幸福。”在张化万看来，不可能人人都当特级教师，但是每一个教师都可以做一个给学生带去幸福的教师。在《教育追梦人》的访谈节目里，张化万说：“自从找到了自己的目标，我的方向就再没有改变过，一直朝着这个方向努力。现在，给学生和教师带去幸福的目标越发清晰了。”如链接 4-1-1 所示。尽管年逾七旬，但张化万依然初心不改。

链接 4-1-1 《教育追梦人》张化万：追求幸福从优秀走向卓越

张化万老师是万千上城区教师的一个缩影，更是一面旗帜。一批批上城区教育人在默默耕耘中谱写着奉献杏坛之华章，不断用踔厉笃行、奋发有为之精神擦拭着上城教育这一亮丽的名片。

一、强化师德教育

“经师易得，人师难求。”师德建设是教师队伍建设的核心和灵魂，是立师之本。2019 年 11 月，教育部等七部门联合印发的《关于加强和改进新时代师德师风建设的意见》中指出：“把师德师风作为评价教师队伍素质的第一标准。”

2014 年，习近平总书记在同北京师范大学师生代表座谈时的讲话中提出，要做“四有”好老师：有理想信念、有道德情操、有扎实学识、有仁爱之心。其中“道德情操”是“四有”好老师的重要组成部分。可以说，师德建设在教师队伍素质中处于首要位置。上城区立足区域实际，通过思政引领、德育赋能、资源拓展等方式，全面提升教师的思想政治素质和职业道德水平，开展了一系列师德师风建设的探索和实践。

1. 思政引领强师德

《关于加强和改进新时代师德师风建设的意见》中指出，加强师德师风建设的措施包括全面提升教师的思想政治素质和职业道德水平。教师的思想政治素质可以说是师德素养的核心内容。在当前教育改革不断深化的背景下，教师应严守思想政治关，夯实新时代教师师德的基石。上城区高度重视教师思想政治素质的提升，全面落实国家提出的上好思政课的各项要求。早在2019年，杭州师范大学第一附属小学成立了全国小学中首家与高校合作的思政研究院，上城区教育局党委书记、局长项海刚以立德树人为主题，为杭州师范大学第一附属小学全体教师带来了思政教育的开学第一课。局长带头讲授思政课，各中小学校的书记、校长都上思政课已成为上城区的常态。

当前，上城区“局长第一课”已经成为家喻户晓的必修课，并成为师德教育体系中重要的传统与传承。上城区教育局党委书记、局长项海刚在每年的师德培训启动大会上，都会认真讲好一堂课，一堂引导广大教师自觉提高师德修养、规范教师从教行为的思政课，聚焦教师的理想信念、家国情怀、价值引领，并进行针对性引导和浸润，让《新时代中小学教师职业行为十项准则》内化为上城教育每一位教师的职业自觉和岗位自律。

案例 4-1-2　做新时代的“大先生”，全区教师同上一堂思政课

为深入贯彻落实习近平总书记关于师德师风的重要指示精神，引导广大教师自觉提高师德修养，规范教师从教行为，深入推进立德树人的育人方式变革，建设人民满意的专业化创新型教师队伍，2022年7月6日，上城区教育局党委书记、局长项海刚通过网络云端为全区教师上了一堂

“做新时代的大先生”主题教育思政课。

思政课上，项海刚通过心灵“六问”引导全体教师反躬自省，对标对表，激励全体教师提升职业道德素养。“六问”的内容具体如下：

1. 如果指责学生不爱学习，我们是否有身先垂范的勇气和底气？

一年认真看过几本专业书？

一年有没有上过一堂公开课？

一年有没有写过一篇有质量的文章？

2. 如果感叹学生不想学习，我们是否有接受检验的责任和担当？

学生喜欢上我的课吗？

学生喜欢与我交往吗？

多年教龄，教法在改变、进步吗？

3. 如果埋怨家庭教育不力，我们是否有走进心灵的技巧与法门？

我联系家长是为了告状还是给予方法？

学生犯错，除了批评，还有良方吗？

学生需要帮助，我捕捉到了，并给予帮助了吗？

4. 考量利益得失，格局是否海纳百川？

有没有为了几块钱报酬反复计算？

有没有对别人的进步冷嘲热讽？

总想获得不想付出，得失平衡吗？

5. 走出象牙塔外，是否行为世范？

是否说过不符合教师身份的话？

是否做过不符合教师身份的事？

为教师这个形象加了分还是减了分？

6. 面对百年变局，眼界是否豁达敞亮？

职业仅仅是我的谋生手段吗？

指责社会的缺漏，是否能引领时代的进步？

遇到大事难事，能否勇敢说一句“我来”？

通过全区的一堂思政课，全区中小学、幼儿园教师实现心灵共振、思想同频，在新时代教育的命题中，坚守初心使命，明晰历史担当，厚植坚定信仰。

2. 德育赋能提素养

教师作为人类灵魂的工程师，不仅要教好书，还要育好人，在各个方面都要为人师表。当前，德育是教师教育教学的重要组成，德育工作具有多样化和复杂化的趋势，教师更要认清中国和世界的发展大势，增进对中国特色社会主义的政治认同、思想认同、理论认同、情感认同，在德育方面身先示范。教师要用习近平新时代中国特色社会主义思想武装头脑，准确理解和把握社会主义核心价值观的深刻内涵，坚定政治立场不动摇。特别是青年教师要坚持正确的政治立场对师德素养的充分引领，将坚定的思想信念贯穿到教书育人的全过程，以立德树人之初心践行为党育人、为国育才之使命。

上城区全面加强师德师风建设，大力推行美好教育行动计划，围绕“分层分类，多维助力”理念，践行“学习者中心，研训一体”的培训方式，以培养面向未来的上城区美好教师为核心，聚焦培训内容的课程体系建设，成功架构“教育人才多维生长台”，切实助力全区不同层次、不同需求的教师全面发展。上城区教育局出台《上城区教师分层分类培训课程指南》，推行“区校两级培训活动联谊机制”，研发“分层分类精准培训课程项目”，推出当好一名教师需要具备的 78 个工作细节，全面提升教师的核心价值观，坚定教师的职业理想。

3. 资源拓展宽路径

在人工智能、大数据等新技术全面推广和教育信息化发展的背景下，“互联网＋教师教育”有了持续发展的技术驱动力量。人工智能技术的迭代进步使得为学习者创设沉浸式的立体化学习环境、实现基于用户画像技术的精准化课程资源推送逐渐成为现实，为师德师风建设个性化学习提供了可能。

上城区充分发挥微信公众号、全国教师信息系统、浙江省教师培训管理平台等作用，推出专题教育模块，强化师德师风宣传教育的信息推送，营造良好的教育氛围。在党建文化长廊中开辟师德师风宣传专栏，构建交流平台，丰富宣传载体。每个节假日，上城区会通过微信公众号推送廉洁从教的提醒信息，拓宽廉洁从教的宣传路径，进一步强化师德教育。上城区统筹区域丰富思政教育资源，探索“行走德育”品牌，突破校园围墙，创建 80 个“行走德育”体验点，构建思政教育“网图”，为师德师风建设提供各级各类教育资源。上城区通过首创“星级家长执照”工程，提升家庭教育服务能力，发挥“家校政社”协同育人效应，为教师师德师风建设提供网络平台，展现上城区教师的良好风貌。

二、提升教师精神

教师是人类文明的传承者，承载着传播知识、传播思想、塑造灵魂、塑造生命、塑造新人的时代重任。在中国特色社会主义新时代对人才培养新要求的背景下，重塑教师精神显得尤为重要。上城区以“静心教书，潜心育人，敬业成人，精业成才”的美好教师精神为指导，不断引领每位教师做自觉觉人的道德示范者，做自利利人的知识创新者，做自渡渡人的情感超越者。

1. 以德润心强师表

子曰：“其身正，不令而行。”教师应以德立身、以德立学、以德立教。有着自觉思想的教师，是良好道德的示范者。教师不只是蜡烛，还是追逐太阳、追逐光和热的歌者，只有这样才能更好地与他人分享和对话。教师要把全身心都调动起来，投入进去，再交付出去，成为有信念、有操守、有见地、有灵魂、有光热的教育者。教师要打开自己的心扉，成为一个对全人类有担当、有牵挂的人，这样学生才能被濡染；教师也要有一颗谦卑的心，敬畏自然，敬畏他人，有非功利、非实用的好奇心，这样学生才能被净化。如老党员张天孝老师“扎根上城、辐射全国”，60余年如一日，深耕在小学数学教学的广阔天地，先后编撰6套教材、7套思维训练辅导书，3次荣获全省乃至全国基础教育成果奖，被授予“浙江省首批功勋教师”荣誉称号，张老师这种“一辈子一件事”的奉献精神和“一个人一面旗”的奋斗精神值得每个教师学习。

2. 以学启智育桃李

作为教师，丰富的专业知识自然必不可少，但随着科技的迅速发展，在不远的将来，教师引以为傲的知识储备，也许无法与人工智能相匹及，因而“启”的功能就显得尤为关键。在未来，循循善诱、春风化雨的启发式教育，依然是渴望交流和关注的学生在学习路上不可或缺的方式。教育的重点首先是教师的责任心，育人并不是国家赋予教师的特权，而是给予教师的责任。学习改变命运，习惯成就未来，仁爱美丽身心。引导学生学会学习、热爱学习，培养学生良好的行为习惯，这是教师的责任。其次是利人。教育要培养有责任感的公民，培养利人之人，引导学生树立仁爱之心，这是教育的根本追求。再次是创新。在科技创新的未来，教师必须成为知识创新型教师。体力劳动者要增加产能，只能增加工作时间，但这种线性的增长是很有限的，容易被机器取代。教师只有重视创新知识的产生与应用，才能助力学生，使人类社会实现质的飞跃。如杭州采荷第一小学教育集团书记、校长鲍海淞，她是浙江省特级教师、正高级教师、“上城工匠”，从教20余年，执教观摩课100余节，致力于课堂“留白”与阅读“导航”课程研究，以朴素本真又清新灵动的教学风格执着前行在语文教学的路上。她用无数个“不眠之夜”诠释工匠精神，无论有多辛苦，始终坚持深耕课堂，致力学能提升，激励自己和学生不断成长。

3. 以爱浇灌化春晖

教育是爱和智慧的结合体。爱是教育的源泉，也是教育的灵魂。教师把爱平等地给予每个学生，教师的爱是具有厚生精神的爱。教师的智慧，不只有知识的积累，还有对教育信念的执着。一个道德低下的艺术家，也许能够创造出杰出的艺术作品；一个道德卑劣的教师，却总能成功地败坏一间教室的精神氛围，无论他的技艺多么高超。因为教师是和纯真的学生打交道的人。教师需思考，思考给学生留下什么样的教育。只要教师有追求真理的热情和对学生的爱，哪怕是条件贫寒的学校，哪怕是困难重重的环境，也有了光明的未来和希望。

上城区教师以爱浇灌，用智慧加持，将每一个工作日常都变得温暖宜人、爱满教室。例如，杭州市丁兰第二幼儿园夏丽洁老师的班上，有一位学生患有进行性肌肉营养不良，在大运动和精细动作方面都弱于同龄学生。夏丽洁老师每天坚持对这位学生进行适量、安全的针对性训练，关注学生喝水的量、饭菜的精细度以及季节转换时的疾病预防。又如杭州市采荷中学章丽娟老师患上了青光眼，医生建议尽快手术，可她却毅然坚持每天陪伴即将中考的学生。再如疫情期间，杭州市天长小学数学组教师们利用周末休息时间，克服中美两国的时差，为中国驻美国芝加哥总领馆阳光学校的学生直播网课，给予个性化在线辅导，帮助驻外工作人员解除后顾之忧，坚持了整整两年时间。

三、培育清廉教师

2016 年，习近平总书记在全国高校思想政治工作会议的讲话中强调要加强师风建设。办好教育的基础与前提是要有高素质的教师队伍，抓好师德师风必然是建设高素质教师队伍的内在要求和重要保证，而廉洁自律则是一名教师高尚品格和个人修养的重要标志。因此，每位教师都应将争当“四有”好老师作为自己努力奋斗的目标，争取当好学生的引航者和指路人；身体力行贯彻落实立德树人的根本任务，引导社会文明风尚。教师要保有清廉的心态，“不畏浮云遮望眼”，不被金钱所迷惑，用清廉的心态去对待自己所从事的职业，真正做到“出淤泥而不染，濯清涟而不妖”“不戚戚于贫贱，不汲汲于富贵”。因此，上城区从以下几个方面培养清廉教师。

1. 守好初心担当使命

学校应充分运用马克思主义中国化的最新理论成果武装头脑，将其转化为教师廉洁从教的内生动力；消除教师不廉不洁的内因，做好自省，“守初心、担使命”，保持从业的初衷和教师的使命；增强教师对廉洁从教的认同感，自觉抵制不良风气，内化为心，外化为行，树立廉洁从教的典范。在执行过程中，区内学校应提高政治站位，强化思想认识，始终坚持以“为党育人、为国育才”为主线，深入学习、贯彻和领悟中共中央关于教育的重要论述和全国教育大会的精神，增强“四个意识”、坚定“四个自信”、做到“两个维护”，营造风清气正的氛围，广泛开展师德师风教育活动；不断巩固“不忘初心、牢记使命”主题教育的成果力度，制订学习计划安排表，以学校为单位，“双高”教师带头围绕师德师风、党的二十大精神、党史学习教育等主题，结合工作、业务、专业等方面进行心得分享，强化思想认识；充分发挥党支部战斗堡垒作用，充分发挥党员教师和优秀教师的先锋模范作用，引导广大教师强化师德师风建设理念。

2. 立体开展廉洁教育

教育体现着国家和民族的意志，教育领域的清廉文化建设将为整个清廉社会奠基，进而营造风清气正的教育生态环境，实现打造清廉校园的时代命题。上城区教育局系统思考，努力让教育行政部门、学校、社会、家庭同频共振，彼此促进，找准清廉教育的发力点。区域内各学校将清廉教育和教学业务融合起来，在推进业务工作中落实清廉教育的要求，在落实清廉教育的要求中更好地推进业务工作。如不定期组织教师参观警示教育基地和观看专题教育片，牢固树立教师廉洁自律的意识，帮助教师树立廉洁意识。上城区把清廉教育融入师德教育工作，启动《清廉思政教育读本》的编撰工作，以生动的语言和鲜活的案例，加强对教师的廉政警示教育。学校通过组织和深入开展廉洁从教宣传文化活动，形成了具有标识度的特色品牌项目。如杭州天地实验小学联合区域内多方力量共同组建“育共体”组织，将廉洁教育工程融入“一坊、一站、一园、一库”运行模式中，构建多方协同、多元齐育、多措并举、多维共进的立体德育工作体系，为孩子扣好人生的第一粒扣子。

3. 完善廉洁从教机制

“问渠哪得清如许，为有源头活水来。”廉洁教育的开展和清廉学校的建设是一项长期工程，上城区教育系统在努力建设清明政风、清净校风、清正教风和清新学风的同时，不断实践和完善廉洁从教长效机制。全区范围内树立廉洁从教的先进典型，借助黑板报、宣传栏等传统宣传阵地和微博、微信公众号、抖音等新媒体平台，宣传和报道廉洁从教的先进典型事迹，营造良好的廉洁从教氛围。杭州师范大学东城小学拍摄了清廉教育微电影《一枚胸针和五十朵向日葵》，四分钟的微电影讲述了教师廉洁从教及对学生无私关爱的故事，如链接 4-1-2 所示。

链接 4-1-2
微电影《一枚胸针和五十朵向日葵》

上城区不断建立健全教师评价和监督体系，在教师招聘、年度考核、提拔任用、晋级晋升等方面，将廉洁从教作为评价衡量教师的一项重要指标和引进标准。同时，下发《加强中小学教师师德师风建设长效机制的实施方案》《上城区中小学校师德师风评议和报告实施意见》等文件，建立和完善师德师风建设的各项工作机制，引导各校集中开展师德师风自查自纠和专项整治活动。上城区还把完善廉洁从教的机制作为纪检监察工作的重点指标之一，将其列入党风廉政建设责任制的年度评价任务，建立起发动全体师生员工共同监督的长效机制。

学校是人才培养的阵地，教师廉洁从教的作风具有举足轻重的作用，在影响教育教学效果的同时，也能帮助学生树立正确的价值观。可以说，教师廉洁从教的作风影响着学校的整体发展，甚至直接关系到社会的和谐稳定发展。在日常教学管理的组织开展过程中，学校应以廉洁从教为核心，以社会责任为己任，进一步培育廉洁从教的价值观，为社会发展奠定坚实基础。

第二节
构建：能力导向的评价体系

⊙

“古之学者必有师。师者，所以传道受业解惑也。”教师是立教之本，兴教之源。教师是教育发展的第一资源，实现教育系统变革要先从培育教师开始。上城区教育局秉持教育者先受教育的理念，积极构建教师职业动力体系，激励教师争当永远的学习者。

上城区教育局架构教师专业发展的顶层设计，为教师“向下扎根、向上生长”提供适切的成长路径和发展空间，为区域教育高质量发展注入源源不断的动力。上城区教育局在实践中探索形成的“全员差异性评价—优师发展性评价—新教师过程性评价”多维度立体式的评价体系，如图 4-2-1 所示，从而打通教师职业发展晋级通道，明确发展目标，为建设上城区美好教师队伍奠定了坚实的基础。

迄今为止，上城区已经形成了以评价教育教学能力和对学校发展贡献度为重点，以面向全体教师的年度评价、职称评审、岗位聘任、评优评先为主线，以面向局部的名师评价、管理干部评价、各类工作室（坊）领衔人业绩评价以及新教师“双全”评价等为补充的教师评价体系。

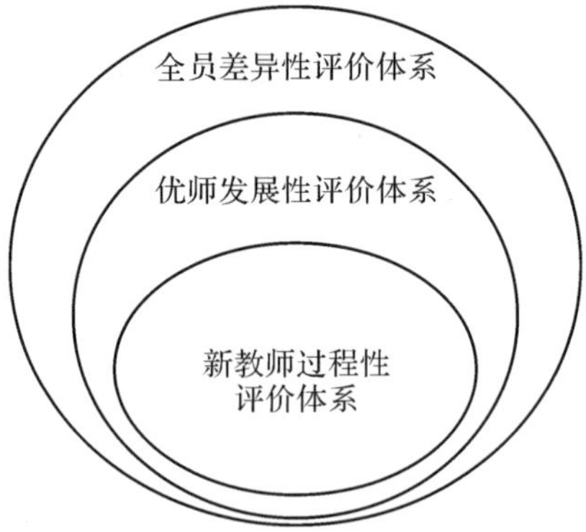

图 4-2-1　教师评价堆叠韦恩体系图

一、全员差异性评价体系

“独行疾，众行远。”师资队伍的培养和教育教学水平的全面提升，事关教育事业发展全局。为全面深化事业单位收入分配制度改革，上城区完善了优绩优酬、激励先进的长效激励机制，进一步推进新时代教师队伍建设改革，助力建设高水平的“优质均衡、人民满意的美好教育引领区”。结合区域教育实际，立足于全体教师发展的核心利益，上城区构建起全员差异性评价体系，让每一位教师都能明确自我发展的边界，进而找准自己专业发展的“生长点”，清晰自己专业提升的成长路线，从而在全区教育系统成功营造教育人才成长的良好氛围。

上城区始终坚持以习近平新时代中国特色社会主义思想为指导，以办好人民满意教育为目标，以造就党和人民满意的高素质专业化创新型教师队伍为核心，健全符合中小学幼儿园教师岗位特点的评价体系，完善教师收入分配激励机制，引导教师静心教书潜心育人，促进教育事业优质均衡发展。在上述指导思想的引领下，上城区建立起了主要涉及评价对象、评价原则、评价内容和评价办法等要素的全员差异性评价体系架构，如图 4-2-2 所示。

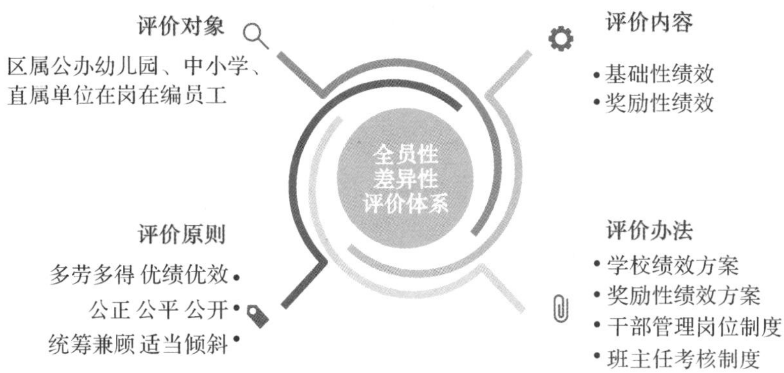

图 4-2-2　全员差异性评价体系

全员差异性评价体系面向的是上城区教育局所属各公办中小学、幼儿园和直属单位中履行聘用合同的在编在岗教职员工。该评价体系是对教师岗位履职情况和工作效能进行综合评估，为教师薪酬福利、职务晋升、岗位调整等提供基础信息。在管理实际中，全员差异性评价体系对于加强人力资源管理、增强教师责任意识、提高组织核心竞争力、确保区域教育战略目标的顺利实现具有十分重要的作用。

事业单位绩效评价由基础性绩效评价和奖励性绩效评价两部分组成，分别与基础性绩效工资和奖励性绩效工资对应。要想充分发挥全员差异性评价体系的正面激励作用，最大限度降低其负面效应，核心问题就是绩效考核方案的制订和落实要科学公正、客观公平，具体要遵循如下三条原则。

1. 多劳多得、优绩优酬原则

绩效评价结果作为绩效工资分配的主要依据，评价坚持以德为先、注重能力、激励先进，促进发展，注重教师履行岗位职责的教育教学能力和贡献。基础性绩效工资按统一标准确定，其中生活性补贴、岗位津贴与班主任津贴由各单位根据基础性绩效评价结果确定。奖励性绩效工资主要体现在工作量和实际贡献等方面，由各学校等基层单位根据年度绩效评价结果确定。前者区域标准统一，学校参照指标要素予以考核；后者因校制宜，一校一案，依据各校实际发展需求个性化设定。为此，学校按有关规定成立有一定比例教职工代表参加的绩效评价工作小组，并在该小组的领导下，充分发挥民主，在广泛征求意见的前提下，制订出适合本单位的绩效评价方案，经学校教职工代表大会审议通过并报上城区教育局审核备案后组织实施。

2. 公正、公平、公开原则

在绩效工资评价分配的全过程中，学校要切实做到实事求是、民主公开、科学合理、程序规范。教职员工是学校的主人翁，参与绩效方案的制订是他们的正当权利。在方案制订之前，需集思广益，征求全体教职员工的意见，听取各方建议。制订方案的过程不是“一蹴而就”，亦不是“一劳永逸”的，需要不断根据教职员工合理化的建议考虑方方面面的因素，并借助教职工大会等渠道讲清方案制订的原则，对相关条款进行解释说明，而后留有足够的时间给大家充分讨论，再由学校根据讨论结果，对方案进行修改、调整，力求科学、合理、公平，最后递交教职员工代表大会审议、通过。通过的绩效方案再向教育局审批备案。这样，绩效方案遵循民主集中制的原则，制订方案的程序规范，广大教职员工自始至终参与全过程。

3. 统筹兼顾、适当倾斜原则

各学校等基层单位绩效评价方案要力求科学合理，适当拉开差距，适当向班主任、教学一线教师倾斜。现实中，教职员工的工作量是不可能平均的，有时差距还很大。因此在制订方案的过程中，要避免出现“平均主义”“简易考核”等问题。教师的工作量考核是一项动态的复杂的工作，因此对于诸如此类难以简便考核的内容，学校更要认真对待，充分调研，制订科学合理、客观可行的具体内容和实施细则，使看起来“虚”的工作在考核中落到“实”处。

二、“优师”发展性评价体系

“阳春布德泽，万物生光辉。”好的教师评价体系会让教师如沐春风，不仅能不断激励大家信心满满地向未来进发，还能让优秀教师有不断进阶的平台，让杏坛呈现出一派“百般红紫斗芳菲”的亮丽风景。为此，上城区着力构建名优教师发展性评价体系，健全有利于名优教师成长的激励机制，发挥名优教师人才资源的整体优势和在教书育人、教育科研、引领示范、培养青年教师等方面的影响力和辐射力，助力不同层级骨干教师更强更优发展，带动全区教师队伍整体素质的提升。

1. 名师发展创体系

在习近平总书记提出的“四有”好老师的指导下，上城区立足于区教师队伍建设的内在需求，通过实施名优教师培养工程，加快构建科学合理的优秀人才梯队，培养出一支“静心教书、潜心育人、敬业成人、精业成才”的具有上城特色的名师队伍，以名师的引领促进全区教师队伍整体素质的提高，为实现教育现代化强区提供人才保障。

上城区自 2018 年至今，全面推行“美好教育”行动计划，在实践中探索形成“五阶段、五梯队、多维度”的人才培养体系和“五阶研训”教师专业发展范式，让上城的每一位教师在职业生涯的每一个阶段，都拥有属于自己的奋斗目标，并以目标体系引导教师在专业成长中逐步悦纳自我、追求卓越，让他们在事业成功的同时感受职业幸福。

历年积淀形成的“五阶段、五梯队、多维度”人才培养体系，打通教师职业发展晋级通道，明确发展目标，为上城区美好教师蓬勃生长奠定了坚实的基础。“五阶段”是指针对 1—3 年、4—10 年、11—17 年、18—24 年、25 年以上教龄等教师群体，分别设立新苗奖、新秀奖、能手奖、风华奖、红烛奖等五大奖项，按照 30%—35% 比例进行评选，构建上城美好教师成长的基础平台。在此基础上，依次设置区学科带头人、D 类人才 + 区特级教师、C

类人才 + 省特级教师、B 类及以上人才四个梯队，从而形成了五级人才梯队体系。同时，针对班主任教师群体，增设“星级班主任”奖项，进一步拓宽育人者队伍的专业成长通道，如图 4-2-3 所示。

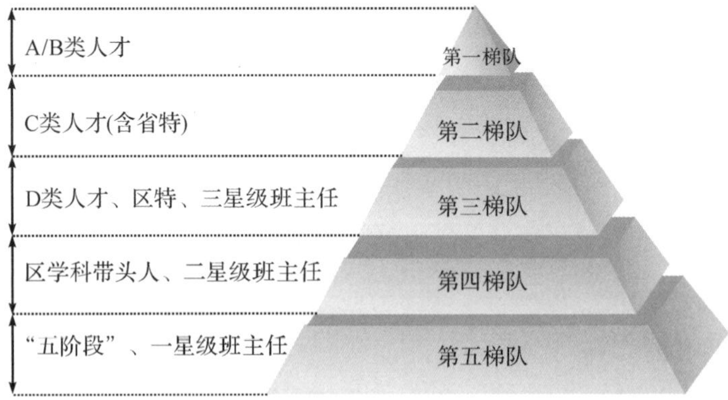

图 4-2-3　“五阶段、五梯队、多维度”人才培养体系

每位教师具有不同的教育风格，鼓励个性化教育风格的养成是新时代个性化教育的需要，也是避免教育模式僵化的重要改革举措。在拔尖教师的培训中，上城注重教师个人素养的培育，量身定制个性化的培养方案，关注教师全生命周期的教育特色养成。例如“未来名师未来名校长”培养工程，采取高校研修、跟岗实践、影子培训、海外研修等个性化培养方式，同时，配备理论导师和实践导师指导引领；让培养对象得到内生性成长，锤炼和积淀个人教育教学智慧，不断提升教学水平和科研能力；培养和造就一批理念新锐、敢于探索，具有一定知名度的名师、名校长群体，从而满足不同类型、不同个性的学生群体发展需求。例如杭州市清河实验学校的教师马益彬，是浙江省教坛新秀、浙江省最美教师、上城区特级教师，马益彬老师就是这一培养机制的典型代表。他说自己是幸运的，从“新苗”“新秀”，到随后的“能手”、区学科带头人、市新锐教师、区未来名师、区特级教师，一步步的足迹，无疑例证在教师培养中，上城区教育局能让每一位老师找寻到成长的坐标。

2. 干部梯队创机制

人才是第一资源，是教育改革创新发展的第一原动力。如果说“名师荟萃”是上城教育的核心竞争力，那“名校长集结”则是上城教育高品质发展的全力保障。教育发展离不开人才资源的开发，人才资源也是教育改革高质量发展的前提和根本保障。在新时代课程改革的背景下，教育要提高核心竞争力，如何建设一支高素质的干部队伍，成为上城区在未来改革发展中迫切需要解决的问题。

上城教育坚持以宽广视野持续发现干部，坚持精耕细作全方位培养干部，坚持鲜明导向全角度选用干部，持续发力构建“四梯队”（校长书记、副校长、中层干部、年轻干部）、“五路径”（中学管理干部素质提升、学前管理干部素质提升、影子培训、智库专家入校指导、年轻干部双向挂职）的干部培养上城模式。优化干部结构，加大“85 后”“90 后”校级干部培养选用力度，以政治引领、以用促效，唱响人才工作“大合奏”；以健全评价培养制度，严管厚爱，释放干部追赶超越的内驱力。

例如，杭州市钱学森学校党支部书记、校长，杭州市时代小学校长，浙江省特级教师，正高级教师唐彩斌校长。他在回忆为期 3 年的未来名校长培养时，曾感慨区教育局为校长发展之路提供了良好的学习平台。他指出，校长学员们将学习实践与理论、教学与管理、做事与做人融合起来，致力于让上城教育走向卓越发展。尤其在 3 年学习中，未来名校长培养从“个性化精准定位”“双导师充分引领”“分阶段分期培训”“显性化成果展示”四个方面，通过高校研修、跟岗实践、影子培训、海外研修、成果展示等方式全力助推每位校长都能有个性化的发展，向未来名校长的目标迈进。

此外，为加快推进教育现代化区创建，完善上城区学校校级干部管理机制，提高校长队伍专业化水平，构建现代学校制度，全面提高教育质量，上城区还推行学校校级干部岗位职级制，让干部队伍能努力成为可堪大用、能担重任的栋梁之才，不辜负党和人民对美好教育的期望和重托。

3. 名师辐射创共富

“一花独放不是春，百花齐放春满园。”上城区充分利用独特的人才优势，充分发挥“名师工作坊”的示范、引领、辐射作用，以点带面、全面提升，让区域内每一个孩子都能享受到优质的教育资源，逐步实现“名师就在我身边”的美好教育愿景。

在“名师工作坊”建设发展中，上城区坚持“三个注重”：一是注重以理论指导实践，在教学研究中对本学科课程改革任务和内容做深度思考，提升名师工作坊成员的实践能力。二是注重以研讨促进实践，围绕重点研究课题深入研讨，破解教学中的重难点问题，在研讨攻关中提升教育理论素养和学科理论素养。三是注重以学习带动教学，工作坊成员制订个人三年发展规划和学年专业发展研修计划，要求每学期至少研讨一本教育教学专著，完成一篇读书笔记，每学年在校内进行一次以上教学展示，争取在区县级以上平台开一节公开课或研究课，完成一篇教育教学论文，等等，通过定任务、压担子使其在学习中提升教学素养。最终，力求实现教育实践与教育理论相结合，教学活动与教学研究相结合，教师素能与教学质效相结合，自我成长与辐射带动相结合。

在此基础上，上城区教育局严格落实“名师工作坊”年度过程性评价和三年周期终结性评价考核制度。早在 2015 年，上城区教育局制定下发《杭州市上城区名师工作坊评估办法》，明确“名师工作坊”年度考核由区名师工作坊管理办公室、名师工作坊设立学校和名师工作坊领衔人三级负责；以评促建，不断调整优化考核内容，科学使用考核结果，在职称评审、评优评先中，对考核优秀领衔人和骨干学员给予优先考虑，全面激发团队动力。

名师发展是一个人，工作坊建设是一群人，影响的将是一批人，推动的将是一所学校，乃至一个区域的发展。工作坊既促进名师工作坊成员个人由研究型人才向理论型人才的成长，打造学习型组织；又促进工作坊团队由实践型人才向研究型人才成长。上城区借助“名师工作坊”这个互学共进平台，在名师工作坊领衔人的带领下，通过项目牵引、引领示范，使大家对某一特定问题或领域的思考和研究更深入、更精准。同时工作坊团队通过对项目的集智攻关、合作研讨，进一步凝聚团队智慧、激发研究热情，从而带动个人快速成长。与此同时，上城将这样的教师专业发展共享共生资源与机制推广到各帮扶地区。2019—2020 年，上城区面向雷山、鹤峰等帮扶地区开放特级教师工作室、名师工作坊、班主任工作室，累计吸收帮扶地区骨干教师工作坊成员百余人，对帮扶地的优秀教师“苗子”进行对口培养，改“送教”为“种教”，将结对帮扶工作由重形式向重内涵转化。

案例 4-2-1　做一名历史文化的摆渡人

高凌，浙江省正高级教师、浙江省特级教师，现任教于杭州市景荷中学，曾获全国历史与社会优质课评比一等奖、浙江省优秀教研员、浙江省社会学科十佳教学标兵等荣誉，入选浙江省教育厅“浙派名师”首批培养对象、杭州市中小学“名师培养工程”第一期培养人选。

自 1993 年从教以来，高凌成了地理、历史、政治等跨学科教学多面手；2001 年，他荣获浙江省社会学科优质课评比一等奖；2004 年，荣获全国《历史与社会》新教材优质课评比一等奖；2020 年，他创建了疫情背景下线上平台“云研社”，优化设计云研社、蓝研社、青研社等分层研修，打造综合、创新、协作的教师团队，课题成果获省教师教育课题一等奖；出版专著《德慧课堂的教学理论与实践》，主编及参编 12 本专著，10 多篇文章在省级以上刊物发表；在全国 13 个省级行政区、浙江省内 50 多个县区执教公开课或讲座；他所构建的“价值引领”的德慧课堂，教学风格独树一帜，辐射影响广泛……高老师说，他很幸运，通过参与省浙派名师培养工程、杭州市名师培养工程、区精锐教师培养工程等培训活动，把握了每次专业成长的机遇。

“见出以知入，观往以知来。”29 年教育生涯，20 年一线教师，9 年学科教研员，从懵懂到成熟，从无知到领悟再到首创“历史与社会”“道德与法治”这两门学科的德慧课堂教学模式……他矢志不渝地挑战课堂教学，探索德慧课堂，以核心素养为导向，“立德于行，生慧于学”，做一名有思想、有人文、有温度的思政课教师，做一个历史文化的摆渡人。

高凌老师一路走来所经历的成长与辉煌，与上城区所构建形成的名优教师发展性评价体系有着相当密切的关系。优师发展性评价体系让全区优秀教师找到了自己专业成长新的“生长极”，并成就了一大批名优教师。

三、“新师”过程性评价体系

新教师是教师队伍的生力军，是教育可持续发展的根本保证。相关研究与实践表明，入职初期是新教师初步形成自我教学理念、完整掌握课堂教学方法、整体理解学科结构的关键期。在这个阶段为新教师提供高效能的培训，有助于缩短职业适应期，为其职业发展定向蓄能。

上城区结合工作实际，构建实施入职三年内中小学、幼儿园新教师“双全”过程性评价体系。所谓“双全”过程性评价就是“全程”加“全面”。“全程”指注重过程评价的时间跨度，由每学期到每学年，再到三年总评的全程评价；“全面”指注重评价内容的项目广度，对青年教师的师德、教育教学、出勤作业、成果获奖等方面的全面评价。

1. 明确目标与体系

为了构建一支可持续发展的师资队伍，助力更多的年轻教师能“青出于蓝而胜于蓝”，全区以“一年见习，二年适应，三年发展”为基本思路，高起点、高标准、高层次地开展新教师培养工作。通过三年培养，使每一位新教师都能正确认识与适应教师角色，增强立德树人意识，提高教书育人能力，形成良好的教育教学规范。部分优秀新教师在上城区的学科领域有一定的知晓度，能担当重任，成为“五阶段”获奖教师之“新苗奖”教师等，从而为全面提升全区新教师整体素质打下坚实的基础。在上述目标的指引下，上城区进一步完善了主要涉及评价对象、评价原则、评价内容和评价办法等要素的新师过程性评价体系架构，如图 4-2-4 所示。

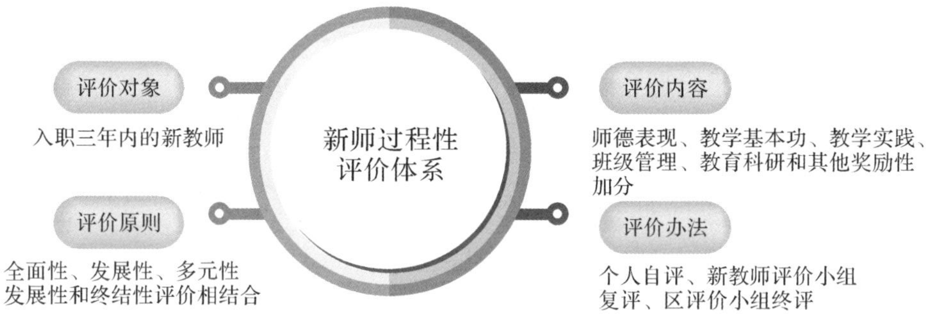

图 4-2-4　新师过程性评价体系

新教师是培训活动的主体，主体性需求影响了教师发展中心对培训活动的课程构建和组织实施，也构成了“双全”过程性评价的逻辑起点。站在主体性需求的起点上，精准评价要对标培养目标，并遵循“学了什么”“学得怎样”和“仍缺什么”的逻辑性，以评促学，才能真正为新教师专业成长不断蓄能。为此，在具体评价过程中，要遵循如下原则。

第一，全面性原则。新教师“双全”过程性评价体系必须有利于新入职教师的全面发展。培训内容的实践性与全面性特征要求依托学员的主体性，通过合作、参与、体验、分享、展示、实践、反思等来夯实学习效果。在评价维度上，亦要注重全面，关注新教师职业道德修养的提升，教学业务水平的提高，工作绩效和工作过程的成效，以及新教师群体间的互助协作，从而促进他们的个性发展和教学风格的形成。

第二，发展性原则。新教师“双全”过程性评价体系应关注新教师的发展要求，将他们的参与、变化和发展过程作为评价的重要组成部分，使评价过程成为促进新教师发展与提高的见证。对于教师而言，教学基本功是站稳讲台的前提与保障。新入职教师在第一学年会体验到教师这个职业多面手的特质。新教师需培养演讲能力，钢笔字、粉笔字等书写能力，根据教育教学活动要求进行相关文体的写作能力，现代信息技术辅助教学的能力，教育教学理论知识，教学设计能力，英语口语能力，以及听课、说课、评课能力的培养和提升。幼儿园新教师除以上几个方面外，突出弹、唱、跳、画以及游戏设计、环境创设等能力的评价。教学基本功主要由上城区教育学院牵头组织实施评价，通过达标考核评价的方式，分批次颁发培训合格证书，旨在令新教师逐步习得各项教学基本功。

第三，多元化原则。新教师“双全”过程性评价体系应表现出动态、发展、多样化的特点，杜绝以考试成绩或升学率作为唯一的评价标准。评价内容、方法和主体突出多元化，以多渠道获取和反馈信息，促进新教师师德素养和业务能力的全方位螺旋式发展与提升。师德处于教师素养结构的核心地位，是教育行为的导向和内生动力。新教师入职前三年更是形成正确教育观的关键期，而积极的情感体验和身边的榜样学习是处于职业初期的新教师涵养道德的有效路径，区域会组织形式多样的爱心体验、志愿者服务等培训内容，更会借助新教师任职学校（或幼儿园）的力量，每学年对新教师进行师德等方面的组织评价。

第四，发展性评价和终结性评价相结合原则。新教师“双全”过程性评价体系应将立足点放在新入职教师的未来发展上，把他们在发展性评价中取得的进步和成功作为终结性评价（年度评价）的依据，关注差异，促进每位新教师最大限度地实现自身的更快发展。

2. 优化路径促实操

发展教师专业能力即提高教师的实践水平。聚焦实践性课程、走进实践性课堂、催生实践性知识应成为追求高效能新教师培训的行动逻辑和实现路径。同时，上城区教育局在新教师培养上不仅关注实践性，而且契合教师个性化发展，尊重教师间的差异性，以情感为纽带，以尊重为前提，以自主为核心，激发新教师在培训中的深度参与、积极合作和崇尚创造的意识，使新教师的主体性得以彰显，实践性知识得以传递和创生。

上城区教育局在新教师培养上关注专业精神、管理智慧、教学能力和实践研究；具体在课程设置上，更是会基于新教师的实际需求出发，如在专业精神上设计教师形象、综合素养、施爱能力等方面课程。尤其是施爱能力，上城区教育局带领全体新教师走进杭州市杨绫子特殊学校，沉浸式体验相关主题课程，如图 4-2-5 所示。

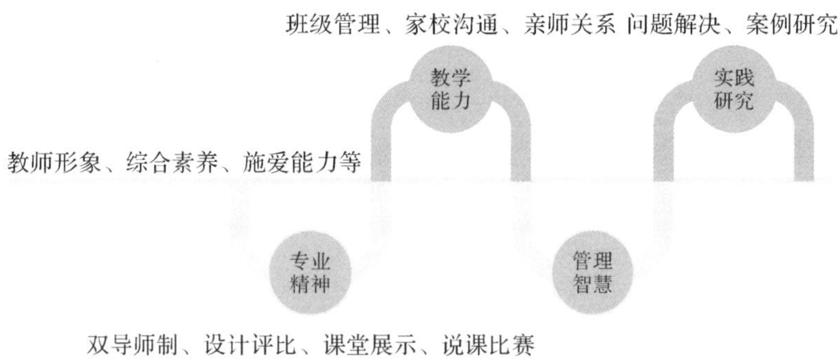

图 4-2-5　新教师过程性培养路径

新教师评价工作在上城区教育局的领导下，由区教育学院、基地学校、新教师任职学校共同完成。在新教师个人自评的基础上，由学校新教师培养评价领导小组进行复评，区评价小组终评。新教师这三年从身份认同、自我规划、问题解决、自我展示到形成梯队发展路径，每一层级都有其相应的课程项目为依托，让新教师从学生转变为教师，明确自我发展目标，解决真实问题，自主选择展示项目，最终在三年培养总评中为优秀的新教师，可直评“五阶段”获奖教师之“新苗奖”，也可作为其他评优评先的优先条件之一，其中特别突出的教师，可直接认定为区教坛新秀。

第三节
亮色：评价方式的创新探索

⊙

“日照千帆竞，江开两岸新。”上城区构建基于教师能力导向的评价体系，在实施全员差异性评价过程中充分体现“多劳多得、优绩优酬”原则，鼓励广大教师在教育教学各个领域中所做出的贡献。一系列行之有效的评价方式的探索与创新，形成的是上城独具亮点特色的多维评价设计。譬如在原有的教师评价体系基础上进行提质扩面，先后创新推行“五阶段”获奖教师分层式评价、三星级班主任进阶式评价、各类工作室（坊）项目化评价、校长统筹奖以及区教育发展基金会每年推出的“米兰奖”“红梅奖”“金桂奖”“银桂奖”“白杨奖”“丰叶奖”等奖项，用于鼓励在师德表率、思政教育、教学、教研、科研、团队辅导、体艺科技指导、教师交流、特殊教育、后勤、学历提升等各个方面表现突出的教师，让每个具有闪光点的教师都能得到激励，从而促进教师多元化发展。

一、多段分层式评价

“博观而约取，厚积而薄发。”教师的发展是推动教育发展的原动力。因此，上城区通过搭建以教师从教时间和其专业成长为坐标轴的横向到边的教师成长平台，让每一位教师在其职业生涯中的每一个成长阶段，都能拥有一个属于自己的明确的奋斗目标，并能让这样的目标评价体系引导教师不断自主发展，在其专业成长的发展进程中不断悦纳自我、追求卓越，在收获个人事业成就感的同时感受教师职业所带来的幸福感，从而为其个人专业发展奠定成长之基。

1. 基本内涵

多段分层式评价旨在帮助教师找到个人专业提升的“最近发展区”，是根据教师教龄年限的不同阶段将教师队伍横向划分成职初型教师、成长型教师、骨干型教师、资深型教师等不同类型所实施的分层划片评价的一种评价方式。它具有全面性、动态性、目标性、激励性的特征，有利于激发出不同教龄阶段教师的工作积极性，能有效规避职业的倦怠感。

2. 路径实践

为促进不同成长阶段的教师更好发展，上城区创设了“五阶段”获奖教师分层式评选平台，即根据教师所处不同阶段的教龄年限分别参加“新苗奖”“新秀奖”“能手奖”“风华奖”“红烛奖”5 个奖项的评选，将全体教师纳入其中，使之成为名优教师成长的一个基础平台。其中，教龄 3 年以内的教师参加“新苗奖”评选，4—10 年教龄的教师参加“新秀奖”评选，11—17 年教龄的教师参加“能手奖”评选，18—24 年教龄的教师参加“风华奖”评选，25 年以上教龄的教师参加“红烛奖”角逐，确保全区 30% 的教师可以获得上述奖项，如图 4-3-1 所示。

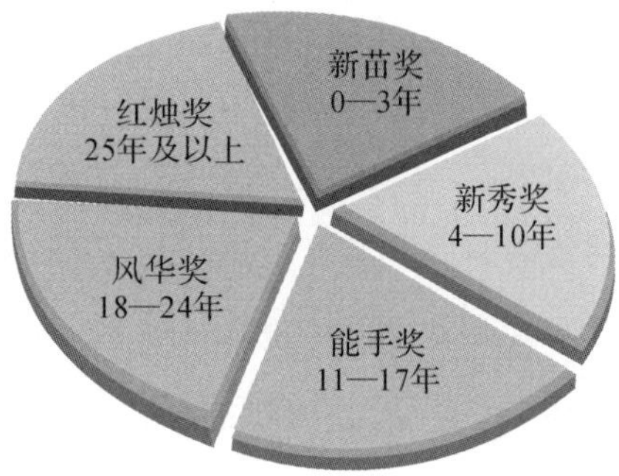

图 4-3-1 “五阶段全员成长”体系架构

“五阶段”获奖教师分层式评价的张力就在于全覆盖，其活力则在于动态更新，实行三年一次的评选周期。正所谓“流水不腐，户枢不蠹”，这一评价形式，让全区每位教师都能在不同的年龄阶段不断找到自己得以更新的成长极，让每位教师都对下一个奋斗目标了然于心，都有机会成为“五阶段”获奖教师。“五阶段”教师评选活动，已成为上城“美好教育”教师成长的基础平台，并由此逐渐形成以“五阶段”获奖教师为基础、区学科带头人为“中坚”、区特级教师为“高端”、省特级教师为“尖端”、B 类及以上人才为“顶端”的“五级人才梯队”，促进教师的自我成长和发展，如表 4-3-1 所示。

二、多级进阶式评价

“不积跬步，无以至千里。”为进一步调动各阶段各层面教师专业发展的积极性和主动性，在搭建横向到边的教师成长平台的同时，上城区又通过设立教师专业纵深发展的层级目标，构建起了纵向进阶式的目标评价体系，激活教师发展内驱力这个动力引擎，引领教师不断完成自我突破，勇敢走出“舒适区”，从而实现教师这一职业的可持续发展。

表 4-3-1 “五级人才梯队”名优教师评价细则

人才梯队	一级指标	二级指标			
		思想素养	专业发展	工作实绩	学术辐射
五级 / 四级	B 类及以上人才、省特级教师	1. 能模范地遵守各项政策法规和师德规范，并得到学校领导、教师、学生公认 2. 牢固树立终身从教的思想，树立服务意识，为教师的教学服务，为学生的学习服务，为家长和社会服务	1. 积极参加学习培训，努力成为学者型、研究型名师，认真总结和提炼教育教学实践经验 2. 每学年开展不少于 1 项课题研究，撰写较高水平的专题论文、经验总结或研究报告，并积极在核心刊物上发表或参加省市级交流活动	1. 教学经验丰富，教学艺术精湛，教育教学效果显著 2. 在培养学生创新能力、实践能力，指导尖子生、特长生、学习有困难的学生以及转化特殊需求学生方面经验丰富 3. 能根据本学科特点积极指导学生开展课外活动，并取得显著成效	1. 每学年在区级及以上范围讲授高质量的示范课、观摩课或专题学术讲座不少于 2 次 2. 积极承担青年教师培养任务，每学年带徒不少于 5 人 3. 指导每位徒弟完成 1 个教学设计、开展 1 项课题研究、撰写 1 个教学案例或论文，所带徒弟在课堂教学、课题研究、论文撰写或学生竞赛辅导方面能在区级及以上评比中获奖 4. 每学年指导青年教师，其中听课不少于 20 节 5. 积极建设个人网络空间，空间登录次数不少于 50 次 / 年，访问量不少于 100 次 / 年，空间原创资源数不少于 5 件 / 年
三级	区特级教师		1. 积极参加教师专业发展培训，不断提高自身专业素养，不断钻研教育教学理论，积极探索教育教学规律，认真总结教育教学经验 2. 每学年承担 1 项区级及以上的课题研究，每学年至少公开发表 1 篇论文，且论文在市级以上评比中获奖或用于市级以上大会交流		1. 每学年在区级及以上培训中承担至少 1 次讲课任务 2. 在区级及以上活动开展公开课或发布学术报告至少 1 次 3. 每学年带徒弟不少于 3 人，每学年指导青年教师，其中听课不少于 15 节 4. 积极建设个人网络空间，空间登录次数不少于 50 次 / 年，访问量不少于 100 次 / 年，空间原创资源数不少于 5 个 / 年

续表

人才梯队	一级指标	二级指标			
		思想素养	专业发展	工作实绩	学术辐射
二级	区学科带头人	1. 能模范地遵守各项政策法规和师德规范，并得到学校领导、教师、学生公认 2. 牢固树立终身从教的思想，树立服务意识，为教师的教学服务，为学生的学习服务，为家长和社会服务	1. 积极参加专业发展培训，努力提高自身素质，不断钻研教育教学理论，积极探索教育教学规律，认真总结教育教学经验 2. 每学年至少公开发表 1 篇论文，且论文在《上城教育》等区级及以上刊物发表，或在区级及以上获奖，或用于区级及以上大会交流	1. 教育教学效果显著，勇于承担薄弱班级的教育教学工作 2. 所任教班级教学质量在同年级组中处于中上水平或有明显提升 3. 学习有困难学生转化效果显著 4. 任教学生学习兴趣浓厚	1. 积极承担培训任务，每学年在区级培训中至少讲课 1 次 2. 在校际活动、区级及以上活动执教示范课或送教下乡不少于 1 次 3. 每学期指导年轻教师不少于 2 名 4. 每学期指导青年教师，其中听课不少于 10 节 5. 积极建设个人网络空间，空间登录次数不少于 50 次 / 年，访问量不少于 100 次 / 年，空间原创资源数不少于 5 个 / 年
一级	“五阶段”获奖教师		1. 重视学习文化知识和教育教学理论，不断提高自身的人文素养和科学素养，不断更新和完善知识结构 2. 积极参加专业发展培训，努力提高专业水平 3. 重视教育教学研究，及时总结教育教学经验 4. 每学年主持（或参与）1 项课题研究或撰写 1 个教育教学案例或撰写 1 篇教育教学论文，并能在校级及以上获奖或公开发表在《上城教育》等区级及以上杂志	1. 做实做细教育教学常规，重视教育教学过程的行为改进 2. 教学质量好、班级风气正，在同年级组中处于中等水平或教学质量提高较显著 3. 学习困难学生转化效果较明显 4. 学生学习兴趣较浓	1.“风华奖”“红烛奖”教师指导 1—2 名青年教师，指导工作有实效 2.“新苗奖”“新秀奖”“能手奖”教师能主动向导师学习，导师对其各项工作评价达到合格及以上 3. 每学年至少承担 1 节公开课或 1 次经验交流

1. 基本内涵

多级进阶式评价是依据教师职业生涯发展的这一线性轨迹，旨在突出教师个人的专业素养和教学能力培养，而实行的一种随着教师发展的不同阶段而即时进行动态调整的、纵向的阶梯晋级式评价方式。这种评价方式能使教师获得尊重的需要和自我实现的需要，逐步完成螺旋式进阶性发展，从而不断提高教师的专业素养和教学水平，实现学生、教师与学校的同生共长。它具有对比性、动态性、目标性、激励性的特征，有利于激发出教师个体在自身发展的不同阶段的专业进取心和工作创造性，能产生持久的内在学习和进取的动力，不断实现自我超越。

2. 路径实践

为加强对优秀班主任队伍的培养与管理，健全有利于名班主任成长的激励机制，发挥名班主任人才资源的整体优势和在教书育人、教育科研、引领示范、培养青年教师等方面的重要作用，带动全区班主任管理团队整体素质的提升，上城区推行“三星级”班主任进阶式评价模式，即“一星级—二星级—三星级”。一星级班主任评选推荐比例控制在所在学校班级总数的 30% 以内；二、三星级班主任由所在学校在推荐的一星级班主任的名单内择优推荐并排序，上城区教育局星级班主任评价工作小组审核推荐的一星级、二星级、三星级班主任比例分别不超过全区中、小学班级总数的30%、8%、2%，如图4-3-2所示。区内小学星级班主任原则上每三年选拔或认定一次。上城区教育局组织人事科、区教育学院、星级班主任所在学校积极为星级班主任搭建交流展示平台，合理安排好他们的各项工作，不定期开展示范、观摩、带徒等活动，充分发挥不同星级班主任在班主任培训、德育课题研究、班队会课堂教学研究等方面的示范引领作用，积极构建星级班主任“导师制”培养机制。

对于学年评价合格的星级班主任，在每学年评价结束后按照不同星级发放相应评价奖励。奖励实行就高不就低、不重复享受。此外，对承担区级立项的名班主任工作室领衔人，经评价合格的，在原有基础上按照标准核增评价奖励。为鼓励教师长期从事班级管理工作，中学教师担任班主任年限满 22 年（在区内学校担任班主任年限不少于 12 年），小学教师担任班主任年限满 28 年（在区内学校担任班主任年限不少于 15 年），班级管理和学生德育工作受到学生、家长、同行一致好评的教师，可授予“荣誉班主任”称号。被授予“荣誉班主任”的教师，可获得一次性奖励。

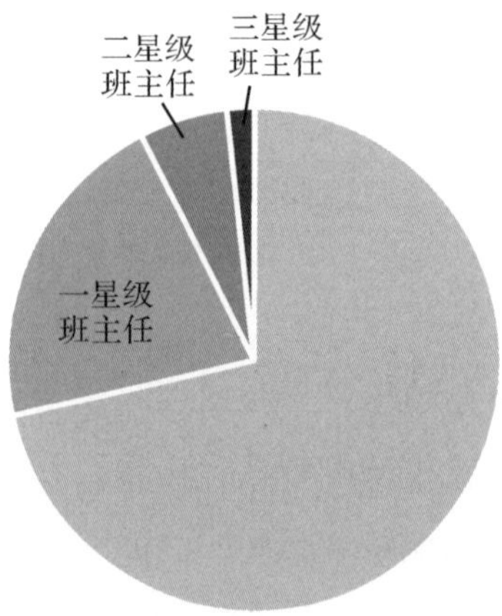

图 4-3-2　星级班主任占比

取得相应称号但未从事班主任工作的，自不担任班主任之日起，取消相应待遇。星级班主任在日常工作中造成较大失误和影响的，将由上城区教育局视情节轻重给予降低“星级”等级直至取消星级的处理。教师有下列四种情况之一，取消相应星级称号及待遇并调离班主任岗位：因违法乱纪，受到党纪、政纪处分或刑事处罚；存在体罚、变相体罚学生，收受家长礼金礼卡，从事有偿家教等严重违反师德师风行为，经查属实；不履行职责，年度评价不合格；在评价、评定中弄虚作假，违反纪律。星级班主任评价细则，如表 4-3-2 所示。

表 4-3-2 “三星级”班主任评价细则

星级	二级指标			
	思想素养	专业发展	工作实绩	学术辐射
三星级 班主任	1. 能模范地遵守各项政策法规和师德规范，并得到学校领导、教师、学生公认 2. 牢固树立终身从教的思想，树立服务意识，为教师的教学服务，为学生的学习服务，为家长和社会服务	1. 积极参加教师专业发展培训，不断提高自身专业素养，积极探索德育工作规律，认真总结德育工作经验 2. 每学年承担 1 项区级及以上课题研究，每学年至少公开发表 1 篇德育论文，且论文在市级以上评比中获奖或用于市级以上大会交流	1. 班主任工作经验丰富，效果显著；所带班级班风、学风在同年级组中能起到模范带头作用或有明显提升 2. 在培养学生创新能力、实践能力，指导尖子生、特长生以及转化特殊需求学生方面经验丰富 3. 能积极指导学生开展各项德育活动，取得显著成效	1. 每学年在区级及以上培训中承担至少 1 次讲课任务 2. 在区级及以上活动开展至少 1 次德育公开课或班主任论坛等 3. 每学年带徒弟不少于 3 人，每学年指导青年教师，其中开展德育活动等不少于 10 次
二星级 班主任		1. 积极参加教师专业发展培训，不断提高自身专业素养，积极探索德育工作规律，认真总结德育工作经验 2. 每学年至少有 1 篇德育论文公开发表在《上城教育》等区级及以上刊物，或在区级及以上评比中获奖，或用于区级及以上大会交流	1. 班主任工作经验丰富、效果好 2. 所带班级班风、学风在同年级组中处于中上水平或有明显提升 3. 后进学生转化效果显著 4. 能积极指导学生开展各项德育活动，取得良好成效	1. 每学年在区级及以上培训中承担至少 1 次讲课任务或班主任论坛或在区级及以上活动执教至少 1 次德育公开课等 2. 每学年带徒弟不少于 1 人 3. 每学年指导青年班主任，其中开展德育活动等不少于 5 次
一星级 班主任		1. 重视学习文化知识和教育教学理论，不断提高自身的人文素养和科学素养 2. 积极参加教师专业发展培训 3. 重视德育研究，及时总结德育工作经验 4. 每学年主持（或参与）1 项德育课题研究或撰写 1 个德育工作案例或撰写 1 篇德育论文，且论文能在校级及以上获奖，或公开发表在《上城教育》等区级及以上杂志	1. 做实做细班主任常规工作，重视教育过程的行为改进 2. 班级风气正，在同年级组中处于中等水平或提高较显著 3. 后进学生转化效果较明显 4. 能积极指导学生开展各项德育活动，取得较好成效	1. 主动向二星级、三星级等经验丰富的班主任学习 2. 指导至少 1 名青年班主任，指导工作有实效 3. 每学年至少开展 1 节德育公开课或 1 次经验交流

三、多元激励式评价

为进一步营造“万紫千红春满园”的良好态势，有效促进美好教育的长足发展与实现，上城区搭建教师多维成长评价平台，采取灵活多样的多元激励式评价，力求纵向到底、横向到边，以期达成点面结合覆盖到全体教师，让教师评价体系更加全面完善，从而更好地激发教师的工作积极性和创造性。

1. 杏坛百花奖

“百花齐放好时节，放眼杏坛满眼春。”为进一步培养优秀教师，表彰成绩显著的教育工作者，上城区开展教育科研活动，助力学校提升整体水平以发展本区域的教育事业。上城区教育发展基金会根据基金会章程和区教育事业发展的实际，不断扩大优秀教师受助面，推出教师杰出贡献“君子兰奖”，教师突出贡献“米兰奖”，名校长工作坊负责人“四季兰奖”，荣誉教师“红梅奖”，上城名师“金桂奖”，优秀教师、优秀教育工作者的“银桂奖”，学校还开展“春竹”资助项目等多个项目。基金会分别以不同金额奖励“君子兰奖”“米兰奖”“红梅奖”“金桂奖”“银桂奖”得主，除此之外，其他各类奖项均按基金会相关申领办法进行奖励。在上城区，无论是班主任还是学科教师，无论教主课还是教拓展性课程，无论擅长管理还是精于科研，只要教师沉浸在教育一线“发光发热”，上城区教育局都看在眼里、记在心上，及时褒奖。

2. 工作室（坊）项目化评价

截至2022年12月，上城区现有在职省特级教师49名，区特级教师100名。为避免教师成长出现“高原现象”，上城区积极发挥特级教师作用，通过“异校设置”的方式打造100个特级教师工作站，持续释放特级教师在专业引领、示范带动和培养名师等方面的效能，加快实现“校校有特级”。特级教师工作站实行任期制，3年为一个周期，以项目为驱动，以学习为主导，以研究为主体，工作室学员覆盖全区所有中小学幼儿园，既带动了区内的年轻教师成长，又促进了名师的进一步提升成长，为区域教师队伍建设深度赋能。与此同时，优秀的干部也利用集团化办学、区内岗位调动等方式，进行学校管理文化的输出，促进区域教育优质均衡发展。

3. 团队管理奖

教育就是一群有情怀的人做着一件有温度的事情，唯有抱团发展，方能聚合拢指成拳之力，同时也需要从事业、待遇、情感等多方位提升教师职业幸福感。为完善教育管理人才队伍评价，激励优秀教育管理人才不断涌现，上城区每年对教育直属部门、中小学幼儿园的管理团队进行评价。根据上城区委机构编制委员会办公室核定领导职数和评价结果的不同等级，上城区按照评价结果发放相应标准的人才津贴。上城区率先创新实施教育“新共同体”治理模式，让“名校就在家门口”成为现实，全区义务教育优质覆盖率100%。学校管理团队不断提升教育治理能力、学校管理能力，改革创新积极性越高，教育教学成果也越丰硕。

4. 校长统筹奖

一个好校长就是一所好学校。为进一步促使好校长带好全校教师队伍，以充分调动教师的工作积极性和主动性，使之全身心投入到教书育人的工作中去，从而厚植学校发展根基，“校长统筹奖”应运而生，它主要是学校用以评价教师对学校发展的贡献度。学校围绕教育局安排的重点工作，结合学校发展规划，设立学校发展的重点项目和特色项目，以团队协作或项目制的方式，在评价中结合管理优化、团队建设、课程改革、德育实绩及特色创建等方面来实施，具体评价指标内容由各单位根据实际情况确定。该奖项是以学年为周期，即以当年 9 月 1 日至次年 8 月 31 日为一个评价周期。

“校长统筹奖”评价办法的制订充分发挥民主，在广泛征求意见的基础上，由学校党政联席会议按照“三重一大”（重大事项决策、重要干部任免、重大项目投资决策、大额资金使用）决策制度来集体研究决定，正校级干部的奖金一般不高于单位的平均水平。各单位形成规范的评价机制，采用自评申报、教育教学团队评价、评价小组评价等相结合的多元评价方式，激励教师提升教育服务水平。各单位严肃评价纪律，落实评价的公示制度，并严格按专款专用的原则，及时下发各项经费。“校长统筹奖”评价结果按规定公示，公示无异议后，在每年教师节前夕兑现相应奖金。该奖项的奖金核定须以财政部门确定的基数为标准，根据实际在编在岗人数核定。

案例 4-3-1 杭州市清河实验学校校长统筹奖分配方案

为充分调动学校教师的积极性，杭州市清河实验学校结合学校发展实际，科学分配校长统筹奖。在分配方案中，将不少于 35% 的比例用于学校发展重点项目考核，该项目指向学校三年发展规划，具体内容有学生体质健康抽测质量、市区学科教学质量等；将 10% 左右用于学校发展特色项目，该项目具体包含学校科研项目、艺术特色项目、校园特长项目等；将 20% 左右用于学校发展推进项目，该项目指向学校发展导向，具体有学校文化宣传和课改项目、家长满意度、特别贡献奖等；将 25% 左右用于学校优化管理项目，该项目指向团队建设，具体包括优秀组织建设、管理推进等内容；剩余的 10% 左右，则用于大型活动、年级自主特色项目等其他项目，如图 4-3-3 所示。这样的分配设置，让评价体系逐步走向“科学化”“合理化”“人性化”，从而在学校管理中发挥更大的作用。

上城区有很好的教育发展基础，区域教育现代化发展水平指数排名全省第一，区域教育综合实力全省领跑。“名师荟萃”是上城区教育的核心竞争力，教师队伍质量的高低将直接影响教育质量的高低，基于能力导向促发展的评价转型为上城教师队伍的优质发展注入了极强的动力。上城将继续从事业信仰力、专业学习力、职业幸福力三个维度提升教师综合素质，努力建设一支师德高尚、业务精湛、结构合理、充满活力的高素质专业化教师队伍，更好地服务于学生的全面发展。

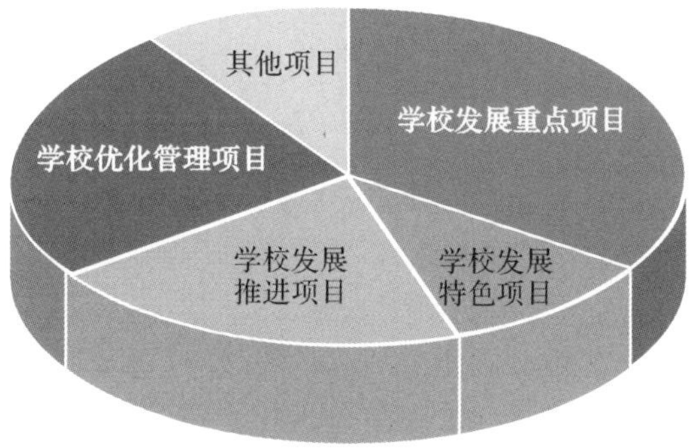

图 4-3-3　杭州市清河实验学校校长统筹奖分配比例

参考文献

［1］肖丽萍．国内外教师专业发展研究述评［J］．中国教育学刊，2002（05）：4.

［2］舒世昌谈教师队伍建设：先立德 后树人［EB/OL］．（2019-12-13）［2022-5-29］．http://edu.people.com.cn/n1/2019/1213/c431017-31505853.html.

［3］教育部关于做好义务教育学校教师绩效考核工作的指导意见［EB/OL］．（2008-12-31）［2022-5-19］.http://www.moe.gov.cn/srcsite/A04/s7051/200812/t20081231_180682.html.

［4］时子刚．中小学教师绩效评价的内涵与方法［J］．教育科学研究，2018（06）：52-57.

［5］张长海．构建以发展为导向的教师评价机制［J］．人民教育，2020（22）：22-25.

［6］陈玉琨．教育评价学［M］．北京：人民教育出版社，2007.

［7］杨梦雅．教师评价模型研究［J］．现代职业教育，2022（22）：94-96.

［8］陈菲．新时代教育评价改革的价值导向与实践路径［J］．教师教育论坛，2021，34（12）：17-20.

［9］阚斌斌，杨玉倩．中小学教师发展性评价的实施策略探究［J］．教育探索，2022（04）：80-83.

［10］周文叶，董泽华．教师表现性评价系统的研发与实施逻辑：以 edTPA 为例［J］．教育发展研究，2021，41（12）：20-27.

[11] 赵德成. 探索增值性评价：教师绩效考核改革的突破口[J]. 中小学管理，2020（10）：16-20.

[12] 辛涛. “探索增值评价”的几个关键问题[J]. 中小学管理，2020（10）：1.

[13] 唐西胜. 内涵、体系与培育：新时代中小学班主任的评价素养[J]. 教学月刊·中学版（教学管理），2021（04）：59-63.

第五章
学校：基于“管办助评”激活力的评价创新

实施学校评价，作为促进教育优质均衡、高质量发展的重要途径，是上城教育一直关注的重点。结合《总体方案》，上城教育以“教好每一名学生、成就每一位教师、办好每一所学校、幸福每一个家庭”为目标，坚持以人为本，探索实施全周期、常态化、系统性、有重点、多维度的学校评价体系，让学校评价的内容和过程贴近师生发展要求和学校日常管理，从而促使学校评价在理念、性质和内涵上都有根本性的变化，实现对区域优质教育资源的合理配置和优秀干部队伍的有效建设。

第一节
智治：学校评价系列的组成

好的学校评价，既要保证教育方针政策在学校能得到有效实施，又要兼顾学校自主办学的活力，因此，上城区明确了执行力评价、发展性评估，以及大数据平台和满意度评价等评价维度，系统设计、逐步推进落实学校评价改革。

一、学校评价体系的设计原则

受“唯分数论”的影响，社会上仍有不少人认为，评价一所学校的标准主要看它的办学质量，而其中最重要的标准就是它的升学率。升学率高的学校，就会被绝大多数人普遍认为是好学校，而一些能体现学生综合素质的德育、体育、美育、劳动教育等评价往往被边缘化，类似学业负担、社会满意度等评价更是因为评价体系还不健全而被忽略掉。

一套好的学校评价体系，一定是面向所有同类学校，兼顾操作性、可评价性、差异性，也能体现学校发展中的过程性成果。一套好的学校评价体系，不仅能提升基层干部依法治校、依法治教意识，也能全面激发干部办学治校活力，促进现代化学校制度的建设。因此，上城区通过执行力评价，指导学校依法治校、规范办学，守好底线管理；通过发展性评估，激励学校进行自主实践、特色发展，探索发展新路径；借助大数据平台和满意度评价，推进学校评价从经验管理向循证治理的转变，从单一考核向以评促建的转变。学校评价体系有以下三个评价原则。

1. 整体提升原则

截至 2022 年 12 月，上城区现有各级各类学校 206 所。要办好每一所学校，实现“名校就在家门口”的美好教育愿景，这就需要设计出一套科学合理的学校评价体系，让每一所学校都在自己原有的基础上有所提升。上城区坚持把立德树人作为衡量学校办学水平的根本标准，聚焦学校评价的关键点，坚持依法依规办事，系统设计评价方案，逐步推进学校评价改革，通过从严管理监督与注重激励关怀相结合的方式，促进学校师生身心健康、全面发展，促进学校整体提升，从而促进上城教育优质、均衡、高质量发展。

2. 多元评价原则

上城区的学校评价体系结合了各学段教育教学的具体工作，既有共性评价指标，又有个性评价指标，充分体现教育工作的基础性、办学公益性、育人长效性、岗位专业性等特点；既有年度重点工作、学校党建、教师招聘等共性工作的评价，又根据不同学段设置不同的重点评价项目。例如，幼儿园设置了游戏活动推进、规范办园、结对帮扶等项目，中小学设置了“双减”落实、学生全面发展、近视防控等项目。

3. 以评促建原则

评价的目的是促进学校更好地发展。上城区遵循“放权赋能激活力”的目标，不断完善学校评价机制；坚持严守学校底线管理、鼓励学校特色发展、双线并进，充分发挥评价的正向激励作用，让评价成为学校发展的“助推器”，全面激发学校办学活力和创新力，提升学校教育服务品质和工作美誉度，让更多上城的孩子能就读“家门口的好学校”。

二、学校执行力评价

执行力是学校竞争力的核心要素之一。对学校而言，执行力指的是贯彻战略意图，完成预定目标的操作能力，包含了完成任务的意愿、能力、程度。简言之，执行力就是学校把国家教育理念、教育方针、发展规划、决策目标等内化成为学校特色办学、师生全面发展的关键因素。提高执行力，必须要以健全的机制作为保障。在学校管理过程中，上城区引导学校建立健全各类规章制度、规范优化工作流程、及时落实反馈整改，从而有效促使学校提升执行力。上城区的学校执行力有一套完整的评价细则。

执行力评价要求学校全面贯彻落实国家、省、市各级教育方针和政策，严格守住办学底线要求。因此，它的评价周期跟政府考核周期一致，以自然年为评价周期，即每年 1 月 1 日至 12 月 31 日。每年 1 月，上城区教育局组织实施对学校上一年度的执行力进行评价，具体由组织宣传科牵头，各科室组织实施。各科室将重点推进工作列为年度评价项目，以季度为单位、根据基层单位在各评价项目中的工作实绩进行赋分，汇总得分后形成总分。执行力评价主要从党建工作、综合管理工作、教育教学管理、人力资源管理、经费后勤管理、依法治校管理、满意度测评等维度，对学校的教育教学工作进行全面的评价，如表 5-1-1 所示。

表 5-1-1　2022 年第二季度基层单位执行力评价项目

科室	一级指标名称	二级指标名称	三级指标名称
办公室	信访工作	1. 基础业务办理 2. 信访总量控制	1. 无评价不满意、二次重复信访的情况 2. 无办理不到位、反复催办或被各级信访部门通报的情况 3. 无工作不到位，造成群访、越级访的情况 4. 无网民留言、来信件调查的情况 5. 信访量不超过去年同期水平的 50% 6. 单位各类信访总量不超过学校师生规模数的 2%
	安全工作	1. 宣传教育 2. 安全演练 3. 平台应用 4. 日常管理	1. 每月主题教育活动按要求上传浙江省智慧校园安全平台 2. 修订防汛工作预案（手册），结合学校实际每季组织一次相关的演练活动 3. 每周录入浙政钉 APP 的“平安督”板块，自查自纠 1 个安全隐患，每月至少 1 次进行安全隐患排查，每季度安全互查检查、整改情况应按要求上传智慧校园安全平台 4. 每季度资料上交情况以及日常任务完成情况良好
组宣科	党建工作	1. 信息维护 2. 党建日常工作	1. 与浙政钉 APP 绑定，两个平台的信息维护到位、预警信息处理及时 2. 党的知识上墙、党务公开规范，党员活动室展陈功能与活动功能兼具，校园红色文化氛围浓厚等 3.《党支部工作手册》记录及时、要素完整，记录内容与上级要求相符，相关内容与党支部工作实际相符，总支部和党委建制的学校记录延伸到党支部一级
	党风廉政工作	上报 2022 年党风廉政工作材料	6 月 30 日前部分党组织上交党风廉政工作年度主体责任报告
人事科	教师招聘工作	在核定用编（用工）计划内严格按照规范程序组织做好编内外教职工招聘工作	1. 严格按照规范程序，先审批后招聘，招聘工作无投诉 2. 在招聘过程中，未出现不按规定程序执行、拒绝符合条件考生报名、错让不符合条件考生报名等违规现象

续表

科室	一级指标名称	二级指标名称	三级指标名称
政策法规科	法治宣传教育	年度重点普法项目完成情况	6 月 30 日之前按通知要求上报
义务教育科	卫生健康	视力健康和疫情防控	近视防控、扫码核验、核酸检测、疫苗接种工作实施情况
	教育生态	考试安全和考风考纪	规范组织各级各类考试的情况
	学生素养	德育工作	1. 德育常规工作规范有效开展 1—2 项 2. 迎亚运、传宋韵、垃圾分类、五水共治、光盘光瓶等文明好习惯养成的主题活动有推进、有成效 3. 学校季度重点的德育工作，有计划、有内容、有实施、有成效
综合教育科	招生工作	1. 规范招生 2. 招生服务	1. 无政策落实不到位，在招生过程中不出现提前招生、违规招收不符合本区入园条件幼儿、无故拒绝本服务区符合条件人员报名等违规现象 2. 无招生宣传不到位、不进社区、政策宣讲不到位的情况 3. 无因幼儿园工作失误引发的招生投诉
	疫情防控工作	校园疫情防控常态化	落实校门出入管理、环境日常消杀、师生出行申报、错时分段上下学等防疫基本要求
计财科	财务规范	财务工作检查	按《关于开展中小学、幼儿园财务管理专项检查》（上教通〔2022〕30 号）要求开展检查
	固定资产管理	固定资产定期盘点	配合上城区财政局落实全区行政事业单位资产清查工作，完成资产清查报表，资产清查结果符合本级资产管理相关规定

通常来说，学校执行力评价体系根据基层单位不同类型，分为直属单位、中学、小学、幼儿园等四个类别，按执行力评价总分从高到低进行排名，确定 A、B、C、D 四等，每个类别的前 30% 认定为 A 等。其中，党建工作评价位于所在单位类型后 30% 的学校，满意度评价中，满意率、比较满意率和基本满意率不足 70% 的学校，即使总分排名位列前 30% 的，均不能确定为 A 等。在评价年度内，一旦学校发生未履行党风廉政建设主体责任，情节严重；干

部个人存在思想政治、道德品质方面的突出问题或违纪、违法行为；领导班子产生无原则纠纷，严重影响班子团结；在信访维稳、综治安全等方面存在责任事故；在招生、考试、课程管理、教师招聘、教育收费、学生减负、工程建设、采购招标、财务管理等方面存在违规行为，情节严重；教职工出现严重违反师德师风行为，影响恶劣并造成不良影响的，执行力考核直接确定为C等。此外，学校出现其他严重问题，影响教育系统在各项工作评价中被“一票否决”的，认定为D等。

例如，杭州市丁兰实验中学按照区教育局执行力评价中对党员教师开展信息管理、发展党员程序规范、建设阵地、组织生活记录本等要求，探索学校党建与教育事业融合发展的新路径，以“知行合一、情意融通、智信并重”的理念抓学校党建，通过党史学习教育浸润美、志愿服务践行美、最美瞬间欣赏美、先锋评价展现美的四条路径，打造有纯度、有光度、有热度的“三度”党组织，为实现学校教育健康稳定高质量发展提供坚强保证。学校举办鱼骨微型会，利用碎片化时间，以办公室、备课组、党小组为单位，以线上线下相结合，探索党知识学习新形式；开展“1+X”项目负责制活动，“1”即一个平台发起相关项目，依据“X”智囊包，开展项目实施，发挥党员教师的示范性、引领性和服务性；开展“最美瞬间欣赏美”活动，以“形式微，意义大；人物微，责任大；故事微，能量大”为主题，通过寻找美、展示美、点赞美这三种方式，抓住最美瞬间，充分挖掘有故事的党员教师，宣传正能量，最终形成横向覆盖面广、纵向思想觉悟深的基层党建新样态。在学校“馨兰”“蕙兰”“菁兰”三大进阶成长团队的引领下，坚定信念，促进思想的升华；锐意进取，促进专业的提升；开拓创新，推动先锋的树立。

三、学校发展性评估

学校的发展各具特色，既需要时间空间，又需要规划指导。上城区教育局以三年发展规划为抓手，逐步健全评价维度，建立学生健康发展、教师个性发展、学校内涵发展和社会影响为核心的学校评价体系。公办学校的三年发展规划以四年为一个周期，第一学年以制订评估规划为主，第二、三学年以评估重点发展项目达成效果为主，第四学年开展终结性评估。

上城区借助发展性评估，引导学校基于发展起点，逐步提高自身教育质量，通过完善评估指标，引领学校变革为高质量发展的视角；将学生的学业水平与其入学起点水平作比较，注重学校自身的纵向发展，循序渐进“爬缓坡”；注重教育公平的保障，促进各水平学生“小步子前进”，从而实现上城教育优质均衡、全纳公平。

上城区学校发展性评估指标包括关键绩效指标、基础性指标以及个性发展指标等三类。其中，关键绩效的指标内容由区教育局确定，并在每年9月确定本学年关键绩效指标的具体项目，由局相关职能科室负责评估；基础性指标，总计100分，主要是对学校（单位）办学规范、教育教学管理的基本要求，分党建引领、规范办学、安全维稳三个维度，共12项指标，在规划周期最后一年考核学校近四年的情况，基础性指标有一项不达标，终结性评估结果不能为A；个性发展指标则主要是对学校发展规划制订过程的评估。学校在第一学年，按要求制订三年发展规划，督导室将重点对学校（单位）规划制订的前期准备、信息收集、文本撰写等环节进行评估，重点关注规划制订（项目选择）的适切性。其中，文本撰写等环节主要委托第三方专家进行论证，其他环节根据区责任督学日常随访情况进行评议。

一般来说，发展性评估分为学年重点发展项目评估和规划终结性评估两类。其中，学年重点发展项目评估是指学校在每年9月前，根据三年发展规划文本和规划实施进展，拟定不少于三个学年的重点发展项目交督导室审核，在每学年结束前，学校开展自查自评，撰写年度自评报告，督导室将委托第三方评估机构，对学校学年重点发展项目的达成度和影响力进行评估；规划终结性评估是指学校在第四学年，根据学校三年发展规划开展自查自评，完成终结性自评报告，交督导室审核，督导室将委托第三方评估机构对学校（单位）规划实施情况进行终结性评估。

学校发展性评估结果也分 A、B、C、D 四个等第，根据“一校一评、分类汇总”的原则，将学校评估总分按直属单位、中学、小学、幼儿园等四类，从高分到低分进行排序，将每类前 30% 的学校认定为 A 等。但如果出现关键绩效指标有不得分项目，基础性指标有四项不达标，出现重大信访问题，因履行教育职责严重失职导致发生重大安全事故或重大涉校案（事）件，发展规划经学校教职工代表大会审议不通过，学校发展规划有明显抄袭现象，学校学年重点发展项目与办学理念、规划目标不一致，存在“两张皮”现象等情况的，将直接被认定为 C 等。此外，学校出现其他严重问题，影响教育系统在各项工作考核中被“一票否决”的，发展性评估结果被认定为 D 等。

上城区学校的发展性评估主要分公办学校和民办学校两类进行。其中公办学校以三年发展规划为载体，实施发展性督导评估。四年为一个周期，每学年开展一次形成性评估，每四年开展一次终结性评估。终结性评估体系由基础性指标（100 分）、发展性指标（100 分）及少数否定性指标组成。其中，基础性指标占 30%，发展性指标占 70%。各学校要在完成上一轮发展性评价的基础上，组织开展新一轮的发展性评价工作。上城区公办学校发展性评估实施周期安排，如表 5-1-2 所示。

表 5-1-2 上城区公办学校发展性评估实施周期安排

类别	规划制订及实施周期	说明
直属单位、普通高中、中职学校、特教学校	2020—2023 学年	第二轮周期
初中（含九年一贯制学校）	2020—2023 学年	第四轮周期
小学	2021—2024 学年	第四轮周期
幼儿园	2018—2021 学年	第三轮周期
	2022—2025 学年	第四轮周期

民办学校的发展性评估则以发展性学年核评为主。一年为一个实施周期，每学年开展一次学校核评工作，以此规范民办学校（幼儿园）依法办学行为，

促进学校内涵发展。它由基础性指标评估、发展性目标评估两部分组成。其中，基础性指标评估是对学校教育、教学及管理的基础要求，学校（幼儿园）明确了办学过程中“必须做”和“不许做”的要求；发展性目标评估则包括关键绩效指标考核和学年重点项目自评，关键绩效指标是指上城区教育局根据区域育人目标和教育事业发展规划确定的重点监测指标，学年重点项目自评是指学校依据自身教育改革与发展需求，自主确定1—3个学年重点发展项目。

四、学校满意度评价

“办好人民满意的教育”的根本就是要切实了解全区中小学、幼儿园家长对所在学校、幼儿园的需求、期望和满意度，从而能有针对性地改进学校教育工作和提高学校教育水平等。学生家长虽不是学校教育的主体，但却可以成为评价的主体之一，因此，调查家长对学校的满意度可以从一定程度上反映出学校教育教学质量和管理水平等情况，并以此作为有针对性调整和改进的重要途径之一。

一般来说，满意度指数是指评价样本对相关考察点的满意 / 认可情况。上城区采用 Likert 五点计分法，对相关题项按满意 / 认同程度（非常不满意、不太满意、一般、基本满意、非常满意）分为五个等级，分别赋予1、2、3、4、5的等级赋分，计算得分并转化为百分制。因此，指数值越大，表明满意度越高。上城区对考察点得分取算术平均值，得到分维度满意度指数及综合满意度指数。

满意度指数分为综合满意度指数、分维度满意度、总体评价三个方面。根据中小学、幼儿园、职业高中、特教学校、直属单位等不同类型，各校（单位）在分维度满意度指数中有具体体现。以幼儿园分维度满意度指数为例，《上城区幼儿园家长满意度调查问卷》一般设置50余题，包括基本信息9题、满意度及相关现状40余题，评价维度包括品牌形象、教育治理与管理、师资队伍、课程与教学、健康养护条件、家园沟通、教育效果及学习习惯等方面，具体分为37个评价观察点。

为准确把握上城区教育服务现状，科学诊断各学校、幼儿园教育发展现状、存在的问题和原因，上城区每学年借助第三方平台对区教育系统的教育工作进行满意度评价，通过工具开发、信息采集、数据分析等一系列工作，采集了全区各中小学、幼儿园、职业高中、特教学校、上城区教育局直属单位等的工作满意度及相关因素的数据，并形成区域总报告及各单位分报告，为教育决策提供有益的参考。

一般而言，第三方平台通过网络问卷调查的形式进行学校满意度评价工作。其中，直属单位评价对象为区域教育系统内的教职工及服务对象，学校评价对象为学生家长，并且每校会随机抽取 4 名家长进行电话核实。

以杭州濮家幼儿园为例，借助家长对幼儿园满意度评价，促进幼儿园在“保”与“教”两个方面的全面提升。在课程建设中，濮家幼儿园始终将家长群体作为课程的重要资源之一，让家长不仅成为园本课程的参与者，更成为课程的主动建构者。通过活动预告、前期调查、活动准备、活动实施、信息反馈、意见征集等环节形成课程架构闭环，让家长全程参与到幼儿园课程建设与实施当中。因此，家长对幼儿园教学理念与课程特色的认可，以及对幼儿园教学质量的满意度得到了提升，如图 5-1-1 所示，2019—2021 学年，

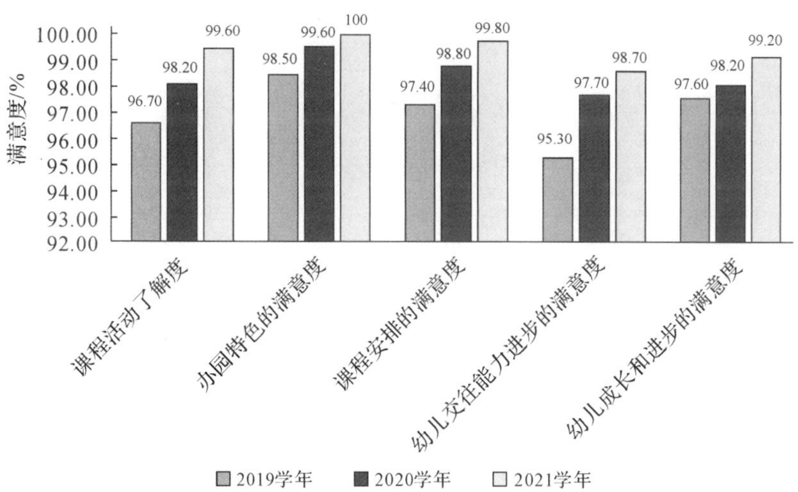

图 5-1-1　杭州濮家幼儿园家长对课程的满意度调查结果统计图

随着课程的不断完善和家长参与度的不断提高，家长对幼儿园课程的安排、活动内容的知晓度逐年提升，对特色课程下幼儿发展成效的评价与认可度逐年增高，对教育质量的满意度始终处于高位。

“保育”与健康保健是家长们最关心的话题之一。濮家幼儿园在调查问卷中发现家长们对食材质量如何把关、营养搭配是否合理、菜品花色是否丰富等问题仍存在一些疑虑。为了赢得家长的信任，幼儿园通过让家长们“眼见为实”，用事实来说话，让家长们共同见证幼儿园在这方面的努力与用心。濮家幼儿园举办“相约星期日”活动，在微信公众号上设置专栏，将菜品、水果等一周菜谱以预告的方式呈现出来，并通过“上周回顾”小栏目，让家长真切看到前一周菜谱中菜肴的品质；同时，用视频号呈现幼儿日常就餐的影像，让家长直观看到孩子们津津有味就餐的场景；开展“阳光食堂”行动，家长自愿报名成立家长巡视团，走进幼儿园食堂，督查食堂各个场所的设施设备、智慧厨房的功能、各类索证索票等。随着“健康膳食”四部曲管理举措的实施，家长们对濮家幼儿园优质的后勤管理的知晓度、信任度大大提升。如图 5-1-2 所示，以 2019 级幼儿家长为例，入园三年，家长对幼儿园膳食的满意度大幅度增加，从 2019 年的 73% 增至 2022 年的 99.7%。

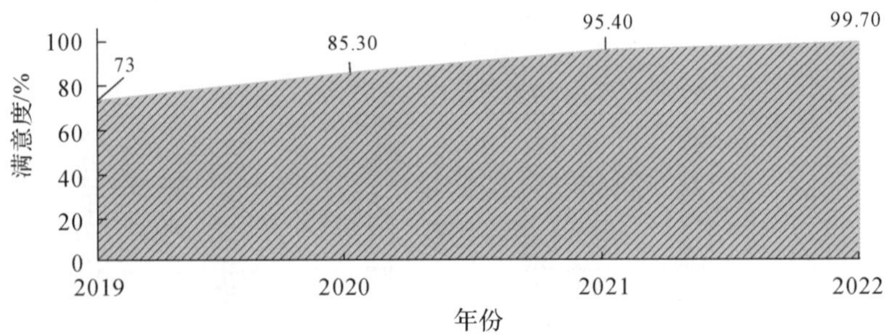

图 5-1-2　杭州濮家幼儿园家长对伙食的满意度调查结果统计表

第二节
导助：全程支持的规划管理

⊙

如果说学生发展是一切教育活动的起点和终极目标，那么“学校发展”则是教育行政管理的直接目标。继全国教育大会之后，教育部等八部门发布《关于进一步激发中小学办学活力的若干意见》，明确要深化教育“放管服”改革，落实中小学校办学主体地位，增强学校发展动力。上城区教育局以实施学校三年发展规划为载体，从“管住学校”变成“以学校为主体”，减少了微观干预，加强了间接指导；避免了“千校一面”的现象，加强了个性化引导与精准帮助，最大程度激发学校的创新性，让每一所学校探索适合自己发展的有效路径，实现“名校就在家门口，名师就在我身边”的美好教育。

一、规划管理引领学校内涵发展

学校的内涵发展是相对于学校的外延发展而言的，在学校办学规模、条件、设施等硬件显性扩展的背景下，关注学校的内在品质，在办学理念、管理水平和教育质量等“软件”层面上的提升已成为一种共同的趋势。注重内涵发展是提高办学水平的重要选择，也是学校规划管理的出发点与落脚点。

上城教育从 2009 年开始进行初中三年发展规划试点，到 2022 年已经实现对不同办学性质、不同学段学校全面覆盖的分类发展性评估；逐步构建以发展素质教育为导向的学校办学质量评价体系，持续优化学校办学质量的过程性评价标准；引领学校从内涵发展的规范化阶段走向个性化阶段，从特色发展走向全面优质。

上城区公办学校（单位）以三年发展规划评估为评价方式，四年为一个周期，第一学年主要评估规划制订，第二、三学年主要评估重点发展项目达成效果，第四学年开展终结性评估，如图 5-2-1 所示。学校高度重视发展规划管理，从规划的制订，到规划的落实，再到规划的总结，学校都在努力探索科学的发展之路。各学校的发展规划突出核心理念引领，更加契合学校发展的需要和时代的需求。

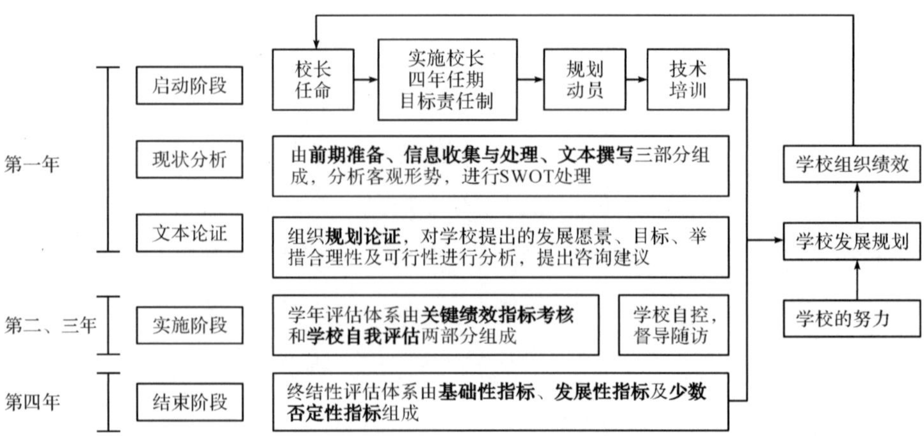

图 5-2-1　区域推动学校发展规划模式图

学校规划紧紧围绕基于学生发展的顶层设计、基于问题解决的目标设计、基于课题研究的载体设计；在实施过程中充分利用各种外部资源，如政策资源、共建单位资源、社区和家长资源；注重学校特色建设，如科技特色、艺术特色、体育特色等。例如，杭州市娃哈哈小学秉承“博雅尚美，以美育人”的办学理念，紧紧围绕三年发展规划的重点项目，抓住挂牌“中国美术学院附属小学”的契机，开启“构筑校园美境、实施校园美育、塑造校园美心”的新征程，并不断开拓创新；杭州师范大学第一附属小学基于校园博物馆开展项目研究的场景学习，学生依托校园微型博物馆资源开展真实问题的项目学习，实现学科学习场景向问题解决场景转换，拓宽学生学习视野，改变学教方式，让跨界学习、深度学习成为可能，促进学生综合素养的全面提高。

各学校以三年发展规划中提出的目标为引领导向，以整体核心发展理念细化各项工作，将规划的实施融入到学校管理的方方面面，渗透进教学互动的点点滴滴，促进了学校的内涵发展，增强了学校的自主办学能力，提升了上城区的教育治理水平，用实际行动诠释了对“美好教育”的生动实践。

二、全程支持助推学校规划实施

上城区教育局全力支持学校规划的全过程，引导学校管理者树立促进全体学生全面发展的目标意识，帮助学校通过 SWOT 分析，制订以学生发展为本的学校发展规划；指导学校在落实发展规划的过程中持续进行自我评估，不断发现问题和改进问题，最终建立促进学校可持续发展的新机制。

1. 学校发展规划的制订

学校发展规划制订包括前期准备、信息收集与分析、规划文本撰写与论证这三个阶段。每一所学校都有其独特的发展历史和社区背景，学校发展的目标和重点不是整齐划一的，而必然是多元、个性化的。学校聚焦核心问题开展讨论，通过向社会各方征求意见，如举办座谈会、开展调查等，发现学校发展的优势与不足，用头脑风暴、优先发展目标排序、SWOT 分析等方法，提出适合校情的发展目标和实施路径，明确三年发展方向，如图 5-2-2 所示。

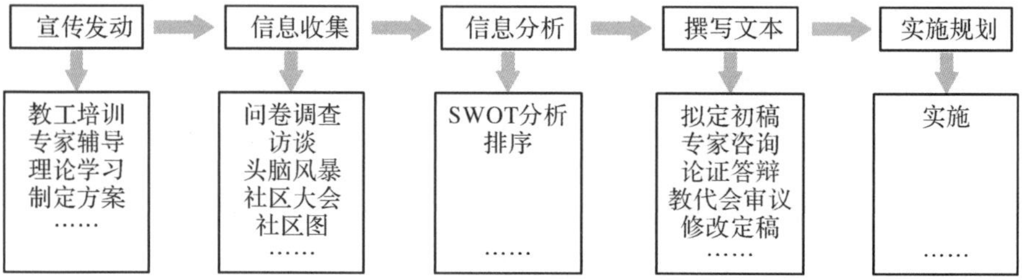

图 5-2-2　学校发展规划制订流程图

在信息收集与分析过程中，学校通常采用“头脑风暴”法、问卷调查法、访谈法、“社区大会”法、画“社区图”等方法，全面听取教师、家长、学生等各类群体的意见和建议。例如，杭州市紫阳小学在启动新一轮发展规划时，全体教师参与了学校规划制订，学校成立发展规划领导小组，下设六个工作小组和一个管理委员会，通过多次专题学习、校本培训以及意见征集，由教职工代表大会最终审议通过发展规划。杭州市凤凰小学在信息收集分析过程中，分别面向教师、家长、学生、社区、上级部门开展各种形式的信息收集，全面听取利益相关者的意见和建议，同时对所获信息进行分析、归类、排序，认真分析学校当前发展过程中的优势与不足、机遇与挑战，最后形成学校未来三年发展迫切需要解决的四个问题：优化学生成长载体创新和校园文化建设的问题；促进学校办学活力的机制问题；教师专业发展和教育评价的问题；家长培养和家庭教育提升的问题。

这样的信息采集与分析过程，由各学校多方成员共同参与，是学校民主管理的体现，有利于多元主体互动交流，为学校发展出谋划策，既凝聚了人心，又能通过全面调研了解到当前学校发展所面临的亟待解决的真实问题，从而确保了学校三年发展规划制订的科学性。

为确保各校所制订的学校发展规划科学有效，由上城区人民政府教育督导委员会办公室负责召开学校发展规划论证会，组织专家团队对学校发展规划进行论证，帮助学校树立发展的信心，理清发展的思路，明确发展的重点，优化发展的策略。

例如，在2022年7月11日—13日，小学第四轮的三年发展规划论证会上，40所公办小学经历了前期准备、章程修订、信息收集等过程后，用翔实的汇报向专家组成员展示了学校未来三年发展的美好愿景。通过校长路演、专家评议、团队答辩环节，确保学校发展规划诊断精准、目标适切、举措明确、指标量化，可实行、可检测。专家对每所学校出具论证意见，提出修订建议，肯定上城区40所公办小学的三年发展规划定位正确、理念先进，并能根据迫切要解决的问题抓住重点、力求突破。例如，杭州市澎致小学的“规划”在四个方面表现得独具特色：一是该校发展规划规范，学校发展思路有条理；二是该校发展理念先进，学校顶层设计有特色；三是该校发展优势明显，协同育人规划有创意；四是该校发展重点明确，特色空间建设有新意。

学校发展规划不求完美，只求更好。制订学校发展规划不是为了追求一个完美的学校发展蓝本，抑或呈现一个结构合理、体系严密的研究成果，而是追求更有效的、真正发挥作用的行动纲领，并由此调动大家的积极性，推动学校的发展。在这个过程中，大家不断认识学校的现状，不断思考学校的问题，不断发现新的发展思路，然后一步步达成共识，最后形成一个体现绝大多数人意志的学校发展规划。

2. 学校发展规划的实施

规划的制订主要是解决“做正确的事”的问题，即规划目标及任务举措的适切性。但仅有目标，在行动计划尚不完备的情况下，该如何“正确地做事”，如何将规划从文本转化为具体的行动是学校规划管理的关键。学校发展规划如果实施不到位，那么再好的规划也只是空中楼阁，需要解决的问题始终难以解决；学校发展规划如果不能发挥引领作用，就无法促进学校的发展变革。因此，要想突破实践中的困境，只有在学校发展规划实践中重视与加强行政推动、监督与指导，使学校有能力、有条件扎实推进发展规划，才能切实提高学校自我诊断、自主规划与自主实施的能力，改善学校领导团队的管理水平，从而进一步从区域层面上全面提升学校教育质量。

学校发展规划实施的过程中，上城区教育局采用“学校自控、督导随访”的方式。学校在实施中不断进行反思与自评，通过自评对学校的重点工作做一个清晰的梳理，归纳行之有效的做法为下一阶段继续深入提供新的起点和经验。同时，在自评中对照规划预期，检讨没有达成的部分，反思学年工作中不足的部分，分析原因，提出在下一阶段工作中具有针对性的改进措施。这样，能够极大地提高学校工作的针对性和有效性，为规划发展目标的最终达成提供保证。

例如，杭州市饮马井巷小学在第三轮三年发展规划中提出了一个发展目标：丰富载体，助力教师综合素养的提升，打造一支业务更优秀、素养更全面的教师团队。学校在规划期间以“指向提升素养的师资建设”为重点项目，搭建、培育、宣传“育骏先锋”这一平台，挖掘美好教育故事，让“先锋教师”成为教师队伍建设的品牌之一；通过“饮马讲堂”开展项目研究，打造集“教、研、培”于一体的精致化研训，提升教师课堂教学水平；借助教师“文化社团”帮助每位教师发展兴趣特长，提高综合素养，找到跨界的幸福。学校每年通过多种途径反思“师资建设”工作的进展情况，并不断跟进改进措施。从教育满意度调查数据中可以发现，饮马井巷小学的家长对教师“师德素养”“教学能力”“学科知识水平”“工作态度”满意度均达到100%。学校正是通过多元、多层、多样的专业提升平台，使全校老师的使命感和责任感得以有效提高，使他们廉洁自律、工作勤勉、专业扎实、素养全面，成为学生、家长们口中的好老师。

3. 学校发展规划的达成

上城区管理的学校发展规划在评估阶段，主要体现为学年形成性评估和终结性评估，采用“自评为主，他评为辅”的方式开展。学年形成性评估是每学年针对关键性指标和个性发展指标的达成情况进行的评估。终结性评估是在发展规划周期结束时，通过对基础性指标和发展性指标两大方面进行考核和评价，注重学校自身的进步幅度和“增值”大小，真正实现学校评价机制的变革。

学校在总结自评的时候需要正确地处理好学年形成性评估与终结性评估之间的关系。学年形成性评估是总结一学年的实施过程评估，是侧重对规划实施过程的评价；终结性评估则是指在规划周期结束时对规划管理、学生发展、教师成长和学校效能等指标进行的评价。学年形成性评估与终结性评估的区别在于：一是节点不同，学年形成性评估是以学年来划分的，终结性评估是以规划实施周期划分的；二是程度不同，一个学年的学年形成性评估和一个周期的终结性评估对自我评估要求是不同的，相较学年形成性评估，终结性评估更系统，也更重视完善顶层设计。

基于学校内涵发展规划的终结性评估，包括学校自我评估与区域评估两部分。区域终结性评估包括前期准备、评估启动、学校自评、入校评估四项内容。终结性评估结合学校自评报告及平时指标监测情况，组织省内外专家、区督学等组成评估小组深入学校，通过听取校长汇报、师生访谈、校园观察、资料查阅、学校管理团队答辩等多种途径，对学校三年发展规划的实施情况进行全面评估。最后，专家组将发展性指标考核结果汇总到上城区人民政府教育督导委员会办公室，如图 5-2-3 所示。

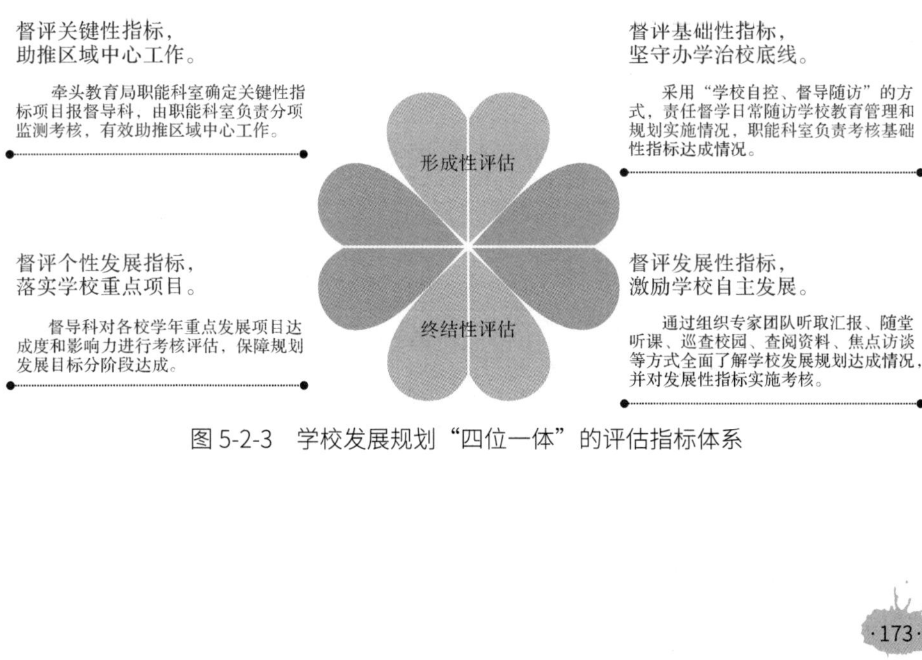

图 5-2-3　学校发展规划“四位一体”的评估指标体系

例如，2022 年 6 月，上城区开展幼儿园第三轮三年发展规划的终结性入园评估，对全区 20 所公办幼儿园进行每园半天的入校评估工作。在园区观察中，评估组走遍了幼儿园的每一个角落，从主题墙设计、区角设置、材料投放等方面，一一指出幼儿园在环境创设中的亮点和不足。在台账查阅环节，评估组对幼儿园各项工作的管理台账进行了细致的检查和评估，全面了解幼儿园常规工作的开展情况，着重关注管理过程中的细节问题。园长们在汇报环节中详细介绍了幼儿园办园特色、园所文化、课程建设、幼儿发展、教师成长、家园共育等方面的情况。在团队答辩和交流反馈的环节，专家组在与幼儿园团队展开激烈的思维碰撞后，给幼儿园提出了宝贵的建议。

上城区教育局以发展为导向，通过学年形成性评估和终结性评估帮助学校总结在三年规划期间的成就与不足，帮助总结、提炼在实践中创造的一些具有先进性和典型性的经验，更重要的是帮助学校对已形成的经验进行理性的反思，进而在实践中进一步丰富和完善。同时，上城区教育局进一步分析影响学校发展的深层次因素，为学校下一步发展提供决策依据和指导方向，并最终促进学校可持续发展。

三、发展性评价激发学校办学活力

以发展性督导评价为导向的规划管理，旨在推进学校建立自主发展的学校规划管理机制，因此评价注重学校自我规划、自我评估和自我改进。

在学校规划管理的发展性督导评价中，采用“基础性指标 + 发展性指南”的框架。基础性指标是根据国家的教育方针、法律、法规和有关规范要求对学校发展提出的规范性的基本要求，体现了学校的基本条件、学校管理和办学基本要求等方面，具有法定性和统一性。发展性指南主要指学校在达成基础性目标的基础上，根据时代和社会发展，对学校教育以及学校自身的发展现状的要求，为进一步提高办学水平、质量和效益，创建学校特色而确立的发展目标。发展目标是由学校的个体差异性与学校自主发展需求决定的。

上城区教育局通过前三轮的学校三年发展规划实践积累了很多有效经验，各学校规划的顶层设计是一份可以实施的计划，它统筹了学校发展的基本要素——课程、教学、教师、学生，并通过高效的管理把德育、教学、教科研等工作整合为一个有机的系统，统筹推进学校的特色发展。例如，杭州市天地实验小学在规划中明确以自由生长的新儿童教育为核心价值的诉求，在整体规划目标中以“润泽校园建设、体验式课堂新样态、自我领导力教育”三大工程为三年发展的重点工作。学校全体成员对规划有整体清晰的认识，家长和教师认同度、参与度高，学校工作根据规划认真开展，对重点工作有跟踪有反馈，在实践中有良好成果，极大地推动了学校的内涵发展。

上城区在认真做好发展性督导评价激发学校办学活力的同时，非常重视学校发展性评估结果的多层面应用，将其作为激励不同层次学校提高教育教学质量和办学水平的衡量指标，促进学校自主化、特色化发展，提升区域的教育品质。同时，在发展性督导评价中，上城区将学年度发展性评估结果作为学校管理团队发展性绩效奖励的重要依据，终结性评估结果作为中小学幼儿园校（园）长任期结束综合督导评估的重要依据。在督导评价中，如发现学校存在不履行、不完全履行或不正确履行教育职责的问题，上城区教育局将根据《教育督导问责办法》（国教督〔2021〕2 号）文件精神，依照职能和管理权限实行内部监督和责任追究。

第三节
改进：基于评价的学校行动

⦿

科学制订实施“学校发展规划”是在学校准确定位的基础上明确共同的发展愿景、促进学校系统整体变革以及促进教师学生发展的有效路径，是教育行政管理的直接目标。

上城教育以全程监督、指导、评价学校制订及实施三年发展规划为基本路径，强化对学校发展过程性、发展性评价的科学监督管理，建立健全“以发展素质教育为导向的办学质量”监督评价体系，从“管理学校发展”转型为“促进引导学校自主科学发展”，通过个性化引导与精准帮扶，最大程度激发学校的发展内生力，助力实现美好教育的愿景。

一、科学规划、彰显特色，寻找学校发展路径

上城教育以引领学校三年发展规划制订及实施为主轴，自查自评和督导评价相结合、学校自主发展与督导引领发展相结合的“一轴两结合”管理模式，

科学有效地引领全区学校发展内涵。发展性评价提供不同层次学校提高教育教学质量和办学水平的衡量指标，评估结果按学年反馈，督促学校对标反思、精准研判存在问题，适时改进原有策略，让每一所学校步入主动发展、自主完善的良性轨道。

例如，杭州市天长小学楼朝辉校长曾在《中小学校长》上发表《核心价值观：内隐的学校可持续发展路径——学校规划的假设、视角与行动》一文，楼校长根据天长小学多年的规划实践反思，从学校管理者的角度看学校规划，提出无论是学校发展战略规划还是阶段性发展的路径设计，管理者们都首先在这样的前提下思考：学校要走向卓越，就需要规划。换言之，学校走向卓越的进程是可控的而且是可改善的。学校规划成效取决于四个方面：规划目标、规划实施、规划内容、规划评价。楼校长分别从规划内容视角、规划行动研究、规划评价认识三个方面阐述学校价值观在学校规划的各项工作整合中所能起到的重要作用。案例 5-3-1 里，楼朝辉校长从规划内容的管理和学校文化的视角阐述了学校规划的作用。

案例 5-3-1 天长小学的学校规划（节选）

天长小学的规划主要从学生、教师、管理和学校文化四个视角出发，设计具体内容，推进学校核心价值观不断发展，逐步实现最终的目标。现从管理和学校文化这两个视角出发，谈谈学校规划的作用。

1. 系统思维：规划内容的管理视角

从学校管理的本质看，学校发展规划是一种学校的自主管理，主要包含以下方面：思想系统引领、导向系统引领、行为系统引领、具体构件引领，如图 5-3-1 所示。

思想系统引领层面，学校坚持“没有差生，只有有差异的学生”的理念，并在机制层、行为层、物化层都以此为引导，在学校规划中设置合理的运行管理机制。

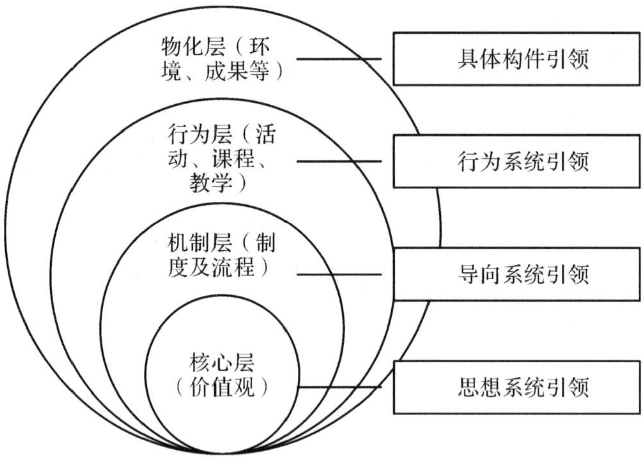

图 5-3-1　天长小学规划的系统思维

导向系统引领层面，实质就是形成学校可操作的明晰的运行机制，通过内生方式使得制度内化为学校文化的重要组成部分，使之在学校运行过程中对每一位学校相关人士持续产生影响，并固化为教师、学生思想中的行动指南，在聚焦差异教育的思想中，使学校文化成为学校有思想的持续行为。

行为系统引领层面，学校努力通过行为的表层和深层的表现，把学校的核心价值观潜移默化地渗透到教师和学生的教育教学生活中。天长小学一直以“个性”“差异”作为核心价值观的主要词汇。价值观还体现在行为的深层表现当中，包括学校课程系统中的每个领域，其中活动序列和评价序列是落实价值观最核心的地方。

具体构件引领层面，这是价值观实现的平台。学校结合自身实际，创立如“丛林展示”等机制，学生在多方展示交流中能够得到同伴、家长、老师、权威人士等不同主体的积极支持，促进自身全面发展。

2. 历史感：规划内容的文化视角

一所学校的核心价值观体现在学校历史中，也会沉淀在教师的理念和行为上。从规划内容的文化视角来看，学校发展中的重大事项、重要研究，特别是这些研究所呈现的价值取向能否植根于每位老师的思想中，能否转化为教师们的日常行为，都需要规划和经营。天长小学进行了发展进程中的整体优化，学校在教学质量、学生成长和争鸣文化等方面取得的成效一度引起强烈反响。学校发展要重视教学质量，更要超越教学质量；要努力发挥每一位教育人的独特价值，也要最大限度地保证学术争鸣。学校以教育研究作为推动学校发展的核心动力，在学术研究中解决学校发展中的各种问题，以教育思想创新作为学校发展特色。学校研究课题《小学生整体改革综合实验研究》获国家教委首届教育科研成果一等奖，《一个模子不适合所有学生》获第二届国家基础教育教学成果一等奖，《选择和交往：差异教育的操作路径设计及实践》获第四届教育科研成果三等奖。学校的差异教学研究历程，如链接 5-3-1 所示。

链接 5-3-1
杭州市天长小学的差异教学研究历程

（楼朝辉　杭州市天长小学）

二、规划引领，课程建设，促进幼儿园内涵发展

通过十多年的发展规划管理实践，上城区中小学、幼儿园均有了明显的变化，管理思路逐渐明晰，管理成效日趋明显。中小学、幼儿园充分利用各种外部资源，抓住校园特色建设，构建基于课题研究、问题解决的规划管理机制，有效地促进学校（幼儿园）自主化、特色化发展，提升区域教育的品质。

杭州市紫阳幼儿园在三年发展规划的引领下，以吴山文化童心体验课程建设为载体，快速走向了内涵高质量发展之路：在 2011—2014 学年第一轮三年发展规划期间，幼儿园成为浙江省一级幼儿园、杭州市特级幼儿园，吴山文化园本课程获首届浙江省精品课程称号。在 2015—2022 学年的第二和第三轮三年发展规划期间，幼儿园进一步加强特色课程内涵建设，快速成为省内外有特色影响力的品牌幼儿园，2021 年获上城区首届中小学幼儿园教育教学质量管理金名片奖。案例 5-3-2 里，杭州市紫阳幼儿园孔英萍园长从规划引领课程品牌建设的角度阐述了如何促进幼儿园内涵高质量发展。

案例 5-3-2 紫阳幼儿园规划引领课程品牌建设

杭州市紫阳幼儿园地处老皇城根下，一直以来硬件配套不足，室内空间非常局促。作为 2008 年上城区公办园唯一一所乙级园，2009—2011 年紫阳幼儿园在教育局三年发展规划引领下，以吴山文化童心体验课程建设为载体，快速走向内涵高质量发展之路，成为浙江省一级幼儿园、杭州市特级幼儿园，其吴山文化园本课程获浙江省首届精品课程称号。

吴山文化课程是基于周边南宋文化地域资源开发建设的。如何遵循幼儿身心发展规律和认知特点，科学有效实施课程内容，让吴山文化看得见、摸得着，紫阳幼儿园扎实推动课程建设从 1.0 走向 3.0，实现了吴山文化课程的迭代发展。

1. 第一轮 3 年发展规划：课程建设 1.0

2011—2013 年是课程建设 1.0 阶段，紫阳幼儿园围绕课程建设规划目标，把建立和完善园本主题资源库、师幼共创特色环境和“小河坊”游戏开发作为迫切需要解决的问题，各部门齐头并进，不断探讨破解问题的具体方法和策略。

2. 第二轮 3 年发展规划：课程建设 2.0

2015—2017 年是课程建设 2.0 阶段。在规划方案制订前期，幼儿园多方收集信息，分析梳理了问题根源：一是园本主题实践没有捕捉幼儿的真问题；二是“小河坊”游戏材料缺乏层次性，一些游戏缺少深度学习；三是吴山文化体验项目不够丰富和多元，幼儿缺少深层次感悟和体验；四是要完善评价方式，提升评价质量。

因此，这一阶段紫阳幼儿园提出了任务驱动园本主题实践新模式，优化“小河坊”游戏活动，开展“学习故事”游戏评价和“小河坊”游戏幼儿评价的探索，推出“小河坊”混龄游戏，满足不同年龄幼儿活动需要的同时，让吴山文化变得更加立体和丰满，如图 5-3-2 所示。

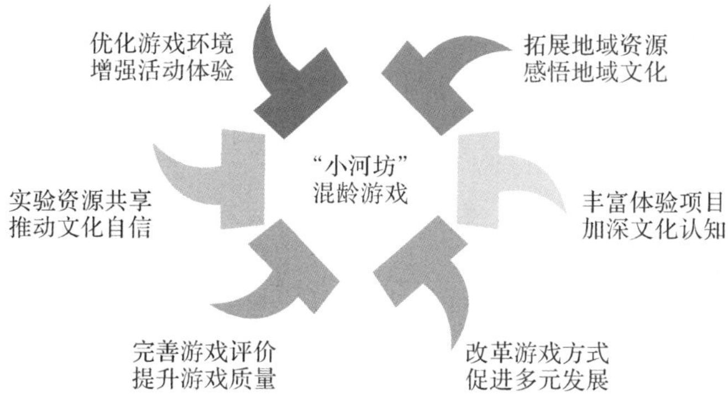

图 5-3-2 “小河坊”混龄交往游戏实施图

3. 第三轮 3 年发展规划：课程建设 3.0

2018 年在浙江省关于课程深化改革背景下，紫阳幼儿园依托 3 年发展规划（2019—2022 年），提出了开展整体的课程园本化建设思路，即以审定教材为基础，整合吴山文化童心体验课程内容，以市科研规划课题引领，建立园本主题三级审议机制，如图 5-3-3 所示，对课程内容进行

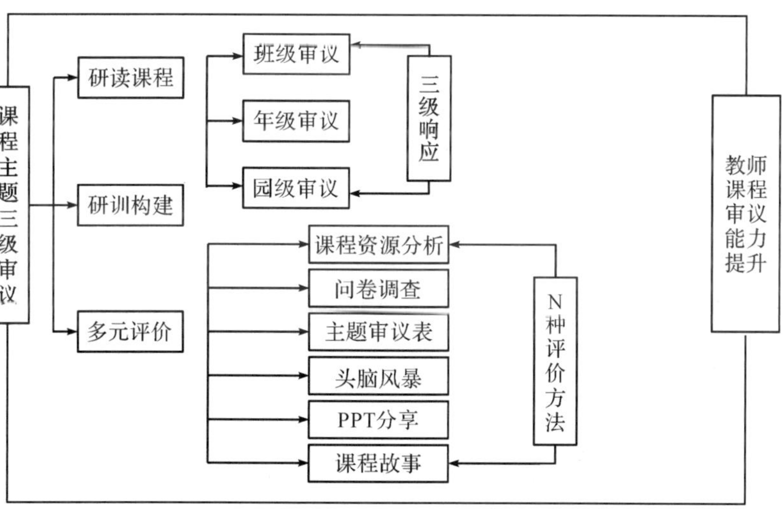

图 5-3-3 园本主题三级审议机制

增删、重组和完善，形成更适宜师生的整体课程。

同时开展了“评价让质量看得见”系列教研和师训，进一步提升课程的内涵建设。积极改革小伢儿庙会，提出了“紫阳伢儿办庙会”实践理念，让幼儿成为庙会的主人；建立“小河坊”学习中心，让园外孩子共同体验“小河坊”游戏，实现吴山文化特色资源区域共享。

规划引领下的课程品牌建设，不仅持续、有效提升了课程的内涵发展，也让文化育人真正落到实处，带动了教师和干部队伍快速成长。紫阳幼儿园近十年培养了4名正校级园长、1名副书记、3名高级教师，2021年获区首届中小学幼儿园教育教学质量管理金名片奖。

（孔英萍　杭州市紫阳幼儿园）

三、规划破题，聚焦解题，精准助力教师成长

学校在制订发展规划时不能“眉毛胡子一把抓”，要找准阶段性工作的重点，有针对性、有重点地设计发展规划。找准当前需要优先解决的问题十分重要，它是形成工作目标及活动的主要依据。学校需整合各种渠道得来的信息，找出若干当前需要解决的问题，并选取不同利益相关者代表对问题解决的优先性进行排序，找准需优先解决的问题，这样形成的发展规划才能确保诊断精准、目标适切、举措明确、指标量化，最终可实行、可检测。

案例5-3-3中的杭州师范大学东城中学、杭州市东城第二实验学校在规划制订、实施的过程中主动破题，立足教师队伍现状，制订适切的发展规划，并且有效解题；设计分层研修路径，构建梯队培养体系，精准助力教师的专业成长。

案例5-3-3　规划制订：主动破题，有效解题

杭州师范大学东城中学创办于1970年，地处杭州市上城区九堡街道，

2009 年加入杭州师范大学东城教育集团，与 2018 年 9 月投入使用的杭州市东城第二实验学校是一套领导班子协同办学。随着学校的快速发展，办学规模不断扩大，教师数量呈现井喷式局面。2021 年该校专任教师数超过 280 人，教师平均年龄只有 28.5 岁，教师群体呈现“金字塔”型年龄结构，底座是庞大的工作五年内的年轻教师群体。教师基数大、年轻化等结构特点，给学校发展带来了新挑战。因此，学校在制订三年规划时，重点关注如何打造一支研究型、专业型的教师队伍。

1. 主动破题：立足教师队伍现状，制订适切的发展规划

数量庞大的年轻教师在专业成长、师生沟通、家校合作等方面还缺乏经验，普遍感到压力较大。与此同时，管理干部队伍和班主任队伍也十分年轻。因此，学校成立弘毅发展学院，下设教师发展学院、班主任发展学院、管理干部发展学院等分院；建立弘毅之师四级梯队培养体系，根据教师教龄、职称、荣誉等进行分层，设置相应的发展平台，制订发展规划目标。弘毅教师发展学院主要依托弘毅之师培养体系对全校教师进行梯队培养，精准研修，在扎实落实教科研师训常规的同时，努力查找“真问题”、搭建“真平台”、探究“真方法”、创新“真特色”。

2. 有效解题：设计分层研修路径，构建梯队培养体系

自 2020 年起，学校尝试构建教师梯队培养体系，聚焦校本研修，向课程化、体系化、精准化、深度化、成果化五个方向进一步完善，重点建设教师梯队的研修课程。2021 年起，学校开始关注不同层次教师的融合研修，突破中青年教师研修困境，推进教师研修进一步立体化、深入化。

（1）完善校本研修项目设计机制。

经过前期的研究，学校研制了校本研修设计流程图。针对不同层次教师，需对设计流程中的每个环节进行个性化的设计。

（2）完善各层次教师校本研修内容。

学校面向全体教师实施分层次级的校本研修，力求每位教师都能实现专业化成长，具体研修内容如表 5-3-1 所示。

表 5-3-1 弘毅教师发展学院教师研修体系

弘毅之师	相关条件	研修形式
弘旭之师	已被学校聘用还未正式上岗的教师	岗前培训由启动仪式、理论培训、实践培训、小结考评四个环节构成。启动仪式旨在提高培训意识，了解培训计划，明确培训要求；理论培训旨在了解学校文化，强化师德要求，认识各项常规；实践培训旨在深入课堂教学，深入班级管理，深入教学研究
弘阳之师	教龄在 5 年内的青年教师	调整原有梦想沙龙、无限讲堂等被动式研修活动，加大实践研修模块；强调“在做中学”“在学中思”“在思中长”；拉长单个研修项目的周期，每个活动拟定个人准备、组内初评、专家指导、设计评比、校内展示等基本环节；扩大研究参与面，扩展研究深度，拓展研修的“三度”；营造研究氛围，渗透“主动研究者”的弘毅之师特质
弘思之师	教龄在 5 年以上 15 年以内的教师	以项目研究的形式开展研修，项目研究以课题研究为主要形式；成立小范围的课题组，聚焦具体问题分析研究；并积极开展与上级部门合作；研修设计注重“长度”和“高度”
弘鼎之师	教龄在 15 年以上或业绩、荣誉突出的教师	主要以名师工作室的形式开展研修，发挥名师效应，积极承办区内外、省内外教研活动；学校已对本校两位省特级教师、两位省教坛新秀建立名师工作室

(3) 完善各层次教师研修评价机制。

学校根据问卷调查、访问座谈、专家论证，确定各层次教师培养目标和考核要求，将考评工作量化，做到培训教师有标可循。

3. 成效与思考：完善培养体系建设，推进综合素质评价

许许多多的年轻教师在东城中学弘毅之师培养体系中快速成长。学校也因此先后被教育部认定为“全国课程改革骨干教师研修基地”，获得了“浙江省示范性教师发展学校”“浙江省精准教学实验项目学校”“浙江省 STEAM 种子学校”等荣誉。

经过多年的不断研究与实践，学校积累了一定教师培养课程资源和经验。面向未来，学校将继续通过建好一个平台——弘毅教师发展学院，完善一个体系——“弘毅之师”梯队培养，创新一个评价——教师综合素质评价，立足“四备三思”，深耕思维课堂，促进教师成为主动研究

者，从而培养具有弘毅特质的“有理想信念、有道德情操、有扎实学识、有仁爱之心”的“四有”好教师。

发展性评估是一种注重增量、注重激励、注重持续的评价视角，对于学校办学有着极为重要的促进作用。从纵向上，它可以让学校清晰地看到在一段时间内自身的发展过程，从横向上，它可以看到同类型学校不同的发展情况。上城教育通过学校三年发展规划管理，突出学校在发展规划实施中的主体地位；推动学校构建可持续发展的长效机制；确立区域发展性督导评价导向。“督”必将促学校行稳，“导”则能助学校致远，上城教育以规划管理为核心的发展性评估能激发学校发展内生力，使基层学校形成主动发展、自主完善的态势。

参考文献

[1] 尹后庆．见证变革——站在上海基础教育转折点上［M］．上海：上海教育出版社，2013.

[2] 林发高，赵德成，等．学校发展规划的上城经验［M］．杭州：浙江教育出版社，2014.

第六章

区域：质量管理在重塑

第三章到第五章分别陈述了上城区在学生评价、教师评价、学校评价方面的先行探索，本章将从区域教育质量管理的角度，剖析关键技术、详解行动策略、分享实践举措，系统展现区域教育质量评价综合应用的现实图景。

本章第一节聚焦上城区质量管理的关键技术，从工具研发的过程方法、数据分析的标准规则、报告撰写的实践经验三方面展开，既分享了上城区的经验，同样也可以为其他区域进行基础教育质量评价与管理提供方法论上的参考。第二节讲述上城区循证治理的必要性、重要性和新情况、新背景下上城区在机制方面的创造性实践。第三节以生动的区校联动案例为依托，透视四个阶段下校本改进的迭代升级，力图全面展现上城教育人对于“引导树立科学的教育质量观”这一时代命题的答复。

第一节
区域质量管理的关键技术

⊙

在提升区域质量管理的实践中，评价工具是连接评价标准与教育实践的桥梁，是反映评价技术的具体载体。在区域质量管理调查实践的这十多年过程之中，上城教育聚焦框架建构与数据采集、信息表达与调研反馈、技术下沉与循证提升，在工具研发、数据分析、报告撰写等方面研发了一些关键技术，指导区域改进质量管理。上城区教育测量与评价团队（以下简称“区域测评团队”）结合各自的专业优势进行分工，有机结合区域教学测评的工作实践，以项目联动的方式，在指标选择、问卷设计、数据采集、数据分析、报告撰写、总结反馈、后续追踪等系列环节，全员参与，辐射引领。

一、工具研发的过程方法

工具研发是上城教育在区域质量管理的关键技术之一，主要包括框架建构及问卷开发。

1. 框架建构

评价框架是工具研发的一个整体设计和规划，相当于“顶层设计”，一般包含测量维度、操作性定义、题目及题量等一系列内容，即清晰地告诉评价相关人员：评价的目的是什么，评价的内容是什么，评价的目标人群是谁，评价使用什么题型，等等。清晰的评价框架可以帮助研发人员、命题专家等更好地理解评价目的、内容和意义，进而更好地投入到相关研究中。

上城教育质量管理评价的主要目的是关注学生、教师、学校的全过程、全时空和全要素发展，为教育高质量发展创造更大空间。根据这样的评价目的，评价基本框架由评价维度、评价指标、评价内容和评价方式四大部分组成。为客观描述学生全面发展的状况，上城区确定了评价的三大维度：学生学业水平评价，学生实践性学习评价，学生学习状况和成长环境评价；为更准确地了解教师的发展需求和路径，评价维度从区域研修到校本研修，关注不同类型教师对研修的需求。上城区综合分析学生发展状况和教师发展状况，对学校做出评价。评价框架的动态发展是基于区域教育质量提升的阶段性需求，最终指向学生评价变革、教师评价转型、学校评价改变。

扎根理论和实践经验设计评价框架，既是保证评价效度的基础，又是利用评价结果指导教师改进的前提。以学校教育质量综合评价为例，依据教育部《中小学教育质量综合评价指标框架（试行）》和《浙江省教育厅关于推进中小学教育质量综合评价改革的通知》，结合区域特色，上城区形成了上城学生发展综合评价框架，如表 6-1-1 所示。

表 6-1-1　上城学生发展综合评价框架

评价维度	评价指标	评价内容
学生学业水平评价	优质水平	优秀率、平均分、ABCDE 各等第比例
	均衡水平	
	进步情况	

续表

评价维度	评价指标	评价内容
学科实践性学习评价	艺术素养	定期抽测体育、音乐、美术的指定项目，进行英语人机对话和科学实验操作
	体质健康	
	信息技术素养	
	英语口语	
	科学实验操作	
学生学习状态及成长环境评价	学习状态	每学期通过学生问卷的方式收集数据，进行指数分析、相关分析、回归分析
	成长环境	

（1）从结果到增值，促进优质均衡。

针对区域生源起点不一的现状，上城区实施学业水平“五级增量”评价，以区域学生学业入学水平或某学年的基础数据为基线，按特定的比例划分五个水平。学校通过与本校起点各等级数据进行纵向比较，与区常模数据进行横向比较，观察各指标的增长幅度，关注不同层次学生群体的变化情况来做教学质量分析，并结合学习状态及成长环境的问卷调查数据进行差异分析、相关分析、回归分析等，从中得出相应的结论，以此调动不同层次学校改进过程性质量评价的积极性。

（2）探索实践评价，关注综合素质。

针对非考试学科被边缘化的问题，上城区尝试以行动、表演、展示、操作等表现性方式来评价学生在非考试学科中的学习收获，聚焦学生综合素质的提升，引导学校教师关注学生全面发展。

（3）关注成长环境，提升学习品质。

根据学校教育教学管理改进的需要，上城区借鉴教育质量监测的问卷调查方法，开展“学生学习状态及成长环境”的问卷调查，基于学生学习状态的大数据来帮助学校有针对性地改进教育教学，引导学校教师关注教育全过程、全要素。影响因素调查，包括了学生对学校的认同感、学习兴趣、课堂参与、探究学习、沟通合作、创新思维等指标。

2. 问卷开发

教育质量管理的内容是多方面的、多层次的，评价对象也是多元的，如学生、教师、学校等。不同类型的内容和信息需要不同的评价方法和工具，因此，上城教育在区域教育质量监测评价中，尝试使用多种方法进行数据和资料收集。目前，测验法、问卷法、表现性评价、观察法等是较为常用的评价方法。上城教育评价在问卷工作的研发过程中，遵循“确定问卷目的、制定问卷框架、编制问卷题目、制订分析计划、实施问卷预试、形成正式问卷”的步骤，保证工具的科学性、稳定性、创新性、实践性。

下面，以2021年12月上城区开展的“课后服务”专项调查问卷编制为例，解析问卷开发的过程与方法。

（1）确定问卷目的。在调研工作开展前，需要明确问卷的测量目的。通常问卷编制者会着眼当前的教育热点问题，回应社会公众、政府、教育主管部门等关心的教育问题，或从测量能够引导相关部门做出“政策决定或实践改变”的维度考虑，或紧密联系课程标准的基本要求，关注国家和地区颁布的文件等。以编制“课后服务”调查问卷为例，在问卷编制初期，组织教育行政部门的政策制定者及调查问卷工具的研发者开展集中讨论，根据中共中央、国务院印发的《关于进一步减轻义务教育阶段学生作业负担和校外培训负担的意见》《关于进一步加强中小学睡眠管理工作的通知》、浙江省教育厅等十四部门印发的《浙江省中小学生减负工作实施方案》等政策文件，就“课后服务”专项调查工作达成基本共识。上城区教育局响应相关政策文件的要求、区域循证治理的呼唤、专业评价部门的使命，明确希望通过本次问卷的编制和实施，了解学生作业负担情况、睡眠情况以及学校五项管理落实情况。

（2）制定问卷框架。确定调查问卷的目的后，问卷编制者可以开始设计问卷的框架。问卷框架的建构需要有明确的测量维度、操作性定义、预估题目及题量，一般会经历“资料检索与整理、框架科学性评审、实践与理论碰撞”

的循环。区域组织教育评估与监测中心的研究员、教育测量与评价研究大组成员、教育测评领域的专家、经验丰富的教育管理者和一线骨干教师分组讨论形成调查框架及命题内涵，并从调查意图、设置维度、预期专题进行分组汇报，使全员参与思想碰撞。

（3）编制问卷题目。明确了问卷编制目的和确定调查框架后，就进入到具体的问卷编制环节。基于调查目的，确定本次专项调查需要面向学生、教师和家长这三个群体收集数据，编制三套问卷，关注共性问题，便于进行跨群体分析。

在编制题目的过程中，首先，小组成员分头根据问卷框架中的关键词，回顾已有区域测评中的题目，检索最新的文献和书籍，了解相关的研究进展与成果，支撑题目的编制。教师和教学管理者还会基于实践经验中学生的典型行为进行归纳。其次，设计面向不同对象的访谈提纲，了解该主题的基本面，聚焦当前共同关注的问题。再结合访谈信息，优化问卷表述。项目组内部在有限的时间内进行两轮工具论证，第一轮根据调研结果关注前期预设框架维度是否够用，第二轮关注题目是否合适。

题目的设计有明确的目标需考虑：是否为公众所关注、所希望了解到的信息？是否能为学校与教师改进教学提供诊断与建议？是否可以为教育行政部门提供决策支持？确定一道具体题目后，需考虑：题目所涉及的问题，一道题目是否已经足以说明问题？若不能说明，解决该问题需要几道题目？该题目在内容上有没有和其他题目重合？一般成型的量表中每一个维度的题目数量约为 4—6 个。

（4）检验工具效度。调查实施后，问卷编制者需要及时检验工具的信度和效度。这一步服务于问卷报告的撰写，即问卷初步编制完成后，需明确希望得到什么样的调查结果，例如希望获知哪些指标，指标又该如何合成，需要采用什么统计分析方法。虽然数据分析是在调查正式实施后进行的，但是提前的规划与思考，有助于保障问卷工具的科学性和结果的可用性。

（5）实施问卷预试。问卷初稿完成后，问卷编制者需要对其进行预试，即外部第三轮工具论证。预试主要通过两方面的工作来修订和改善工具：一是对 4—5 名被试者进行小规模访谈，让他们指出对题目选项的理解是否有困难，有什么问题，等等。依据被试者对测试工具的理解，对问卷内容进行修订。二是通过对小规模的预试数据进行分析，判断问卷是否符合统计学指标，将不符合统计学、测量学标准的项目删除。

通过与学生、教师访谈，问卷编制者要打磨题目，确定工具；根据预试中学生、教师的作答时长来确定问卷的调查时长，或增删相关内容。结合专家建议，修订形成正式问卷。

二、数据分析的标准规则

在大规模的纸笔测验或网络问卷调查后，问卷编制者需要做好数据录入，并对收集到的数据库进行清理和整理，为最终数据分析结果的准确性提供重要的支持和保障。国内外很多大型的教育监测项目提供了可借鉴的经验和方法。结合国内外及区域治理经验，上城区在数据分析与处理方面已经形成一套区本标准规则。

1. 数据清理的标准

面对一定题量的问卷，不能保证每个学生都认真作答，这时问卷编制者往往需要进行基本的数据清理。数据清理是介于数据录入和数据分析之间的一个重要环节，通常需要审核数据录入质量，检验被试回答的有效性。为了保证数据分析的科学性和合理性，针对测查工具的特点、测查的实施安排和前期数据录入工作的特点，所指定的数据清理工作主要包含以下几个阶段。

（1）被试编号整理。

为有效利用数据，需要对被试编号空缺的情况进行补充，对重复的被试编号进行检查并作处理，核对原始答卷保留正确的数据。

（2）鉴别特定题目的异常作答。

对违背题目选项之间逻辑关系的答卷，即被试的选择前后矛盾的则视为异常反应。例如，你参加的课后托管服务类型是？（可多选）

A. 语言类

B. 思维逻辑

C. 艺术

D. 表演类

E. 动手实践

F. 其他（请填写）________

G. 没有

如果被试既选择了选项“G”，又选择了“B”或者其他选项，则视为异常。

（3）识别被试异常作答。

一般区域内的调查问卷都会添加反向题，若被试在同一选项作答，比如都选“1”，则很有可能是不认真审题，需要对绝大部分答案都相同的样本做异常处理。还有对于整份问卷中缺失比例超过 2/3 的样本，需要进行剔除，如图 6-1-1 所示。

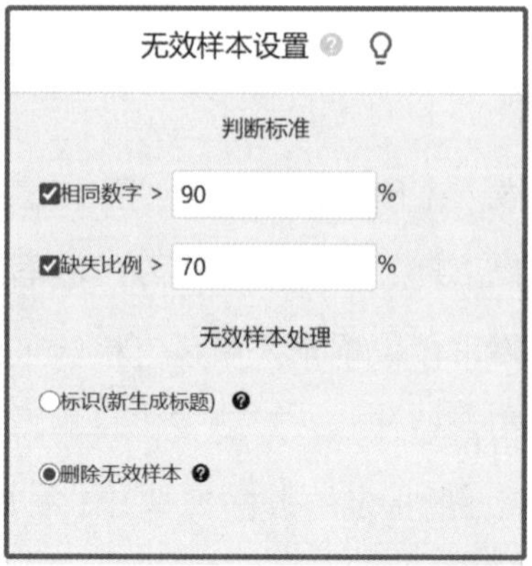

图 6-1-1　利用 SPSSAU 分析工具删除无效样本

2. 数据合成的方法

面对大量的数据，区域测评团队需要根据前期问卷框架中聚焦的维度和指数，进行指数合成。合成后的指数是校本分析的基础数据。常见的指数合成的算法有两种：一是取同一维度下所有题目的均值；二是划定标准，计算达标的比例。对于教育法规有定量标准的调查类题目（如作业时间、睡眠时间、校内体育锻炼时间等指数），区域测评团队需要参照标准合成指数；对于教育法规没有定量标准的观测点（如量表类题目），以学生主观感受的适合度作为指数合成的标准。

以学习质量调查专题中学业负担维度的睡眠指数为例，区域测评团队根据三道题目“周一至周四，我通常每天睡眠时长大致是”“周五至周日，我通常每天睡眠时长大致是”“班上同学中每天睡眠充足学习很有精神的人数”中部分选项的选中率合成了睡眠指数，如表 6-1-2 所示。

表 6-1-2　指数合成——以睡眠指数合成为例

	题干	选项				
睡眠指数	周一到周四，我通常每天的睡眠时长大概是	10 小时以上	9—10 小时	8—9 小时	7—8 小时	少于 7 小时
	周五到周日，我通常每天的睡眠时长大概是	10 小时以上	9—10 小时	8—9 小时	7—8 小时	少于 7 小时
	班上同学中每天睡眠充足很有精神的人数	很多	比较多	一半	比较少	很少
	每天从完成作业到睡觉这段时间，我的活动是	直接睡觉	看课外书	看电视	玩手机上网	其他

在取值方面，区域测评团队参考教育部印发的《关于进一步加强中小学生睡眠管理工作的通知》中的要求，将小学生睡眠时长 10 小时以上、初中生睡眠时长 9 小时作为标准，取达标的“9—10 小时”“10 小时及以上”的人数和“比较多”“很多”睡眠充足的人数求平均，得到睡眠指数。

3. 数据挖掘的思路

在数据挖掘的过程中，区域测评团队逐渐积累了几种数据挖掘的思路，包括描述统计、相关分析、回归分析和差异分析，下面分条陈述。

（1）描述统计。

在获得数据的初期，区域测评团队对数据进行整理、概括，展示其分布特征，这个过程被称为描述性统计。描述性统计的目的是对调查对象的特征进行整体描述，寻求数据的内在规律，为下阶段的推断统计、不同群体的比较分析提供基础。区域测评团队通常会将描述性统计的结果转化成图表，以直观地展现数据结果。

（2）相关分析。

当事物之间存在联系但又不能直接做出因果关系的解释时，称事物之间的这种联系为相关。区域测评团队要特别关注的是事物之间存在相关关系，不能直接将其简单地归结为因果关系。相关分析中涉及的变量不存在自变量和因变量的划分问题，变量之间的关系是对等的。相关系数通常用 r 表示，取值在 -1.00—1.00 之间。若两个变量的变化方向一致，称为正相关；两个变量的变化方向不一致，称为负相关。相关分析是回归分析的基础和前提。

以“双减”专题问卷中的教师压力与权益保障关系两个变量为例，区域测评团队首先利用 SPSS 绘图功能将所有的数值以散点图的形式表示。

（3）回归分析。

回归分析是确定两种或两种以上变量间相互依赖的定量关系的一种统计分析方法。按照自变量的多少，可分为一元回归分析和多元回归分析；按照自变量和因变量之间的关系类型，可分为线性回归分析和非线性回归分析。

如果在回归分析中，只包括一个自变量和一个因变量，且二者的关系可用一条直线近似表示，这种回归分析称为一元线性回归分析。如果回归分析中包括两个或两个以上的自变量，且因变量和自变量之间是线性关系，则称为多重线性回归分析。

（4）差异分析。

同一份问卷工具，不同的群体（学生、教师）的作答情况也会有所不同。

以上城区教师研修状况问卷调查为例，除了关注整体情况外，区域测评团队还聚焦区域研训和校本研训两个专题，分析各类调查对象在这两个专题上的作答是否具有差异，如图 6-1-2 所示，具体包含：不同学校类型、不同层次管理者的作答有无差异？不同学段、不同教龄的教师作答有无差异？以求发现不同类别的调查对象的不同需求，为今后分层分类的研训活动提供依据，提升研训效率。

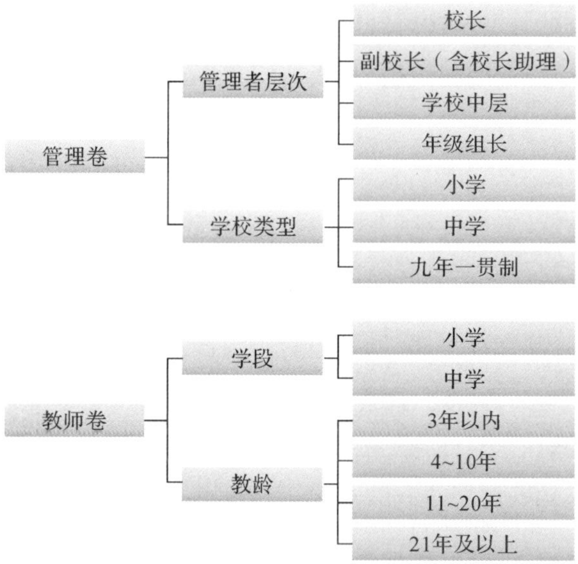

图 6-1-2　教师研修状况问卷基本信息分类

带着这些问题，区域测评团队首先对调查对象进行分类，然后利用卡方检验，分析不同类别的调查对象对同一问题的回答是否存在显著差异，并绘制相应的图表。

三、报告撰写的实践经验

完成数据清理、变量合成、数据分析，得出基本结果后，区域测评团队需要对结果进行文字描述和分析，即根据原先拟定的报告框架及数据结果，提炼出主要的结论，并结合结果撰写成文，提出针对性的建议，形成报告的初稿。

1. 报告撰写的分工

上城区教育测量与评价团队的成员各有专长，带着各自的学科教学背景和学校教学管理经验，采取专家引领、研训一体、项目联动的自我修炼方式，培育一支具有内生动力的团队，以人才培养打造良性发展的态势。团队成员结合各自的专业优势进行分工，以项目联动的方式，在指标选择、问卷设计、数据采集、数据分析、报告撰写、总结反馈、后续追踪等系列环节加入，实现全员参与、共同成长的目标。报告撰写一般先按照学段分类，再根据专题、主题进行分工。

以 2021 年上城区中小学“双减”专项调查工作为例，撰写分为“‘双减’背景下的课后服务”“‘双减’背景下的作业变革”“‘双减’后的校外培训”“‘双减’后的睡眠保障”“‘双减’后课余时间安排”“学校课后服务的‘理想’与‘现实’”“课后服务教师发展现状”“课后服务的效果与担忧”“‘双减’及课后服务满意度”等 19 个专题。在报告撰写分工时，以项目组教师实际工作和兴趣点为依托，分主题进行报告撰写，具体如表 6-1-3 所示。

除此之外，全区中小学每学期都会收到一份“体检反馈报告”，使学校在学生学业水平、学习状况、成长环境等方面的自我诊断与改进有了实证支持。这些报告也均由区域教学干部组成的测评组成员负责撰写、解读、入校点对点反馈。

表 6-1-3　上城区“双减”专项调查报告小学组专题报告撰写分工表（节选）

专题	专题内容概述	负责人	学生问卷维度与题号		家长问卷维度与题号		教师问卷维度与题号	
学生与教师参与课后服务的情况	学生、教师参与频率，参加基础性托管、“X”课程与否的主要原因	许晓敏	课后服务参与情况	4、5、6	课后服务参与情况	8、9、10、11、12	课后服务参与情况	6、7、8、9
学生作业情况，教师作业管理	涉及作业时间、作业来源情况、学校作业管理等整体情况	钱春苗	作业量、来源读物	7、8、9、15·2、15·3—5、16	作业情况	6、7	作业管理	25、26
学生校外培训情况	学生参加校外培训整体情况	袁恩东	校外培训	12、13	校外培训数量	15		
学生睡眠情况	“双减”与课后服务实施后学生睡眠时间变化	谢年春	睡眠情况与感受	14、15·1	睡眠时间变化	18	睡眠保障	10·2

2. 意见建议的提炼

报告是调研工作成果的表现形式之一，区域测评团队希望通过撰写过程的规范性保证报告的品质上乘。这就需要教育行政部门提供政策、机制的引领和保障；需要国内教育教学、教育测评等领域的专家提供智库支持和过程指导；需要遴选研训部门项目研究骨干、教学研究骨干、教育测量和评价专业人员成立项目组，保障项目的专业实施；需要打造“改进教学管理实践联盟”团队，培育试点校教学管理干部、学科教学骨干等参与实践，确保项目高质量展开。

报告的撰写思想和框架是依据问卷内容设计、问卷指标体系建构和学科数据体系结合而成，在基于数据结果撰写初稿的过程中，区域测评团队还要根据新的数据发现重构思路。区域报告在形成初稿后，评估中心会组织教师互相审读，重点关注数据分析的规范性和呈现方式的可理解性。除此之外，区域报告初稿形成后，还会邀请区内外的教育行政管理干部、教研员、校长、学校中层干部、名师等专家团队进行集中审读，提出建议，如对报告结论的科学性、规范性以及对于教育决策和教育实践的参考价值进行评议。最后，报告撰写团队再次根据外审意见修改报告，调整写作角度、补充计算数据、删减报告文字、完善报告表述等。在报告付印前，还会有教师独立进行文字润色、图表美化、数据校对，最终将意见汇总并排版定稿。

3. 区校互动的经验

有什么样的教育质量观，就有什么样的教育质量评价指标；有什么样的评价指标，就会有什么样的教育教学行为。在结果应用上，最终结果指向发展，旨在改进提升教育教学。上城教育测评团队以区域学习质量调查为突破口，实施数据教研，形成如图 6-1-3 所示的“改进学校教学管理”模型。在研究过程中，用“做中学、学中做”的方式，实现做事与学习相结合，助力核心成员的成长。同时，区域测评团队以这些核心成员为种子，带动核心成员所在学校开展基于数据的教研，培养种子学校，并通过种子教师和种子学校的辐射，推动全区中小学用数据驱动教育教学的改进行动。其中，区域测评团队通过优化反馈机制来促进评价团队成长，发挥辐射引领，为画好团队建设的同心圆起到重要作用。而在这个过程中，点对点到校反馈成了每个学期的常态。区域测评团队开展点对点到校反馈，加强区域评价团队与片区学校的联系，为片区学校的分析与改进提供建议，并在此基础上助力学校的教学管理，形成学校自我分析改进的机制。

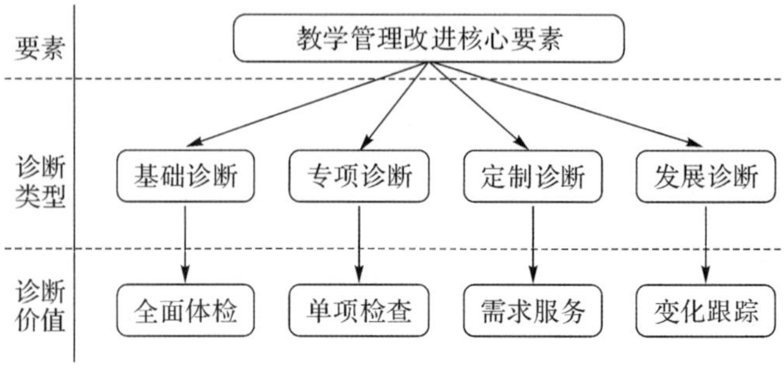

图 6-1-3　上城区“改进学校教学管理”模型

以2021年上城区中小学“双减”专项调查工作为例。面对75所（104个校区）中小学的庞大教育体量，基于数据的教育教学改进工作应该如何开展调查与反馈？如何在新背景下有效开展区校联动？上城区教育评估中心联合区教育测评大组力量，将全区中小学划分为九大服务区，围绕“学习质量”诊断优化，组织开展专项调研反馈行动，在联动的过程中传递评价理念，如链接6-1-1所示。上城区教育评估中心以服务区为单位，区校共同交流，针对报告，提出更具针对性的建议，促进评价实践改进。

链接 6-1-1
上城区中小学“双减”专项调研行动回顾

案例6-1-1节选了上城区“双减”专项调查服务区研讨活动部分参会者的心得感想。

案例6-1-1 “双减”专项调查服务区研讨活动参会者心得（节选）

第二服务区召集人代表钱春苗：

在“双减”工作专项服务月活动中，如何借助数据改善教学过程和端正评价导向？借用张丰主任的观点，我们服务区机制的创新是下移“双减”重心，弱化各校的横向比较，提升自我诊断能力，从“面对面”走向“肩并肩”。纵观片区特点，在基于数据分析与依托校本实践的探索中，提炼了家长“优势互补”、教师“全心全意”和学校“实实在在”的做法，各校通过专题分享，激活数据、科学诊脉，让数据更好地发挥分析和诊断功能，后续各校都表示将响应数据、全面透析、优化管理，用好数据支撑这一路径，通过对比实证来助力成长，让数据发现每一个学生，让数据成为推进学校教育的智慧引擎。

第五服务区召集人代表裘涛洁：

经过多次区与校、校与校之间的联动，基于数据实证改进教育教学理念深入人心，学校能够基于区域数据，通过自我诊断及改进，以良好的开局响应“双减”政策。“双减”工作是一场持久战，不是少数人能改变的局面，也不是一时加大力度就能改变的事业。需要我们有对教育规律的认识，有静待花开的内心和定力。

第六服务区召集人代表盛力康：

在我分析数据时，发现丁兰片区地域新、学校新、教师新、家长新，在“双减”政策下面临的机遇与挑战也很“新”。结合本次调查的数据，我们第六服务区聚焦作业质量与作业管理、教师成长与权益保障、家长满意度三个话题，组织学校分享校本特色工作，改进思路和潜在挑战。我尝试以全区数据呈现出的一些规律，回应学校提出的挑战。我的反馈思路是旨在通过数据帮学校挖掘亮点，为学校建立信心，通过研讨鼓励学校提炼、分享、共研、互助。后续我将伴随学校共同提炼有效举措，以数据激发对教育教学的改进和思考。

杭州市天长小学王林慧：

（此次研讨）从区域数据的分析与研判入手，对于基层学校的“双减”管理提供实证性支持；基于数据，用好数据，反哺数据，以让学校管理从经验型逐步走向循证型。感谢评价中心提供调研数据的全息化分析，不断提高学校“双减”工作的实效性和精准性。

杭州市丁信小学张秀琼：

本次“双减”工作评价服务活动聚焦“双减”工作中的课堂教学、作业管理、课后服务等专题，通过“区域反馈—片区分析—学校交流”的三级联动机制，让我们有机会了解本校现阶段“双减”工作中存在的问题和亮点，学习他校的“双减”新举措，比如丁兰第二小学“真趣”课堂的探索，丁信小学“日统—周查—月控—季评”作业管理方针的实施，丁荷小学三纵两横“师平台”的搭建，这些措施都直击教育教学工作中的重点、难点和痛点，旨在让教育回归本质。本次交流活动为我们下一阶段的“双减”工作重新赋能。

工具研发是区域质量管理的核心程序，也是最关键的环节之一。系统的数据分析为报告撰写提供有效的支持。报告是体现管理价值、发挥管理功能的重要载体。科学运用监测结果，对服务行政决策，促进教育教学改进，引导社会、学校树立科学的教育质量观等方面起到重要作用。上城教育聚焦区域与学校教育质量管理，以高信度的监测数据、高效能的数据挖掘、高质量的监测报告，实现高内驱的结果运用；以区片校联动模式，培育了一批“指导型”的学校管理干部，也丰富了学校教学管理方式，形成了区域循证治理的良好态势。

第二节
循证治理的行动策略

⊙

区域教育质量管理的循证治理行动是基于教育质量管理工具研发及数据分析方法形成研究证据，进而利用证据寻找教育治理路径的实践探索。自 2012 年开始，上城区除做好区级层面的学生学习状况调查报告反馈，还对全区各校数据进行深度解读与分析；2019—2020 年，在区域层面推进学生学习状况调查报告的入校点对点反馈，逐步形成区校联动机制；2021 年起，面对区域融合、教育体量激增的现实背景，上城区积极建构起区片校 D-S-S（District-Service Area-School）多层联动机制，形成区片校研讨反馈三层辐射圈，建立起区域循证治理的机制保障。

一、循证策略：质量管理转型的必然要求

提升区域教育质量，质量管理的转型已成必然。循证治理是基于证据追求实践科学化和专业化的价值观，是一种重视证据指导实践的理念，是一种

运用证据解决实践中问题的思维，是基于证据开展专业实践活动的指导原则，是基于证据推动实践改进的专业依据。

针对区域性统考，过度重视纸笔测试分数，强化校际横向比较，简单采用压力驱动的教育质量管理机制，会导致学校产生教育教学活动因功利而异化的弊端，上城区十多年前开始探索“学习质量调查”，推动区域性统考的转型。

1. 区域教育质量管理的转型

区域治理的实施往往有赖于政策的执行落实。在政府管制的教育管理中，政策主要依赖政府的强力推进，随着治理的不断深入，特别是教育“管办评分离”政策的推行，政策在实施过程中受到来自多方的监督，政策的结果受到越来越严苛的追问与质疑。但是，由于信息公开等诸机制不完善，导致多元主体参与治理的过程长期处于信息不对等的状态。

面对这样的问题，循证治理可以更好地实现对过程的监控与结果的评估：一方面，循证治理基于研究证据形成了可量化的政策目标、完善的监控评估手段（包括指标体系、评价方法、计分方式等），从制度的层面使实证调查与证据积累成为治理过程的必要环节；另一方面，循证治理可以让过程监控与结果评估更为可行。循证理念会促使人们搜集、保存政策执行前的证据与政策执行过程中的第一手资料。基于此，治理主体可以借助政策方案本身的结构化设计，根据政策目标群体的前后变化，对政策的实际效果进行评估监督，并依据真实、全面的证据加固或调整政策。上城区多年来关于“学习质量调查”的探索，推动了区域性统考的转型。区域教育质量管理机制发生了转变，逐步实现从“管理立场”向“学生立场”的转型，从“比较施压”向“诊断改进”的转型。

2. 学校教育质量管理的转型

学校教育质量可以理解为过程型质量，是基础教育质量的三个维度之一，是从教育质量形成的过程来看待教育质量，从国家课程（校本课程）的实施与学校管理来研究学校教育质量的形成和影响质量的因素。过程型质量的优劣，很大程度上取决于学校的管理模式、教师课程输出水平、教育教学过程的质量、教师的工作精神和教学素质等。

在詹妮弗·埃文斯（Jennifer Evans）和本尼菲德·波林（Benefield Pauline）看来，循证教育的本质是循证实践，循证实践的核心是有效干预的理念。倘若将教育视为一种专业行动，那么，在循证实践理念的影响下，干预就是这一专业行动的主要职能，循证实践旨在为专业行动的发生提供有效证据。技术统整模式下的有效证据是通过随机对照试验以及因果关系解释模式来完成的。对此，格特·比斯塔（Gert J. J. Biesta）认为："专业行动的目的就是引发某种结果，有效干预就是在'因'和'果'之间存在的安全关系。"然而，维系这一安全关系的教育目的与方法又很难在教育实践中达到完美匹配，只有通过教师的教学来调和，因而，作为循证教育的支持者，约翰·哈蒂（John Hattie）在《可见的学习》中明确表示："只有当教师清楚什么方法能否产生作用以及对谁产生作用的时候，教育变革才会发生。"为此，区域开展"数据驱动教学改进"项目点对点服务，区域测评团队与学校双向研讨，共同制订校本改进方案，引导学校关注学习质量调查之后的校本反思改进，制订具有针对性的教学管理与教学改革措施，进一步帮助学校培养一大批有志于教育测评研究的种子教师，为学校自主开展校本调查和研究打下了坚实的基础，同时也为学校教育质量管理转型奠定基础。该实践旨在完善区域对学校办学质量的评价办法，聚焦学校"五育并举"的实践，关注教师教学方式与学校教学管理，探索结合学生学习品质、学习体验与课业负担等过程信息的"学习质量调查"以及基于此调查的学校教学诊断改进机制。

3. 学生学习质量管理的转型

十多年来，上城区的基础教育质量管理从单一关注学生学业水平，到关注学生品德行为、学习品质、身心健康、劳动素养等因素。区域既重视文化课纸笔测试的平均分、优秀率，又加强了学生学习的过程性质量的监测。上城区借鉴历年来教育质量监测的问卷调查方法，开展学生学习状态与成长环境的调查，基于学生学习状态的大数据来帮助学校改进教育，进而提升学生的学习质量。上城区主要从丰富学习质量评价形式、优化学习质量评价内容、善用学习质量评价结果三方面切入。

（1）丰富学习质量评价形式。

上城区改变以往将纸笔测试作为唯一的评价手段，过分注重等级与量化，强调终结性评价的偏向，加强对非纸笔测试、表现性评价等多种评价方式的探索与应用，改进量化方法，重视质量评价。在实际操作中，上城区依据学科评价的目的、教材内容、学生特征，科学地选择最有效、最合理的评价方式。

（2）优化学习质量评价内容。

着眼于学生能力的发展过程，上城区通过多种途径（问卷调查、课题研究等）收集学生的知识能力、兴趣习惯、情感态度及学业成果等信息，通过分类、对比和系统分析，全面客观地评价学生的学科能力与核心素养。

（3）善用学习质量评价结果。

上城区重视评价的诊断功能，强调评价结果的激励、导向和信息反馈作用，除了以分项等第评价学生，掌握运用科学知识技能的实际水平、创新思维和实践能力外，学生的学习态度、情感等非智力因素也被列为评语加分的因素。

二、联动策略：区校联动机制的初步形成

上城区教育局在实践中先后建构起区校联动的机制，让区域从理念到技术向学校传递，下面从主体拓展、结果使用、行动跟进三方面展开介绍。

1. 分析主体拓展的过程

调查的目的不是得到数据，而是要分析数据反映的现象及数据背后的原因，充分发挥数据的价值。为了推动学校的分析能力，上城区将调查分析的

主体从区域整体拓展到区域、学校备课组和教师个人等多个层面。

（1）区域主导，给出建议。区域层面组织分析各级监测、区域学习状况调查和学业水平测试等结果，各学科及测评团队根据数据形成对区域与重点学校的分析报告，并创造性地将学业水平测试结果与学习状况调查的结果进行相关分析，寻找数据背后的教育教学规律。

（2）区校联动，商议对策。上城区建立起多层级分析机制，除给出学校、学科数据与原始报告外，还分别以区域学科、学校备课组和教师个人为主体，形成针对区内各校学科、针对本校调查年级和学科、针对班级的分析报告。

（3）学校主动，区校协同。上城区强调诊断的校本化实施，将分析、反馈与应用的主动权交给学校。结合学业水平抽测和学生学习状态及成长环境问卷调查，基于调查数据和学校实际进一步开展校本分析。各学校利用区教育评价数据平台，从教师、班级、学科、学生、试卷命题、知识点、影响因素等各个角度进行数据分析，了解现状及成因，制订相应的改进措施。

2. 调查结果使用的方式

学习质量调查完后会呈现各级各类的分析报告，若将这些结果束之高阁或只作为考核学校、备课组、教师的依据便失去了数据本身的意义和价值。

（1）开展基于调查结果的二次调研。区域层面根据学习质量调查的结果，在结合学校自我分析结果的基础上提出调研意向，聚焦基于调查结果的需求，为学校、学科甚至教师个人“量身定制”调研方案。同时，上城区不断优化调研方法和技术，开展实证调研，基于事实数据的测量分析成为教与学过程研究的实证依据，有效促进了教师教学行为的改进。

（2）开展基于调查结果的各类反馈。上城区根据不同分析主体生产分析报告，采用共性与个性相结合的方式开展调查结果的反馈。对于区域共性结果，开展面向学科（领域）研训员、教学（德育）管理干部、学科（领域）教师的调查结果的反馈，利用质量分析会等方式，发现规律、寻找对策，为学校教育教学改进提供专业支持。

上城区对于个性问题，实施点对点反馈活动。各学科和教育测评大组基于调查结果，将主要发现“送”到学校、学科组或教师，有目的、有计划地对学校进行监测数据应用的指导工作，精准归因；对于学校改进的关键问题，持续跟进。

3. 改进行动跟进的实践

随着学习质量调查评价体系的完善，分析主体不断拓展，学科、学校、教师基于调查结果改进教育教学的意识和行为。区域内越来越多的学校开始自觉行动，基于省测、区测的结果和反馈，尝试开展二次调查，形成校本调查改进机制。

例如，杭州师范大学东城中学依托区域《学生学习状况调查》分析报告，进一步通过各种形式分析现状，分析诊断在课业负担、学习习惯、课堂参与、师生关系等方面存在的问题；及时调整日常教学管理策略，激发学生学习的主动性。

又如，杭州市采荷中学根据区域课业负担调查情况，结合学业水平与作业指数的相关性结果，首创并出台作业限行制度，切实减轻学生作业量，保证学生在 2 小时左右完成作业，优化学生的学习行为。

随着区校联动的加强，上城区还尝试通过反馈机制的优化进一步关注学校教育教学的改进策略及实施效果。

三、改进策略：区片校 D-S-S 反馈改进的创新实践

上城区一直行走在评价改革探索的前沿阵地，作为浙江省“数据驱动教育教学改进”试点区，持续探索推进“学习质量调查”这一特色评价实践。2021 年，行政区划调整后，面对全区 75 所中小学（共 104 个校区）的庞大体量，上城区教育评估与监测中心联合区测评大组力量，创新探索区片校 D-S-S（District-Service Area-School）多层联动机制（见链接 6-2-1），设立上

城评价九大服务区，形成区片校研讨反馈三层辐射圈，围绕“学习质量”诊断优化，组织开展专项调研反馈行动，在联动的过程中传递评价理念，进行共话、协商、回应，支持服务学校自主建构，完善教育教学校本诊断机制，探索区域循证治理的教育教学新局面。

链接 6-2-1
上城评价“九大服务区”架构图

1. 机制的建构

面对区域融合、学校体量成倍增加的实际，区域教育评价部门直面挑战、积极回应，创新探索 D-S-S 区片校三级联动循证改进机制，完善工作机制，培养骨干队伍，掌握评价技术，探索循证治理的教育教学新局面。通过一年的时间，上城区建构起 D-S-S 反馈机制，形成一套运作规则，并取得阶段性成效。下面具体分为以下几个步骤。

（1）行动策划。上城区教育评估与监测中心组织策划区域各类调查行动，根据片区需求，提供适宜的评价服务，着力解决教育教学发展中的痛点、难点、要点问题。

（2）工具开发。评估中心根据区域调研、片区调研和学校需求，携手区测评团队成立行动专班，根据选定的主题组织访谈、开发工具，紧扣学生发展和与学生发展密切相关的“核心要素”展开调查。

（3）数据采集。在调查过程中，根据前期确定的最佳“观测点”，行动专班会以入校访谈、问卷调查等方式完成基础数据采集工作。

（4）数据分析。调查后，上城区组织专业测评力量分析调研数据，智库专家全程跟进引领把关。建立起多层级分析机制，区域给出学校原始校本数据包，涵盖区域分析报告、校本分析建议。与此同时，上城区召开专家、教育教学干部意见征询会，组织力量基于调研数据形成改进专题集，使学校后期校本改进工作有理可循、有路可走。

（5）反馈跟进。上城区将全区划分为九大片区，建立评价反馈专属“服务区”，由评估中心专职评价研究员、区域测评大组核心力量担任“服务区”

召集人，牵头服务本“服务区”的专项调研反馈工作。

首先，召集人以“片”入诊，寻找调研数据中的片区规律及片区差异，淡化横向比较的压力，挖掘片区各校的优势指标，进一步“扬长增信”，在智慧分享中各校积极寻找自身短板数据改进的路径。其次，召集人因“校”施策，“一校一案”提供给学校个性化的数据包和分析建议。最后，召集人按“需”服务，实行“预约点对点支持服务”，中心评价研究员各自牵头一个服务区，组成召集人团队入校，根据学校的特殊需求，聚焦关键指标，为学校量身打造以满足学校个性化需求的服务。上城区根据学校教学管理改进的效果，实行变化跟踪指导服务，确保诊断的实效性。

2. 阶段性成效

在 D-S-S 反馈机制建立的一学年以来，上城区组织线上线下共 20 余场专题反馈研讨活动，104 所校区的教学管理干部聚焦关键问题，基于区域测评数据诊断优化，组织开展专项调研—反馈—改进行动，全面服务区内学校发展。评估中心积极提炼校本经验，搭建平台联动共享，在 200 多个鲜活的学校实践案例的基础上，精选基于数据驱动教育教学改进的 50 多个典型案例，并积极宣传推广（见图 6-2-1）。

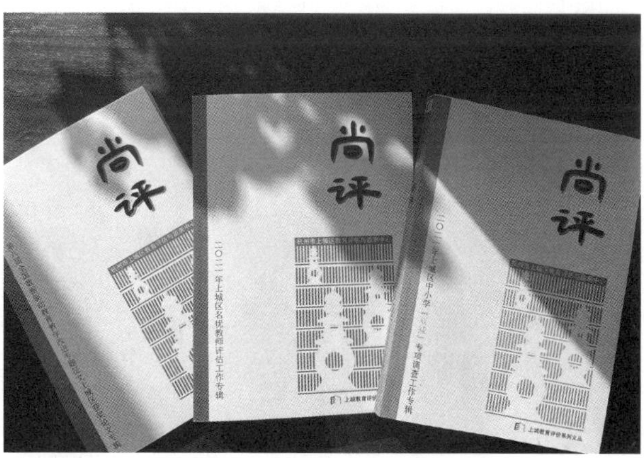

图 6-2-1　学校典型案例集结成《尚评》成果集

链接 6-2-2
关于学习质量调查的介绍视频

历经多年的探索，上城区循证治理行动策略初具雏形，D-S-S 多层联动机制运作中，上城区传递循证、评价理念，与学校共话、协商，回应学校的问题，支持服务学校自主建构，完善教育教学校本诊断机制，科学理解教育质量，充分认识“指导性管理”在改善教学质量过程中的价值，区校联动研发了促进有效教学的诊断指导工具。上城区迭代升级学习质量调查的工作机制，设计系统解决方案，指向学生综合素养监测、学生学习状况、学生成长环境三个评价维度。上城区还研发学习质量调查的框架建构与数据采集、信息表达与调研反馈、技术下沉与循证提升等关键技术，充分激发学校、教师、学生的发展动力，如链接 6-2-2 所示。

第三节
校本改进的实践举措

在区域教育评价重塑质量管理的过程中，上城区教育局意识到，获得数据不是目的，如何调动多元主体共同参与到数据分析、数据解读、数据应用、实证改进才是旨归。上城区所倡导的区域教育质量评价以促进评价对象发展为目的，以科学、适切的评价标准为引领，营造安全、信任的评价文化，善意且富有建设性地使用评价结果。

随着区域教育评价体系的不断完善，循证治理行动策略逐渐形成，“学习质量调查”的分析主体也不断得到拓展，区内 104 个校区、1.5 万名教师基于调查结果改进教育教学的意识和行为也得到了加强。越来越多学校开始自觉行动，学校基于省测、区测的结果和反馈，聚焦亮点与问题，形成校本诊断改进机制。区域推进校本诊断改进机制的过程具体可划分为四个阶段。

一、全区一案，整体反馈研讨

在区域学习质量调查机制形成的初期，区域测评团队骨干在专家团队的指导下，全员参与，通过协同合作，开展关于工具命制、数据收集、数据分析等专题研讨活动，开发区域调查工具库，收集区域调查数据库，整理区域调查数据分析规范。每次调查结束后，该团队都会撰写区域报告，并选派团队中的代表在区域组织的培训活动中作整体性分析反馈。一方面，基于调查数据提出的区域方案能够为学校提供方向；另一方面，在调查、实施、反馈的过程中，作为区域测评团队的种子教师，其测评能力通过实践得到了锻炼，一批批骨干教师获得快速成长。这一阶段，团队为每一位成员利用测评结果指导本校和本学科开展针对性的专项研究提供可能。

二、一校一案，学校个性反馈

伴随着学习质量调查的深入推进，全区仅有一个整体方案已经无法满足学校校本分析改进的需求，研讨反馈机会的限制同样很难满足团队成员的成长需求，所以，区域在整体分析反馈的基础上，第二阶段增加了区校联动的学习质量调查点对点反馈。

测评大组成员根据学校提出的需求，分工完成对各所学校的分析，形成一校一案，然后带着方案到学校开展点对点反馈研讨。在点对点的交流基础上，学校逐渐学会如何进一步解读数据，根据数据寻找学校教育教学的增长点，并通过协商、讨论来制定本校的教育教学的改进策略。

通过建立学习质量调查点对点反馈机制，区域测评团队中的每位成员都有机会经历数据收集、分析、报告、组织研讨、反馈的全过程，在输出的过程中自身不断成长，又进一步带动了学校教师的成长，为学校的测评工作培育种子。

很多学校会将区域数据作为校本研究的逻辑起点。如案例 6-3-1 中的杭州师范大学东城第二小学，以区域学生学习状况数据为依据，选择重点指标“学习策略”深入研究，以大概念教学重构学校的课程体系，以学科课程的校本化设计改进学生的学习体验。

案例 6-3-1 “双减”背景下的大单元教学实践

杭州师范大学东城第二小学从区域“2021 学年第一学期五年级学生学习状况”问卷中的学习策略指数入手，发现学校该项指数与区域持平，在学习策略上还是有一定的提升空间。为此，学校围绕核心素养，设计单元教学，引导深度学习。在“双减”背景下，聚焦“以学习为中心”，以项目式学习为理念，以学科大单元为载体，实现深度学习。用“学科 + 学科”“学科 + 生活”的方式，以学科大概念大活动的形式进行整体设计，注重学科素养的真正落地，注重连接学生完整的生活。从散点、孤立式的单元内容分析，走向纵向贯通、横向关联的单元内容分析；把教材上的内容主题，转化为大单元、微项目、真情境的校本改造。

学校通过研内容、定设计、落实施、重评价来落实大单元学习；研读教材内容，梳理教材逻辑，分析学情，整合教学目标、学科素养，探究适合学生发展的课程；设置适合学生、贴近生活的实际情景，在情境中确定主要任务和课时分布，从而指导大单元学习的实施；通过学科课程的校本化再造，整体预设、整体学习、整体活动，实现从单一地传授知识到全面育人。

（杭州师范大学东城第二小学）

一些学校用区域数据检验学校实践的阶段性成果。如案例 6-3-2 中的杭州市崇文实验学校，拿到区域学生调查结果后，综合比较表现突出的几个指标，深入挖掘原因，反思学校在优秀指标上做过的有益尝试，总结学校的特色做法。

案例 6-3-2 基于调查的作业改进实践

杭州市崇文实验学校根据上城区“2021 学年第一学期小学生学习状况调查”结果发现，本校学生作业指数为 9（区均值为 7），学习策略指数为 8（区均值为 7）。本校学生每天在校作业 1 小时比例为 77.97%，为全区第二，作业控制压力较小，学习压力指数为 9，显示压力较小。

基于数据，学校回顾多年来坚持对作业进行的全过程管理，陆续出台了各项管理制度。特别是学校聚焦作业设计多样化，依托项目制学习推进“作业革命”，培养了学生的深度学习能力，激发了学生的潜能。学校以年级组长领衔、各学科老师共同参与开展“世界咖啡屋”的项目制学习活动设计是教学管理的固定动作。在科技节、艺术节等专题课程中，在主题研修活动、免试生课程中，学校大力推进项目制学习活动的实施，改革作业形式，推进学生开展真实学习和深度学习，通过崇文小海燕“创新研究室”推进个别化学习。为让项目制学习在崇文落地，学校层面组织了跨学科教研、跨学科作业设计、定制作业设计，促进了全校教师教学理念的提升。

（杭州市崇文实验学校）

再如，案例 6-3-3 中杭州采荷中学教育集团濮家校区研读跨年数据，寻找历年来有明显改善的指标，对学校的改进措施进行阶段性小结，提炼学校在该方面的有效举措，形成校本改进的闭环。

案例 6-3-3 “双减”背景下基于调查数据，改善学生睡眠状况

杭州市采荷中学濮家校区基于区域层面“双减”调查报告反馈，发现本校区在“睡眠改善”指标上数据优势明显。同时，横向对比在

2019—2021 年“睡眠指数”由 4 递增到 8，进步显著。

为此，学校提炼一些做法与区内其他学校分享：（一）家校互融共进让时间规划提效，扎实做好三个一：一次全员家长会由集团总校长做关于“‘双减’背景下‘五育并举’促学生健康成长”的主题报告；一次“我是时间规划师”的主题班会；一份每个学生个性化的作息时间表。适性和高效的时间管理教育让学生真正成为时间规划师。（二）数据驱动教学让策略精准有效，努力追求作业的质量和谐。一是通过校本调查“作业量及‘限行’”“睡眠质量及时间”“课外辅导及活动”三个板块的数据，精准到每个班级，对劣势的班级驱动生成改进策略；二是在学校作业限行制度的基础上，根据“适龄、适度、适性”三准则，精心设计控量保质的“系统、激励和个性”校本作业以保障睡眠；三是通过班级公告栏、年级群作业公示及家长群作业公示接受全方位的监督。（三）精心设计活动让校园幸福安心。设计“大展风采、‘荷’乐不为”系列活动，结合个人及集体，整合“体育、艺术及实践类”多维度项目。“绳采飞扬、才艺荟、校园吉尼斯、棋王争霸”等减压活动从心理学角度力图让学生们在较长的在校时间中缓解压力，拥有愉悦心情，促进睡眠质量，让学生们健康成长。

（杭州市采荷中学濮家校区）

随着区校联动的加强，上城区又尝试通过反馈机制的优化进一步关注学校教育教学的改进策略及实施效果，在一校一案的基础上进一步延伸，为学校改进提供阶段性支持。

三、一校两案，双向交流研讨

在研讨反馈常态化后，学校逐步形成了制订校本方案的意识和能力。为进一步提升学校基于实证的教育教学改进能力，优化点对点反馈研讨的内容和形式，上城区统筹建立测评大组成员和学校教育教学管理干部结对机制。在区测评大组成员的协助下，学校教育教学管理干部基于学校数据形成学校的改进方案，该方案与测评大组成员基于学校数据形成的方案组成了一所学校的两份改进方案，即“一校两案”。

案例 6-3-4 基于学校数据的教育管理改进微行动

杭州市澎扬中学根据区域提供的问卷调查数据结果发现，学校的“睡眠改善”指数低于区均值，“睡眠时长”和“精神状态”这两个指标也略低于区均值；与睡眠相关度较大的“作业时长”等于区均值，“作业感受”和“作业管理”略低于区均值。从数据中发现，“睡眠改善”是当前学校亟需关注的问题，但这个问题并不全是由作业多引起的。

为此，区域与学校组织工作坊进行讨论，通过共话协商，提出四点干预办法：(1) 开展调查，明确“睡眠问题”根源。(2) 发倡议书，呼吁家长做好电子产品的管理工作。(3) 加强课后服务管理，要求各班学生在校内完成绝大部分书面作业。(4) 加强作业管理，提升学生作业成就感。进一步完善作业公示制度；指导备课组加强作业的研究，布置科学合理的作业；避免惩罚性作业和机械重复性作业。

（杭州市澎扬中学）

在这一阶段，区测评大组依旧带着对学校的个案分析到学校开展点对点研讨活动，但在交互形式上，变原来大组成员的单向输出为大组、学校双向研讨，共同提出和协商校本改进方案；引导学校少外溯多内省，关注每轮学习质量调查后学校发生的变化和期待的改进方向；在引导学校自主提出改进方案的同时，进一步帮助学校培养了一大批有志于教育测评研究的种子教师，为学校自主开展校本调查和研究打下了坚实的基础。

四、一校多案，学校各具特色

在第三阶段的实施过程中，区内很多学校在区域组织的学习质量调查基础上，与区测评研究团队合作，开展二次问卷调查，对一些重要数据进行深入的研究，自主研发工具，开展校本调查诊断改进工作。此时，学校不再等待区域的调查结果和反馈建议，被动地撰写校本数据分析方案，而是主动寻找发力点，尝试用循证的方式解决教学管理中遇到的问题。学习质量调查成为不断发现和解决问题，促进教育教学“肌体”良性运转的重要机制。

实现诊断的校本化，才是将分析、反馈与应用的主动权交给学校。区域测评团队聚焦问卷研制、数据分析，才能做区本化诊断。“以校为本”的点对点反馈与研讨，保证了学校测评数据的落地，最终实现以数据驱动教育教学改进。

目前，上城区已建立起学校定期自我分析制度，完善学校自我诊断、反馈和改进机制。每学期，区内学校根据学业水平抽测和调查问卷提供的原始数据，及时梳理出本校各分项指标的具体数值。一方面对优势项目加以提炼与归纳，另一方面根据调查结果发现的一些现象，进一步分析存在的原因，探索有效对策，寻求新的增长点。学校会结合实际的需求，延展区域调查的内容，展现出评价校本化应用的多元样态。

如案例 6-3-5 是浙江省杭州四季青中学根据校本专题调查数据，自主发现、确定研究问题，进而进行校本规划与改进的典型案例。该案例还运用区域调查数据进行双重验证，检验学校取得的实效。

案例 6-3-5 基于校本调查的作业减负行动

浙江省杭州四季青中学在区域调查的基础上，通过校本调研发现学校备课组作业量差距很大（见图 6-3-1），结合访谈发现部分备课组的作业同步、研究、管理都有偏差，而备课组间也未做到同步协调，作业减

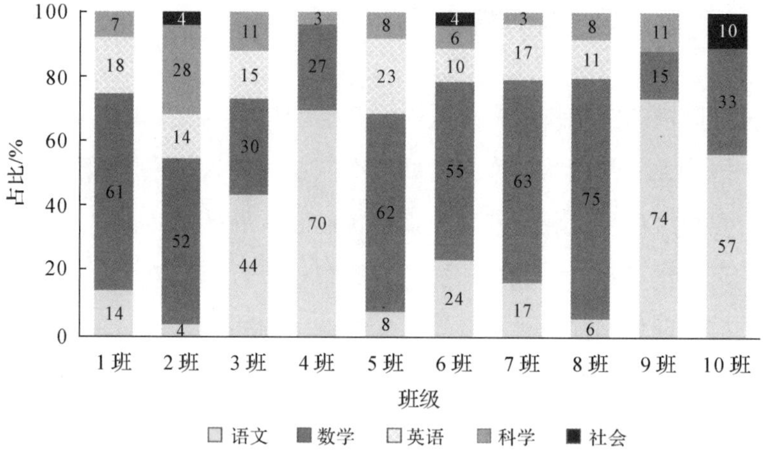

图 6-3-1　四季青中学校本调查分析结果（节选）

负未落实。

为此，学校推出“同伴课堂”，研究作业的“裁与减”，并设计精准管理，以数据优化作业的“写与评”。通过精准管理，优化作业的“写与评”。创新性提出作业的“三公示、三记录、三分层”。

通过一学期的改进，学校实现了真正的作业减负，在期末九年级学生学习状况调查中，学校作业指数高于区域均值。同时，因为作业真正减负，学生学习习惯得到改善，且电子产品的使用、师生关系、同伴关系等情况都得到了改善，可谓一举多得。

（浙江省杭州四季青中学）

在该模式渐趋稳定的基础上，区域支持部分先行学校因时制宜、因地制宜地建立校本教育教学质量管理系统。如案例 6-3-6 浙江省教育科学研究院附属实验学校根据学校需求和学生的需要，选择作业这一主题，围绕“作业健康码”设定了作业公示制度，打造了数据驱动教育教学改进的学校样板。

案例 6-3-6 “作业健康码”：作业公示制度的设计与实施

浙江省教育科学研究院附属实验学校围绕“作业健康码”，对作业公示制度开展了一系列实践研究，使作业管理从平台公示、数据监测和落实保障三个环节得以明确，形成健康的作业“生态圈”，如图 6-3-2 所示。

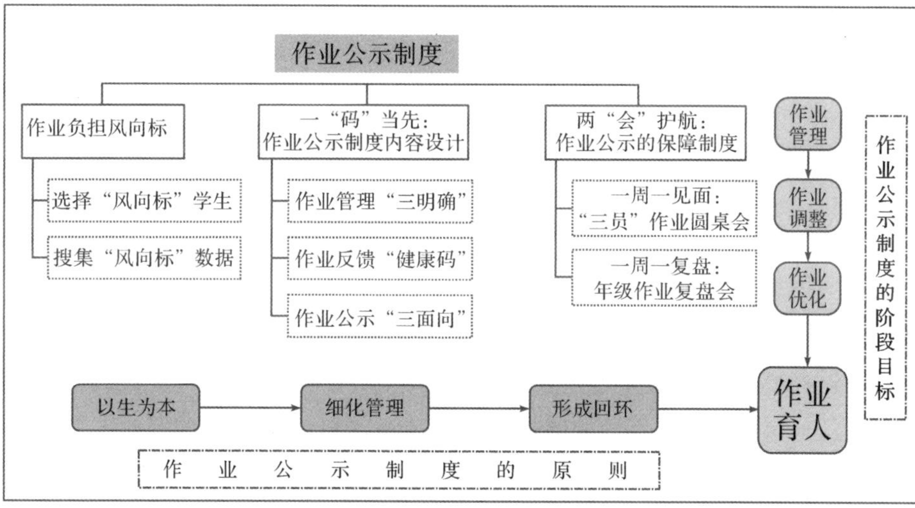

图 6-3-2 基于“作业负担风向标”的作业公示制度实践路径

学校划分“作业健康码”跑道，确保作业控量提质；强化作业设计，提升作业质量；控制作业总量，限定每日 3—6 年级学生的书面作业不超过 60 分钟，7—9 年级不超 90 分钟；开展作业限行，确保每天一门学科无作业；教室设“作业公示栏”，向学生公示分层作业内容及预计时长。

学校设定“作业健康码”规则，形成作业反馈体系；学生每日平均作业时长低于标准的 90% 赋黄码，高于标准的 110% 赋红码，两者之间为绿码；校方及时向黄码或红码的班级或学科反馈，查找原因，督促教师改进作业设计；家长则通过扫描“作业公示二维码”，实时反馈对作业布置和批改的建议。

学校激发“作业健康码”效能，创设“作业负担风向标”改进闭环；按学生的学习情况，分三层次确定每班三名“作业负担风向标”对象，并由其记录、反映真实的作业负担情况；学生通过“作业圆桌会”“作业复盘会”，每周交流作业质量，参与作业管理；教师根据每周数据，研讨作业改进办法，提升作业质量。

（浙江省教育科学研究院附属实验学校）

校本改进并非一蹴而就，上城区经历了四轮迭代，从“全区一案，整体反馈”“一校一案，学校个性反馈”到“一校两案，双向交流研讨”“一校多案，学校各具特色”，目前已经形成了“计划—行动—检验—反思”的行动闭环，且能根据学校的需求随时介入诊断、改进全过程。

上城教育持续深化“学习质量调查”评价改革载体，定期开展“数据驱动教育教学改进”项目服务活动，进一步实现评价过程中“调查—反馈—改进”闭环管理，提高学校和教师对区域学生学习状况、学生成长环境等调查数据的解读、利用的积极性，探索建立循证治理校本诊断范式。

学习质量调查，在区域“点对点反馈”和“学校跟进实践”的实践探索中，改变了区域质量管理的手段，丰富了学校教学管理的方式，提升了教育教学质量，培养了一批“指导型”的学校教学管理干部。上城区尝试以试点先行，边实践边总结边推进，这正是上城教育人在深化课改背景下，对“引导树立科学的教育质量观”这一时代命题的答复。

参考文献

[1] 张丹慧，张生，刘红云. 基础教育质量监测抽样设计与数据分析[M]. 北京：北京师范大学出版社，2015.

［2］格特·比斯塔. 测量时代的好教育：伦理、政治和民主的维度［M］. 张立平，韩亚菲，译. 北京：北京师范大学出版社，2019.

［3］约翰·哈蒂. 可见的学习：对800多项关于学业成就的元分析的综合报告［M］. 彭正梅，邓莉，高原，等，译. 北京：教育科学出版社，2015.

［4］李刚. 走向教育的循证治理［J］. 教育发展研究，2015，35（23）：26–30.

［5］Evans J，Benefield P. Systematic Reviews of Educational Research：Does the medical model fit？［J］. British Educational Research Journal，2013，27（5）：527–541.

［6］伍小斌. 学习质量调查：区域教育质量管理新路径［J］. 浙江考试，2022（07）：12–16.

第七章

收获：上城立体评价的成效与展望

教育评价是教育发展的指挥棒，是教育改革的重要支点。为了打造优质均衡、人民满意的美好教育引领区，上城教育坚决克服“五唯”的顽瘴痼疾，提高教育评价的科学性、专业性、客观性，依托区域教育评价体系“立体评价”，让教育评价服务于学生、教师和社会，充分发挥评价的诊断改进功能、反馈调节功能和激励功能，以评促学、以评促教、以评促建。

第一节
成效：立体评价促进上城教育美好发展

⊙

上城教育的美好发展，不仅反映在教育主要指标的领先上，落实在教育软硬件的整体提升上，更体现在广大人民群众的获得感上。学生的获得感得到增强，能实现思想道德素质、科学文化素质、健康素质的全面提升，成为国家发展的栋梁之才。教师的获得感得到增强，使教师的政治地位、社会地位和职业地位不断提高，尊师重教在上城区蔚然成风。全社会的获得感得到增强，使得全区教育水平全面提升，真正让每个家庭“上好学”“上好学不求人”“在家门口就能上好学”。而这些不同群体获得感的增强与上城构建的立体评价体系息息相关。

一、以评促学，上城学子健康成长

上城区以“身心健康、品质优秀、学业上乘、技能全面、个性鲜明”为学生培养目标。其中，身心健康排首位，与教育部倡导的“健康第一”教育理念一致。

1. 身心健康，向阳生长

身心健康是指健康的身体和健康的心理。世界卫生组织对健康的定义为身体、心理健康及对社会适应的良好状态。身心健康标准具备以下特征：有良好的自我意识，坦然面对现实，保持正常的人际关系，有较强的情绪控制力，处事乐观，满怀希望，始终保持积极向上的态度。

为了保障上城区学生身心健康发展，区教育评估与监测中心开展“身心健康”方面抽样的问卷调查，进行区域常模分析，结合数据为发现的问题提供专业建议，并跟踪改进过程。以 2021 学年第一学期五年级学生的调查数据为例，身心健康调查内容涉及体育锻炼、心理健康、睡眠和近视情况等方面。调查数据显示，上城区五年级学生的身心健康方面整体情况良好。

以上城区五年级学生“我有自己比较喜欢的运动项目”这项调查为例，75% 的学生选择非常符合，16% 的学生选择比较符合，可见约 91% 的学生有自己比较喜欢的运动项目，如图 7-1-1 所示。上城学子不仅喜爱运动，不少还擅长运动，甚至在运动领域已小有成就。在 2019 年第一届“上城美少年”评选中涌现出近 40 位健体美少年，有连续三年携手参加横渡钱塘江活动的双胞胎姐妹汪晓雅、王晓亚，有多次挺进国家级比赛的足球小将王亿豪，有在 2019 全国青少年 U 系列游泳比赛打破五个 11 岁组赛会纪录的周蕴伊，有在

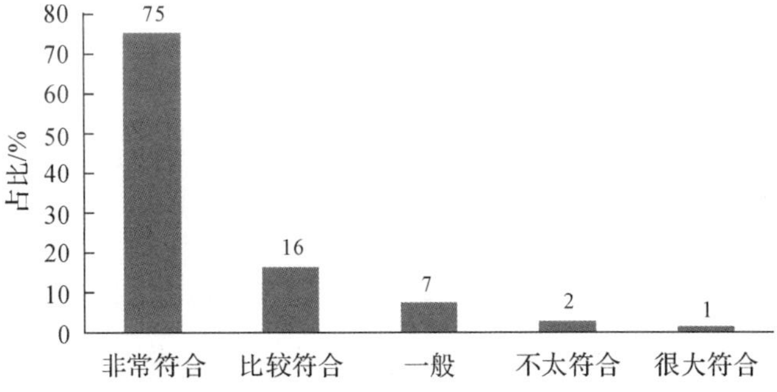

图 7-1-1 “我有自己比较喜欢的运动项目”的学生百分比

2019 年李宁杯第九届全明星 ISI 亚洲花样滑冰邀请赛勇夺四项第一名的蒋小曦，还有怀揣“网球世界冠军梦”成为职业网球运动员的朱宸汀。案例 7-1-1 是被评为“健体美少年”的朱宸汀同学的介绍。

案例 7-1-1 健体美少年朱宸汀

朱宸汀出身于体育世家，深知运动员艰辛的外公坚决反对她从事体育行业，然而在 5 岁的时候她爱上了网球。虽然不清楚为什么女儿对网球有浓烈的兴趣，朱宸汀的父亲朱跃勇最终决定尊重女儿的兴趣，为她找合适的教练。从相继加入陈经纶体校、上海队，到远赴澳洲训练，再到签约拓普嘉华网球学院，朱宸汀一路走来的背后是家人的默默陪伴，其中当初不愿意孩子搞体育的外公、外婆也接过了陪伴的担子。

为了能够兼顾学习和训练，从小朱宸汀就学会了合理地安排好自己的生活：白天上完课后，去体校训练；晚上 7:30 回到家后，吃饭、洗澡；用 1—1.5 小时写作业；9:30 上床睡觉。每天的时间都安排得充实、紧凑，这让她的自我管理能力比同龄人强了很多，喜爱看书的她还会挤出时间来看书。朱宸汀训练从来没有迟到过，更没有说哪次要赖不去训练。这些看似微不足道，却坚定了爸爸朱跃勇和妈妈张莉的看法——兴趣是最好的教育。

2019 年，朱宸汀入选中国网球国少队。在 2020 年耐克杯青少年网球巡回赛上，朱宸汀获得 U14 女子单打亚军，U16 女子双打亚军的好成绩。一颗中国网坛的希望之星正在冉冉升起。

（杭州市勇进实验学校）

上城区不仅有体育特长突出的学生群体，且学生整体的体质健康素质在浙江省处于领先水平。根据区卫生健康局发布的数据可知，2022 年上城区中小学生体质健康检测优良率较高；上城区新创建健康促进学校 14 所，其中铜牌学校 11 所、金牌学校 1 所、金牌复评学校 2 所。上城区中小学校十分重视学生体质健康，健康促进工作突出，中小学生的体质健康整体情况良好。

2. 品性优良，德行兼备

“育人之本，在于立德铸魂。”上城教育历来重视“立德树人，德育为先”：落实新时代爱国主义教育，进一步传承和弘扬中国特色文化；设计和推行研学路线，推进“文化基因解码”工程在中小学校、幼儿园的落地与传承，丰富千年历史文脉延续的内容形式；因校制宜举办好校园文化节，引导师生参与塑造新上城价值认同的全过程，让上城学子在“寻根”之旅中厚植爱国情怀，在“承志”之旅中坚定理想信念，在“扬帆”之旅中加强品德修养，在“追梦”之旅中培养奋斗精神。

上城区的学校始终把学生的思想道德建设放在学校教育的核心位置，如杭州市时代小学深度打造“亲情教育”品牌，实现了学生的自我亲情教育，让一届届时代学子在一言一行中都流露出对自我的珍爱、对父母的孝爱、对老师的敬爱、对同伴的友爱、对弱势群体的关爱和对祖国家乡的热爱。为了提升亲情教育的质量，学校开展了阶段性的评价跟进，如表 7-1-1 所示。

表 7-1-1　时代小学一、二年级“敬爱老师”评价表

评价项目	具体要求	评定栏（5 分制）			
		自评	互评	家长评	教师评
敬爱老师	见到老师能主动问好				
	进老师办公室喊“报告”或轻轻敲门，经允许后进入				
	上课铃响静等老师，下课请老师先走				
	上下课时向老师致敬				
	能为老师做一些力所能及的事情				

近年来，关注亲情和德育不再是上城区某一所学校的特点，从学校层面来看，德育项目不断涌现。例如，杭州新世纪外国语学校结合寄宿特色，深化“亲情养成”德育课程，并从学生实际生活出发探索真实且落地的评价，记录学生成长，从德育入手促进学生全面发展。在德育领域，上城区也从区域层面上不断推出拳头项目，如“行走德育”，区域与相关部门联手挖掘资源、整合力量，将各类场馆、企业、社区等资源作为学生的德育实践活动场所，开展各类丰富多彩的研学活动，让学生走向社会、了解社会、深入社会。

在区域的持续引领和各校的重点培育下，上城学子在品德行为发展方面态势良好。以 2021 年针对上城区五年级学生的品德行为发展的调查为例，问卷从“在学校经常主动跟老师打招呼问好”“爱护班级公物或学校公共场所的设施”“在教室或公共场所大喊大叫”等三个方面进行调查，合成行为习惯指数。其中，项目“在学校经常主动跟老师打招呼问好”中，选择“大部分人”和“几乎所有人”选项的常模为 82%，说明绝大部分学生懂礼貌、尊敬老师。项目“爱护班级公物或学校公共场所的设施”中，选择“大部分人”和“几乎所有人”选项的常模近 89%，说明绝大部分学生能做到爱护公物。项目“在教室或公共场所大喊大叫”中，选择“大部分人”和“几乎所有人”选项的常模不足 10%，说明绝大多数学生有一定的公共空间意识，懂规则、讲文明，如图 7-1-2 所示。

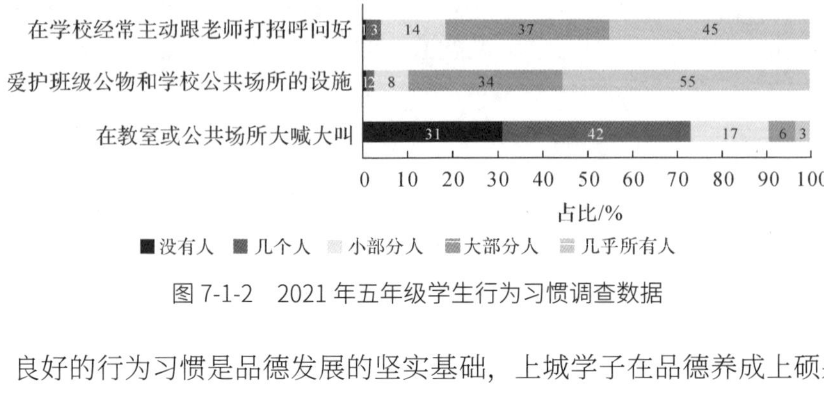

图 7-1-2　2021 年五年级学生行为习惯调查数据

良好的行为习惯是品德发展的坚实基础，上城学子在品德养成上硕果累累。上城教育的沃土上不断涌现出卓越的美德少年。自 2018 年浙江省启动“新时代好少年”评选活动以来，每年都有上城学子上榜，其中有四人次因美德而荣膺好少年称号，他们分别是来自杭州市采荷中学的 2018 年“自立自强新时代好少年”章启、来自杭州市天长小学的 2020 年“新时代好少年”范欣航、来自杭州市杭州中学的 2021 年“新时代好少年”肖立沣、来自杭州市开元中学的 2022 年“新时代好少年”陈高莜。其中，肖立沣还获得了中国共产党中央委员会宣传部“新时代好少年”殊荣。对于肖立沣来说，这份荣誉不是终点。同样，对于所有的上城学子而言，因品行良好获得称赞表扬不是目的，而是要“以德立身，泽己及人”。

3. 学业上乘，善学创新

为保障学科评价质量，上城教育在学业水平评价方面实现了从等级制到分项等级制的深化改革。为落实学生学科素养的发展，教育局集中各学科教研员和研究力量制订了素养导向的评价标准，并指导各学校基于此结合校情、学情制订学校评价方案。不仅如此，在操作层面，上城区既创新应用了一、二年级的非纸笔测试评价形式，又增添补充了中高年段的项目化学习评价方式。通过评价引领，使学生在知识增长之外发展素养，不断提升在真实情境中解决问题的综合能力，提升学习品质。

以上城区在 2021 年浙江省中小学教育质量综合评价的数据为例，区域在学生发展的各项指数上均高于省、市均值，如图 7-1-3 所示。其中，高层次能力、实践应用、信息素养、学习动力、学习习惯、学习方法等指数显著高于省、市均值。

上城区也曾在 2018 年以四年级学生为样本，开展了大规模的学习质量调查。该样本数较大，一定程度上能体现上城区学生的学习品质水平。其中，有一项关于数学自我效能感的数据，对应的区常模为 7，40 所学校中有 13 所学校达到 8 以上的数值，大部分学校达到常模 7，只有个别学校不足 7。可见，上城学子的学习品质普遍较高。因而，上城学校常出少年英才。例如，早在

2018 年第一批 10 名全国“新时代好少年”揭晓之时，上城区杭州市建兰中学的学生俞果正是因为在科技领域善学、创新，作为浙江省唯一代表入选，见案例 7-1-2。

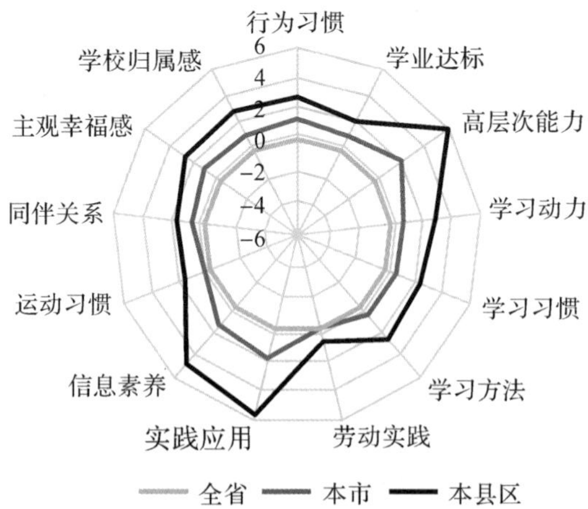

图 7-1-3　上城区学生发展各指数雷达分析图

案例 7-1-2　勤学创新的“新时代好少年”俞果

年仅 14 岁的俞果发明了“袜子固定架”“多用挂钩”，很好地解决了洗衣物时袜子分离不易找和挂钩易损的难题，获得了两项国家专利。俞果还曾在科技活动中获得了大大小小几十个奖项，范围涵盖航空模型、航海模型、车辆模型、奇迹创意、科学论文、科学建议等，并荣获了杭州市中小学生科技活动最高奖“长杭青少年科学技术奖”、2018 年全国“新时代好少年”。这些成果源于他善于思考、勤于钻研、不轻言放弃的学习品质。就拿“袜子固定架”来说，在攻克关键问题的两个月内，他每天放学回家后做完作业，就钻进书房查资料、画图、做实物，经过 7 次失败之后才得以成功。

（杭州市建兰中学）

4. 素质全面，个性鲜明

在上城区的评价改革中，学生发展始终被视为一切改革的核心。上城区教育评估与测评中心领衔修订了区域中小学生综合评价实施方案，并在《上城区中小学生综合评价报告单》上以“品德发展、学业发展、身心发展、审美素养、劳动与社会实践”五维合一的方式体现学生的全面发展。几乎每个板块都预留了“成果水平”一栏，鼓励学生适性发展、发掘潜能。

该方案鼓励学校结合实际情况，形成符合校情、学情的评价标准和评价方案。如杭州市胜利实验学校利用“海燕秀”活动，为学生提供展示兴趣特长的机会。学生以年级为单位，自主报名，大方亮出才艺——跳街舞、歌伴舞、吹巴乌、说相声、空竹表演、手绘校园、制作春季甜品、刺绣春景等等。又如，杭州市时代小学鼓励学生“参与社会大事件，走上生活大舞台”，参与“亚运城市行动”展演、亮相《走近亚运》宣传片、录制《等你来》亚运 MV 等；在毕业课程中加入了特长展示，为学生举办小学毕业个展，有书法展、摄影展、绘画展、钢琴演奏音乐会等。

正是在这样的成长环境与评价导向中，上城学子得到了全面而又个性的发展，中央电视台的舞台上曾有过上城学子优美的舞姿，国际赛事中看得到上城学子矫健的身姿。上城学子还曾荣获世界航海模型锦标赛冠军、轮滑国际青奥会亚军、全国美德少年、全国优秀少先队员、全国科技创新大赛一等奖、宋庆龄奖学金、鲁迅文学奖等奖项。

二、以评促教，上城教师幸福育人

上城学生的幸福成长，离不开上城教师辛勤育人。而在育人的过程中，上城的教师也在成长，正所谓教学相长。

1. 构建了良好师生关系，奠基幸福育人基石

教学过程的核心要素是加强师生相互之间的沟通和交流，倡导教学民主，建立平等合作的师生关系，为学生的全面发展和健康成长创造有利的条件。和谐的师生关系，能够让师生和睦相处、进行有效沟通，有助于减少和防止问题行为的发生，营造让学生感到愉悦、快乐的学习环境。根据 2021 学年第一学期五年级学生的学习状况问卷调查显示，上城区师生关系的区常模为 8，全区 63 所学校中有 61 所的师生关系指数在 7 以上，剩余两所为 6。这些数据说明全区整体师生关系良好，如图 7-1-4 所示。从相关度分析来看，良好的师生关系对学业水平有一定的正向促进作用，对学生的人际关系、学习与行为习惯、作业指数、学习策略、体质锻炼、心理健康、睡眠指数、劳动教育、网络成瘾、满意度等方面有较强的正面影响。

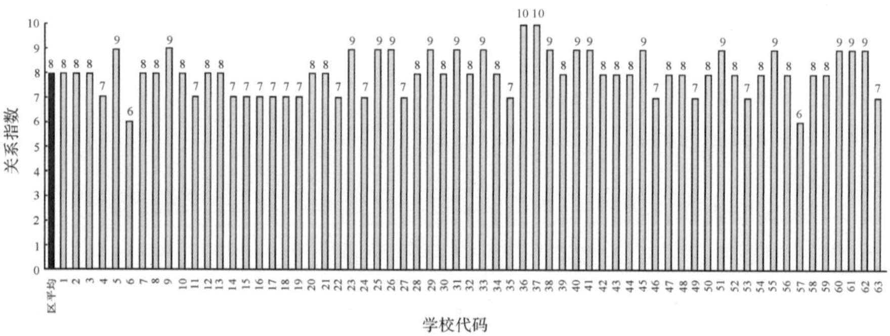

图 7-1-4　2021 学年第一学期区五年级学习状况调查中的师生关系指数

实际上，上城教育早就意识到建立良好师生关系的重要性，在 2009 年就启动了与北京师范大学合作共研项目“基于学生发展的区域教育质量提升”，积极改善师生关系，特别是学困生的师生关系。发展性测评数据表明，通过这一项目的实施，上城区学生学业水平提升明显，生活满意度、幸福感、正确价值观、积极社会信念、社会公正感、积极学习态度等指标逐年提高，而孤独、焦虑和抑郁情绪等指标逐年下降。调查中，85% 以上的教师认为，发展性评价的理念和做法有助于学校发展，促进了教师教育教学的发展。

案例 7-1-3 从学困生转变中获取的职业幸福感

杭州市胜利实验学校的语文老师王小燕还记得教改实验中的一幕：几位教研员把王老师班里所有的任课老师召集起来，让他们写出班里上课举手发言最少的15名学生。当老师们写完后，竟发现有七八名学生是每个任课老师都提到的。王小燕很受触动："我们发现这七八个学生是最容易被忽视的，今后，老师应该多给他们在课堂上表现的机会，多鼓励他们。"通过教改实验，王小燕和同事们尝试用眼神交流、提问、个别指导、及时表扬等方式加强对学困生的关注，加上及时消除学科不良积累和强化认知策略与学习方法的指导，令改进学困生的教育教学卓有成效。

（石天星 《浙江日报》）

参与教改实验的老师们从学生的变化成长中深深体验到了教师职业的幸福感。良好师生关系的普遍建立和教师幸福育人的深度体验，与《基于学生发展的区域教育质量提升》项目的引领密不可分，更与上城区不断优化的学生综合评价体系以及区域教育质量管理机制息息相关。如前所述，上城区中小学生综合评价体系具备面向全体学生、强化过程体验和驱动深度学习等特征，旨在引导教师、家长破除"唯分数"的观念，让教育回归育人的本质。而在区域教育质量管理方面，区教育评估与监测中心创新探索了"D-S-S"区片校三级联动循证改进机制，以赋能美好学校建设、赋能美好教师发展、赋能美好学生发展为目标，以数据改进教育教学为路径，引导教师与学校关注学生学习成长的过程经历，实现科学干预、纵向跟踪而非横向比较。上城教师在科学评价学生的过程中回归教育本质，从而体悟到育人的幸福。

2. 形成了教师发展体系，铸幸福育人成长力

上城区的多级进阶式教师评价体系是一种发展性评价体系，能为不同阶

段的教师提供目标引领和专业助力，助力上城教师发展专业素养，完成“静心教书、潜心育人、敬业成人、精业成才”的教育使命。

新师过程性评价让三年期以内的青年教师立足课堂，触摸教育的本质。在学生评价领域正兴起的“评价即学习”理念从上城区的新教师评价中可见一斑。以 2021 届新教师教育教学基本功大赛为例，基本功大赛历时一个月，分两个阶段进行：第一阶段为教学实践模块，第二阶段为智慧教学应用、案例分析与说课三大模块。在教学实践模块中，各学科选择浙江省特级、上城区特级、区学科带头人等骨干教师为导师；每个导师指导 3—7 名新教师，从教学设计、课堂教学、作业设计等环节手把手指导；新教师们在多轮磨课、思维碰撞中体验成功，这些都极大地促进了每位新教师的成长。“五阶段”教师评选活动促使全体教师深耕课堂，形成个人教育风格。2021 年，马益彬、戴灿华、杨欣、徐悠然等四名上城教育工作者获评 2021 年浙江省中小学教坛新秀。其中，案例 7-1-4 的马益彬老师便是这项评选机制的受益者与见证者。

案例 7-1-4　靠近光、追随光、成为光——记浙江省教坛新秀马益彬

马益彬从大学毕业起就一路在上城教育的发展之路上奔跑。他常说自己是幸运的，从那一年开始，“相约星期二”是每个新教师快速站稳三尺讲台的充电站；从那一年开始的“师带徒”，青年教师快速成长有了引路人；从那一年开始的“青年教师赛课”，是新教师一学年下来交出的首份答卷。

马益彬从新苗、新秀，到如今的教学能手、区学科带头人、区特级教师、省教坛新秀，一步步的足迹，无疑例证了上城教育在教师培养中能为每一位老师找寻到自我成长的坐标，因为这儿有着一片丰沃的成长土壤。

马益彬是上城区派出的第二位援助非洲肯尼亚阳光学校任教的教师。面对远离故乡的孤独寂寞，面对非洲肯尼亚海外教学的困境，马益彬始终铭记援教的职责与使命，以教育者的情怀与品格，倾情于阳光学校，倾情于阳光学子，把援教看成一次宝贵的人生经历，一次难得的教育历练。他不仅在援教之路上播撒阳光，而且用文字真实记录，出版了《一路阳光——驻肯尼亚援教之行》一书。“他身上所迸发的对教育事业的热爱，对语文教学的执着追求无时无刻不感染着我。”马益彬的同事说。不仅如此，马益彬热心关爱每一个学生的行为，也深深感染了身边人。

上城盛产本土名师，得益于链式名师的辐射作用。2022 年 9 月，潘红娟、高凌、王林慧、张麟、罗永军、邱红燕这 6 位教师成为浙江省第十三批特级教师。2022 年数据显示，上城区多年来培养了 85 名特级教师，占全区教师总数的 7.0‰，远超全省的 1.5‰。2021 年 3 月，杭州市天长小学校长楼朝辉进入 2020 年度享受国务院政府特殊津贴人员名单；2019 年 8 月，杭州市胜利实验学校教师胡珏入围 2019 年全国优秀教师……一项项国家级、省级荣誉的获得着实不易，更难得的是这些名校长、名师都是上城本土培养的。打造教育强区，师资是核心竞争力，自主培养名师，这也是上城教育一直保持全省领先的重要原因之一。如此强大的“造血”功能，正是得益于一套科学严谨的教师培养制度：以杭州市 B 级人才、省特级教师为“尖端”，区特级教师为“高端”，区学科带头人为“中坚”，“五阶段”获奖教师为基础的“五阶段、五梯队、多维度”人才培养体系。“中高尖”端教育人才队伍中，各有名师开设工作坊。如浙江省特级教师工作室的学员，可能是上城区“五阶段、五梯队、多维度”人才培养体系中的名师，而同时这位名师摇身一变又成了名师工作坊的导师。这样的链式模式，让名师的自我学习属性和辐射属性得到了最好的释放。

3. 教师善用闭环思维，汇成育人幸福瞬间

一方水土养一方人，上城教育的土壤孕育出一代代美好教育的践行者。他们坚持前进的方向，在奔跑前行的教育之路上不断修正和优化自己的行为与认知，在深层次的心灵交流中慢慢寻找和实现自己的梦想与追求。杭州市崇文实验学校的汪玥老师便是上城教师的一个缩影。他坚守着“给我一个班，

我就很幸福”的信念，长期坚守班主任岗位，十几年如一日地为学生付出，用心对待学生的成长。

案例 7-1-5 汪玥老师的育人之路

2003 年 9 月汪玥进入杭州市崇文实验学校后接手四（1）班，该班有一位自闭症儿童，由母亲陪读照顾学校生活。该儿童无法与其他孩子正常交流，上课时经常会喊出声音，甚至会离开座位在教室里奔跑。作为一名新教师，汪玥老师顶住压力，用爱教育这个孩子。每天中午，汪玥单独给他补课，一个生词就要对他说十几遍；周末，汪玥组织孩子们到他家开展小队活动，希望让他感受到集体的温暖；运动会上，汪玥力排众议，坚持把他放进队列方阵，因为不想让他成为别人眼中特殊的孩子。就这样，汪玥用心呵护着这棵脆弱的小苗，一过就是 3 年。也许是因为爱，这个孩子不会叫同学的名字，但他看到老师时都会大声地叫一声“汪老师”。这一声“汪老师”是让汪玥坚持下来的动力，是教育自带的魅力，有让人幸福的魔力。

工作 3 年后，坚持与执着的汪玥在课堂教学实践上结出累累硕果。从 2006 年至 2018 年，他在各级课堂教学研讨活动中执教 60 余节公开课。先后 6 次参加教学比赛，从早期参加省、市教育学会的教学比赛到参加区、市、省、全国教学比赛，均获得一等奖的佳绩。对于教学执着的追求使他先后获得了浙江省教坛新秀、杭州市优秀教师、区学科带头人、区“未来名师”培养人选、区十佳教学能手、区优秀教师、区“百合奖”“紫荆奖”等荣誉，在青年教师中脱颖而出。这些荣誉是他不断挑战自我、传道授业解惑、在教学探索之路上实现自我价值的最好证明。

（杭州市崇文实验学校）

三、以评促建，上城教育迎接美好

教育评价并不是目的，目的是通过教育评价，促进学生的幸福成长，促进教师的专业发展，促进学校的办学水平提升，以助力上城教育更加美好。

1. 教育评价生态优化

上城区以三年发展规划为突破口，实施学校发展性评价，引导学校自主发展。因此，区内公办学校（单位）以达到学校内涵发展的核心化阶段——优质学校为目标，基于校情、学情科学制订发展规划。杭州市天长小学从传承历史的文化视角、尊重差异的学生视角、激发使命感的教师视角和系统建构的管理视角等方面入手规划教学内容。在科学规划和跟进行动研究之后，杭州市天长小学不断取得优异成绩，多项课题获得了省市教育行政部门的肯定，尤其是《一个模子不适合所有学生——小学差异教学的实践研究》获得了2018年国家基础教育教学成果一等奖。

此外，上城区建立了基于学生发展的增值评价体系，以三年为一个周期，聘请专业研究人员、学校服务对象等第三方评价专家多元参与，采用科学的监测工具，客观评价学校的发展变化；建立了以学生健康发展、教师个性发展、学校内涵发展和社会影响为核心的学校评价体系，引导学校走出片面关注硬件、关注升学率的误区；形成了“D-S-S”区域循证治理机制，逐步实现从“管理立场”向“学生立场”的转型，从“比较施压”向“诊断改进”的转型。

2. 学校趋向均衡优质

上城区大力推进优质共享、名校集群。坚持“名校就在家门口、名师就在我身边”，制定《推进名校集群化促进教育优质均衡发展三年行动计划》，靶向探索名校孵化区域的新一轮发展。高质量建设“美好教育”，创新建设跨层级、跨区域、跨领域的名校新校，区域联合、集群智联等十大共同体新模式，全力绘就上城教育的最美底色和别样精彩。建立“区域联动、校校联动、线上融合”机制，不断提高优质教育资源供给的联动共享，更好满足群众对教育的新需求、新期盼。

例如，建立名校新校共同体，以“名校＋新校”为基本形式，通过输入名校办学理念、管理团队和教师资源，实现“师资调配、课程设置、学校管理、考核评价”一体化，借名校之势打造新兴未来学校。硬件配置一流的杭州市东润外国语学校于2022年9月启用，与优质教育品牌杭州师范大学东城实验学校的文化、管理一脉相承，充分平衡了这一片区的教育资源。杭州市东润外国语学校延续杭州师范大学东城实验学校的“和润”教育理念，成就美好教师，幸福每一位学生。除了杭州师范大学东城教育集团，采荷第三小学教育集团、采实教育集团、濮家小学教育集团、胜利实验学校教育集团等等都是老百姓耳熟能详的优秀教育品牌。

案例7-1-6 采实系“孪生兄弟”成为公办初中领跑者

杭州市采荷实验学校率先开创公办和民办学校同步发展的集团化办学模式，延伸出221集团架构——“两中两小一母体，两公两民一集团”。2008年杭州市钱江新城实验学校创办之后，采实教育集团高起点、全维度打造这所公办新校。两所学校实现师资融通，不管课程架构还是教学质量评估，都采用统一标准。对于这点，原钱江新城实验学校第一届初一年级主任，现该校采实校区执行校长郑亚敏感触很深地说：“都说一个好汉三个帮，我们每星期都要和采实老师集体备课，一起做教学质量分析，甚至给学生留的作业，也跟采实老师共同商定。”“形”上承袭，如何“神似”？采荷实验学校大胆地将学校整个初三年级师生一起“拉”到钱江新城实验学校，迅速将采实的校风、教风、学风传入新校，这成了塑造钱江新城实验学校校风的原点。

背靠采实现代科学的教学体系，以及钱江新城实验学校老师因地制宜开展的教学探究，三年后钱江新城实验学校毕业生的首次亮相就惊艳了众人。2011 年，在全市公办初中初三学业水平抽测中，钱江新城实验学校位居杭州第一。而有了这个“兄弟”，采实的教学质量同样实现了跨越式提升。

（杭州市采荷实验学校）

再比如，名人名校共同体发挥地方名家大师、杰出校友的效应，冠名办学，挖掘名人精神内涵，打造高品质校园文化。位于上城区望南区域的杭州市钱学森学校，以名人名字命名，由时代小学、建兰中学两大名校领办，刚开学就受到极大关注。教育大会现场，上海交通大学钱学森图书馆馆长、钱学森之子钱永刚教授授牌。

上城区已实现了义务教育阶段标准化学校建设比例 100%，省二级及以上幼儿园覆盖率 100%，率先在全市实现了名校集团化办学覆盖率 100%，优质教育资源覆盖率 100%。

3. 家长社会的美誉度高

首先，上城学子对所在学校的满意度高。学生的满意度取决于学生的心理预期与实际所感知的学校教育服务水平的对比，现以 2021 学年第一学期五年级学生的满意度调查为例进行说明。问卷从学生的整体感受、对学校课程与环境的喜爱度和学校自豪感等维度进行调查，形成满意度指数。整体感受的区常模为 8，说明学生的满意度较高，且半数以上学校的满意度非常高，指数在 8 以上。在项目“我喜欢学校安排的课”中，选择“非常符合”和“比较符合”的达 85%，说明各校的课程安排普遍受到学生的喜爱。在项目“我喜欢学校的校园环境”中，选择“非常符合”和“比较符合”的达 92%，说明区内各校的校园环境优良，深受学生喜爱。在项目“我为自己的学校感到骄傲”中，选择“非常符合”和“比较符合”的达 87%，说明绝大部分学生对学校的自豪感比较强，如图 7-1-5 所示。

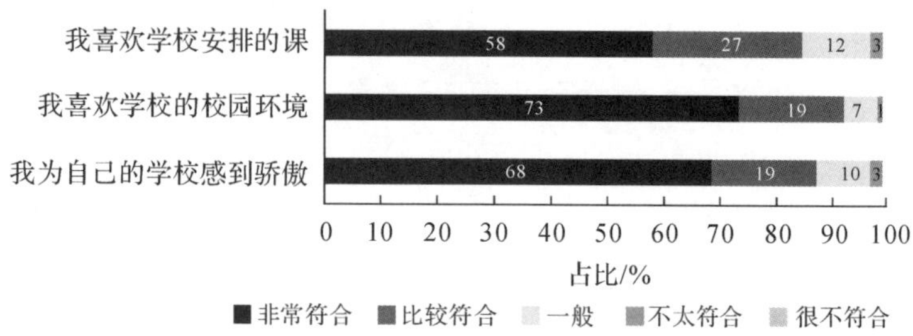

图 7-1-5 学生对课程、环境的喜爱度及学校自豪感调查

其次，家长对学校的满意度较高。由杭州市教育局委托上海、杭州的 3 家单位共同出具的抽样调查报告《2016 年杭州市上城区教育局初二学生课业负担及家长满意度调查报告》显示，在“家长对学生课业负担的满意度”“家长对学生 19 项素质发展总体满意度”“家长对学校办学总体满意度”“学生和家长对学校教育环境的总体满意度”等多项调查中，上城区所获的家长满意度，均位居全市第一。

上城区也在坚持做学校满意度调查。以 2022 年上城区中小幼工作满意度调查为例。上城区初中 2022 年满意度测评综合满意度指数平均值为 88.54（满分 100），处于 80—90 区间，达到“比较满意”水平。其中满意度指数最高的是“师德师风”，为 95.42；相对较低的是“课程教学”，为 80.93，如表 7-1-2 所示。上城区初中里，12 所学校综合满意度指数高于 90，达到“高度满意”水平；19 所学校综合满意度指数高于 80，达到“比较满意”水平。

表 7-1-2 上城区初中 2022 年综合满意度及各维度满意度指数

综合满意度	品牌形象	办学条件	教育治理与管理	师德师风	课程教学	家校沟通	学生发展	单题总体评分
88.54	87.74	87.99	89.30	95.42	80.93	87.94	88.68	90.34

上城区小学 2022 年满意度测评综合满意度指数平均值为 88.89（满分 100），处于 80—90 区间，达到“比较满意”水平。其中，满意度指数最高的是“师德师风”，为 95.44；相对较低的是“课程教学”，为 83.08，如

表 7-1-3 所示。上城区小学中，24 所学校综合满意度指数高于 90，达到“高度满意”水平；其余 31 所学校综合满意度指数高于 80，达到“比较满意”水平。

表 7-1-3　上城区小学 2022 年综合满意度及各维度满意度指数

综合满意度	品牌形象	办学条件	教育治理与管理	师德师风	课程教学	家校沟通	学生发展	单题总体评分
88.89	88.47	89.49	88.95	95.44	83.02	86.51	88.97	90.27

上城区幼儿园 2022 年满意度测评综合满意度指数平均值为 91.85（满分 100），处于 90—100 区间，达到“高度满意”水平。其中，满意度指数最高的是“师德师风”，为 96.85；相对较低的是“办学条件”，为 88.04，如表 7-1-4 所示。上城区幼儿园中，67 所幼儿园综合满意度指数高于 90，达到“高度满意”水平；其余 39 所学校综合满意度指数高于 80，达到“比较满意”水平。

表 7-1-4　上城区幼儿园 2022 年综合满意度及各维度满意度指数

综合满意度	品牌形象	办学条件	教育治理与管理	师德师风	家校沟通	学生发展	单题总体评分
91.85	91.41	88.04	91.62	96.85	90.82	90.78	93.41

数据显示，中小幼各阶段学校的家长对上城教育的综合满意度高，不论是学校的外部硬件、内涵发展，还是学生的可持续发展，都获得了家长的高度认可。

第二节
展望：上城教育评价的未来图景

⊙

教育评价事关教育发展方向，具有牵一发而动全身的指挥棒功能。上城区一直行走在探索的路上，探索如何以评价改革促进立德树人落实机制的建设，从而推动教育高质量发展。

从中共中央、国务院印发的《总体方案》，到教育部等六部门联合印发的《义务教育质量评价指南》，无不聚焦教育评价改革和教育高质量体系建设。两份文件作为教育评价改革的顶层设计，指明了方向和操作路径，明确了评价的指标体系，为基础教育高质量发展提供了科学指南。

上城区历经多年实践，现以《总体方案》为指引，同步探索了学生、教师、学校和教育生态等多条评价路径，为教育高质量发展创造了更大空间。

一、基于“五育并举”视角，健全综合评价体系

《总体方案》强调“改革学生评价”，而不仅仅是“改革学习评价”，一

字之差，但内涵、外延和价值取向都相去甚远。学生评价，破立并举，“破”的是仅凭分数给学生贴标签的做法，“立”的是全面发展的育人指引。教育者的眼里不能只有分没有人，学生的眼里不能只有分没有光。为此，上城区基于“五育”视角，创新评价工具，旨在健全综合评价体系，促进学生个性而又全面的发展。

1. 创生“五维合一”素质报告单

2021 年，上城区最新修订的《学生综合素质报告单》以“品德发展、学业发展、身心发展、审美素养、劳动与社会实践”五维合一的评价体系体现“五育并举”，完善德育评价、强化体育评价、改进美育评价、加强劳动教育评价、严格学业评价。这张报告单不仅关注学生当下的全面发展，还将目光投向学生的终身成长，体现了评价的全程、全域、全要素特点。“品德发展”中体现了不同学段的道德标准和行为表现要求；“身心发展”用 BMI 指数代替了以往的身高、体重，补充了运动技能与竞技比赛的项目；“劳动与社会实践”的评价注重脑力与体力相结合，时长与成果相结合。

“五维合一”体现了学生评价的综合性。学生素养的概念在不断发展，“五育并举”也将不断迎来内涵式拓展。新时代的“五育并举”不同于蔡元培先生提出的“五育并重”，上城区教育局后续将结合上城学子“城市学生”“中国公民”“地球居民”等多重身份，深入挖掘个体在处理人与自我、人与社会、人与自然等主要关系的过程中应当具备的素养，不断发展学生评价内容的内涵。

2. 搭建“数字人”智能评价平台

《总体方案》要求：“创新评价工具，利用人工智能、大数据等现代信息技术，探索学习情况全过程纵向评价、德智体美劳全要素横向评价。”从评价本质上看，评价描述的并不是事物真正的、客观的状态，而是参与评价的人或团体关于评价对象的一种主观性认识。为了更科学地实施评价，除了提升评价主体的评价素养之外，上城区教育局还会借助智能数字平台“客观如实”地记录学生成长的过程，聚集信息形成“数字人”。基于网络观测平台的搭建和电子档案袋评价的运用，学生的学习过程和行为表现效果得以充分反映。应用技术是为了实现一个目标，即评价刻画出的不是“数字”，而是鲜活的“数字人”。智能评价平台能够记录学生成功的喜悦，也能留下学生在探索过程中面对失败的韧性，是有温度能唤醒记忆的、有关怀能精准帮扶的数字化平台。

未来上城区教育局要进一步建设上城特色的“智成长”学生综合评价数字平台，深入探索全链条、全方位、全覆盖的全过程学生评价模式，实现“过程留痕、发展有径、成长可视、未来可期”的应用目标。全区学校开展校本化数字平台应用思考，学校之间互相学习和交流，最终形成一校一方案、一生一轨迹。

二、基于教书育人导向，优化教师评价方式

《总体方案》针对性地明确了教师评价改革中的难点，而破解这些难点将成为撬动教师评价改革的关键点。上城教育坚持把师德师风作为第一标准，着力培育上城“美好教师”，完善“五阶段、五梯队、多维度”的教师队伍培养机制，实施特级教师、“教育家型”名师、“教育家型”卓越校长培育行动，建设一支在全省、全国具有较大影响的名师、名班主任和教育名家队伍。

1. 坚持师德为先

“‘蒙以养正’，使蒙者不失其正，教人者之功也。”师德师风是教师基于对教育工作的深入理解而形成的责任感、使命感。面对“双减”加“双新”，教育工作者需要思考一个新问题：“唯分数轻素养”的教师如何评定其师德？实施“双减”政策，本质上是对系列教育观念的纠偏，是现行教育向应试教育模式的突围；“双新”的加持，有助于教师审视自身的教育教学行为。教师需要正确理解教书育人的内涵，树立正确的价值观，才有可能实现立德树

人的基本任务。如此，教育才能打破“教育工厂”的模式，回归正常化。就如杨东平教授所言：“学校要像学校，老师要像老师，学生要像学生，把儿童当作儿童来对待。”

因此，未来上城区将与时俱进，不断发展师德师风的内涵，打造“立德铸魂引路工程”，以“四有好教师”为标准，构建具有上城特色的美好教师队伍，始终将对教育工作的深入理解作为师德评定的基本准则，进一步构建和完善富有上城特色的教师精神培育课程，让教师在专业课程中受教育、立师德、铸师魂。

2. 完善实绩评价

“幸福既是教育的目的，又是教育的手段。”为了更好地体现这一原则，上城区始终坚持实绩导向，在绩效工资之外，持续优化目标考核奖和校长统筹奖的发放方式。教师可以通过团队协作承担学校重点项目和特色项目，各校制订个性化的考核方案，充分体现多劳多得、优劳优酬。

区域层面将创新探索区域、片组、学校联培共育，促进青年教师专业能力与职业精神快速成长，完善“五阶段、五梯队、多维度”教师成长平台，致力将人才的覆盖面达到40%。上城区将每年组织教师专项考核，根据评估结果给教师发放任务津贴。区教育发展基金会每年评选“米兰奖”“红梅奖”“金桂奖”“银桂奖”“白杨奖”“丰叶奖”等奖项，用于鼓励在师德表率、思政教育、教育科研、体育艺术科技指导、特殊教育、后勤、学历提升等各个方面表现突出的教师，促进教师多元化发展。上城教育将加强班主任队伍、思政课教师队伍、体艺教师队伍和学前教育教师队伍的专业化建设，组织中小学教师开展高质量的海外研修，有选择地在教育改革或学科专业发展领先的国家和地区建立研修基地，为教师专业成长赋能，让教师成为立德树人的专家和能手。

三、基于数据驱动理念，构建教育治理模式

上城区综合运用多种方法和数据来源，对区域教育发展进行更深入的分析，促进区域教育质量稳步提升。目前，上城教育持续深化“学习质量调查”评价改革载体，集中采集区域学生学习状况的数据，为各个学校提供调查分析报告；定期开展“数据驱动教育教学改进”项目服务活动，鼓励学校层面基于分析报告数据或者针对发现的问题做数据采集，而后开展数据分析、数据解读、数据应用和实证改进，提高学校和教师解读、利用区域学生学习状况、学生成长环境等调查数据的积极性，探索建立“循证治理”校本诊断范式。

数据作为一种资源在上城教育系统内流动，通过技术和信息两个维度较好地破解广泛存在的信息不对称问题，打破了治理界面和过程的封闭性，并通过融合和协同两条路径形成一种更加有效的在教育领域治理问题的解决机制，形成一种有弹性、多元化、扁平化的治理结构和开放性、透明化的治理过程。

在大数据时代，收集的所有数字信息都可以用新的方式加以利用，开启新的价值形式，这种价值并非单纯的大数据算法和信息技术升级问题，更在于推进教育领域在办学、治校、育人上的变革与创新。然而，信息技术和数据赋能并非万能良药，不能解决教育治理中的一切问题。事实上，数据与其所依附的现代信息技术一样具有两面性，它在创新治理模式、提升治理效能的同时，也可能在治理格局中形成“数据依赖”或“数据至上”的问题，造成资源和权力的错误配置，甚至将治理过程扭曲异化为技术控制行为，其中潜伏着一定的现实风险。因此，不能简单地以物化的、工具化的态度变革创新数据赋能教育治理的方式，应融入人本主义思想，结合发展实际，以社会化、人性化的方式推动其发展。

四、基于增值性评价，建立质量内控体系

增值评价要突破传统评价的桎梏，破除以分数为评价标准的禁锢，重新解释增值的内涵，将学生的成长进步作为增值评价考察的主要内容。上城区采用“一单·一袋·多维述评”的方式，记录学生成长，让学生发展看得见。“一单”指综合素质报告单，“一袋”是学生学习过程和成果的物化呈现，“述评”是指用文字描述学习表现。“多维述评”的主体除了班主任，也可以是任课教师，讲述师生间的教学故事。综合素质评价改革，可以用“不比起步比进步”“不比横向比纵向”“不比天赋比努力”这三句话概括。

好的评价，最终的目的是促进学生身心健康发展。要像抓学业的合格率一样抓近视率和体质的达标率，要像关心学生的身体一样关注学生的心理，更要像关注文化课作业一样关注劳动任务。所以，上城区建立区域基础教育生态监测制度，定期对中小学生的作业指数、补习指数、睡眠指数、学习压力指数、运动健康指数、近视率等进行排名并发布。增值既包括学生学业成绩的变化，也包括学生在身体运动、社会交往、职业规划、情感管理等方面的进步或成长幅度。

上城区还将以“公平均衡”为价值导向推进增值评价，重视有差异化的增值，关注弱势学生的进步和薄弱学校的发展。学习本身不是线性发展的，个体学习也并非一致。优秀学生学习任务难度大，学得不一定比后进生快，加之优秀学生进步空间较小，增值的幅度相较于靠后的同学可能低一些。同理，薄弱学校可能比先进学校更易达到统一设定的增值目标。上城教育注重差异化增长目标或增值速度的评定，避免在增值评价过程中出现偏向水平较高学生和学校的不公平现象。

参考文献

[1] 上城区聚焦"三健"行动"三个100%"，助力学生成长[EB/OL].(2021-01-04)[2022-05-22]. http://www.hzsc.gov.cn/art/2022/1/4/art_1229290183_4007247.html.

[2] 项海刚. 非常亲情——小学阶段开展亲情教育的实践与研究[M]. 上海：上海教育出版社，2010.

[3]郭元祥，王秋妮. 增值评价研究的知识图谱与前景展望[J]. 教育测量与评价，2021(07)：8.

[4] 孔德环，江汝，吴婉婷，等. 义务教育阶段学生综合素质评价研究的发展与展望[J]. 教育导刊：上半月，2019(04)：6.

后　记

教育评价改革对教育发展和社会进步具有重大战略意义。2020 年 10 月 13 日，中共中央、国务院印发了《深化新时代教育评价改革总体方案》的纲领性文件，对教育评价改革的总体要求、重点任务 、组织实施作出了全面系统的部署。上城区立足于立德树人的主线，着眼于全面贯彻落实党的教育方针，把培养德智体美劳全面发展的社会主义建设者和接班人作为根本价值追求，秉持“名校就在家门口，名师就在我身边”的美好教育愿景，以“啃硬骨头”的勇气与智慧，直面“五唯”顽瘴痼疾，进一步深化教育评价改革，破解“一把尺子量到底”的片面评价观，在建立多维度导向、全过程关注、多要素集成的区域立体评价系统等方面进行了初步探索，构建起富有上城辨识度的“立体评价”模式，以美好评价赋能“美好教育”，让学生成长“看得见”，让教师进阶“登得高”，让学校发展“走得远”。呈现在大家面前的这本书稿，就是上城区教育局近几年来的实践成果。

本书是由杭州市上城区教育局项海刚局长主编的“上城教育高质量发展系列丛书”之一，沈琳副局长负责统筹指导，伍小斌负责牵头实施并设计书稿的整体框架，贾海英、丁海霞负责全书的统稿，丁海霞负责协调编写过程中的有关事务。各章作者分别为：第一章，伍小斌、贾海英、丁海霞；第二章，盛力康、黄玉芳、夏春；第三章，邵晓婷、钱春苗、陈丽；第四章，廖关红、周化胜、马益彬、高利佳；第五章，娄崇婴、王晨华、沈芳蕾；第六章，裘涛洁、詹亦文、冯娉婷；第七章，章秀花、曹建军。在编写组梳理、总结与提炼过程中，得到了许多专家、领导和教师的支持，联合国教科文组织教师教育中心主任张民选教授、浙江省教育厅教研室副主任张丰研究员、原杭州市教育科学研究所所长施光明老师等都提出了宝贵建议。施光明老师参加了书稿提纲的讨论，对全书框架的完善提出了许多建设性的修改意见，并对整本书稿文字进行了修改。上城区教育局人事科张锋、吴洁莹，组宣科苏媛媛、许珩，督导科陈韵，义务教育科赵坤，教育学院黄小波等为本书的撰写给予了指导，并提供了大量的政策文件、实践经验总结等资料。辖区内相关中小学、幼儿园向我们提供了翔实的校本实践资料。书中所参阅文献的几十位国内外专家学者，为本书撰写提供了重要的思想启迪和坚实的思想支撑，在此，谨一并表示诚挚的谢意！

我们希望本书能为全省乃至全国各地谋求教育评价改革的实践探索提供一定的参照。但是，我们也深知，区域教育改革评价是一项系统工程，更是一项长期的任务，随着时代的发展和教育改革的深化，“立体评价”也势必面临深化的问题，这需要我们不断地思考、实践和探索。从这个意义上来说，本书只是我们的一项阶段性实践成果，书稿中许多尚未涉及的问题，还有待于今后的研究。

由于本项实践是一个全新行动，限于我们的能力与水平，本书一定存在不少疏漏和不足之处，敬请各位读者不吝赐教。让我们共同努力，持续做好新时代教育评价改革的大文章，为最终建构起富有时代特征、彰显地域特色、体现先进水平的教育评价体系而不断努力。

编者

2022 年 8 月于杭州